公司的
有限责任
及其衍生规则进化

A STUDY OF
CORPORATE LIMITED LIABILITY
AND ITS EVOLUTION

赵忠龙　著

社会科学文献出版社
SOCIAL SCIENCES ACADEMIC PRESS (CHINA)

目 录

绪 论 ·· 1

第一章 法律的空缺结构：有限责任的演化动因 ············ 6
  一 法律文本与法律实施 ······································· 6
  二 法人制度与有限责任 ······································· 7
  三 法律空缺结构需要在法治框架中解决 ················ 10

第二章 拟制论与实在论：有限责任的演化路径 ·········· 12
  一 拟制论与实在论的指向 ·································· 12
  二 拟制论与实在论的张力 ·································· 14
  三 股权结构与规避监管的"数码游戏" ················ 16

第三章 财产性与组织性：有限责任的路径依赖 ·········· 19
  一 公司财产性与组织性的交叉与冲突 ·················· 19
  二 公司财产性组织资源的提出 ···························· 21
  三 社团公司组织目标的异化可能 ························· 23

第四章 股东至上抑或公司至上：有限责任面临的价值取舍 ····· 25
  一 有限责任的限度问题 ······································ 25
  二 "正规所有权"与股东经营中心 ······················ 27
  三 所有者与经营者之间合作的进化 ····················· 28

1

第五章　忠于股东还是担当债权：有限责任进化的利益博弈 …… 31
　　一　债权人组织化权利的兴起 …………………………… 31
　　二　公司外部义务与忠信原则适用 ……………………… 33
　　三　债权人能否为公司利益提起诉讼 …………………… 34
　　四　债权人与股东的利益冲突 …………………………… 37
　　五　中国"债转股"的制度路径与合同规则的扩张解释 …… 38

第六章　公司"面纱"与债权人：有限责任进化的制度张力 …… 41
　　一　公司"面纱"与股东的控制力 ……………………… 41
　　二　公司"面纱"与"资本领主" ……………………… 43
　　三　公司"面纱"与公司还款能力 ……………………… 45

第七章　有限责任推动的衍生规则进化方向 ……………… 48
　　一　公司对外意思表示的法律外观 ……………………… 48
　　二　公司资本认缴制滥用的纠偏 ………………………… 49
　　三　公司债权人保护的文本与实施 ……………………… 51
　　四　公司合规标准与穿透式监管 ………………………… 53

第八章　关联交易内部赔偿责任与公司治理规则的进化 …… 55
　　一　关联交易内部赔偿责任问题的提出 ………………… 55
　　二　关联交易内部赔偿责任问题的分析 ………………… 65
　　三　关联交易内部赔偿责任的法律治理建议 …………… 76

第九章　股权变动公示制度的进化 ………………………… 89
　　一　股权变动公示制度基础及存在的问题 ……………… 89
　　二　区块链技术在非上市股份公司股权交易上的应用 …… 96
　　三　区块链在股权变动公示应用中存在的法律问题 …… 103
　　四　区块链股权变动公示应用的法律进化路径 ………… 108

第十章　隐名投资导致的股东资格司法认定规则进化 …… 116
　　一　问题界定与制度基础 ………………………………… 116

二　中国司法对隐名投资中股东资格认定的阶段考察 …… 124
三　隐名投资中股东资格司法认定的发展探讨 ………… 139

第十一章　优化营商环境推动的中小股东权益保护规则进化 … 149
一　优化营商环境推动的中小股东权益保护指标量化 …… 150
二　中小股东权益保护审判数据所呈现的营商环境短板 … 158
三　以"优化营商环境"为导向的中小股东权益保护的
　　制度进化 ………………………………………………… 185

第十二章　优化债权保护推动的中小企业信贷融资规则进化 … 194
一　概念界定与理论基础 …………………………………… 194
二　调研问卷与案例分析 …………………………………… 198
三　融资便利与风险防控 …………………………………… 205
四　"获得信贷"指标的法律治理优化需求 ……………… 212
五　因应债权人权力理论的中小企业信贷规则路径 ……… 220

参考文献 ……………………………………………………… 231

后　记 ………………………………………………………… 237

绪　论

一　有限责任的历史渊源

相对于罗马法而言，近代法律进化的一个重要特征是，保护正当交易、交易效率和投资债权的法律制度日趋完善。① 这促进了资本积累、创业投资和近代工商业的兴起。其中的公司制度，可能是截至目前的人类商业历史中最为重要的组织创制：以其内在维度而言，是既包括股东、董事、监事、高级管理人员，也包括普通雇员在内的社会团体，公司社团为其不同血缘、不同地缘以及不同阶层的成员提供了营生机会；由其外部维度而言，公司不仅以其法人资格对外意思表示并形成法律关系，而且以社团的集体意志参加诉讼并承担相应法律后果。一般情形下，股东可以凭借有限责任而豁免超过其出资额的财产责任风险。理论上，公司超过其股本的营利将构成股东的滚动收益，公司超过其股本的亏损可能转化为普通债权人的不可偿还债权，这使得普通债权人将严重依赖企业家道德的收益与风险分配模式。

公司最早的原型康枚达（commenda）的本质就是一种金融活动，债权出资人将金钱借给从事远洋贸易的商人，并参与分配。后者在交易中获得的利润，债权出资人承担有限责任，而船东和商人

---

① 〔意〕F. 卡尔卡诺:《商法史》，贾婉婷译，商务印书馆，2017，第35~37页。

则承担无限责任,这就是最早的两合公司的产生。① 产生这一现象的原因在于中世纪教会对高利贷严格禁止,而两合公司使得债权人出资变成了风险资本,这一点在其后的东印度公司中得到了体现。今天我们看到平静儒雅的有限责任制度,其背后是血雨腥风的殖民掠夺、权力斗争和利益平衡。荷兰、英国、法国先后设立了殖民地公司,将公司资本划分为若干相等的股份,并且特殊身份股东对其承担有限责任,由于这些公司都是特许设立,这也就是股东有限责任特权的来源。在科技不甚发达的大航海时代,拓展海外殖民地具有极高的风险,但同时也是新财富的来源,国家的最高统治者和掌握土地的贵族特权阶级作为债权出资人自然倾向于承担有限责任,商人当然也不愿意承担过大的风险,妥协的结果就是国家也逐渐特许后者享有有限责任特权。② 国家甚至特许这些股份有限公司可以拥有一定的军事权,能够组建军队,在海外实施武力。马克思指出,股份有限公司人为地将封建生产方式转变为资本主义生产方式并缩短其过程。③ 也许是一系列制度形成中的偶然因素,最终促成了历史演进的必然性。股份有限公司将公司资本划分为若干相等的股份,其更为深层次的含义在于将对公司的出资转变为类似于货币的一般等价物,使得股东不必再纠结于自己出资的是土地、钱财、劳动或者其他物品,而是一律转变为一般等价物获得标准化的股东收益,这使得股权平等和基于股权的民主成为可能,从而为近代人类政治文明奠定了基石。

二 有限责任的法律意义

法律文本上,英文可以表述中文"责任"一词的有很多,常用

---

① 史际春:《企业和公司法》(第四版),中国人民大学出版社,2014,第23页。
② John D. Morley, "The Common Law Corporation: The Power of the Trust in Anglo-American Business History," *Columbia Law Review* 116 (2016): 2145–2197.
③ 马克思:《资本论》(第1卷),郭大力、王亚南译,上海三联书店,2009,第232页。

的有 duty、obligation、responsibility、accountability、liability，duty，较多意指主体应当承担的以行为履行为内容的义务；obligation，较多特指主体应当承担的以财产支付为内容的义务；responsibility，较多意指主体基于角色应当承担的概括性职责；accountability，较多意指特定业务主体承担的解释说明责任，也特指业务行为的问责；liability，一般强调主体应当承担的法律上的概括性不利后果，既可以包括行为履行，也可以包括财产支付。中文"有限责任"是英文 limited liability 的直译，一般认为源于英国法院对保险合同限额追偿条款（non-recourse contract）的确认，并非公司法人制度的必然产物，事实上直到1855年，英国《有限责任法》才正式确立了股东享有有限责任。① 法律上的权利、义务、风险与责任应当具有相应的比例性，我国《民法典》第六条规定，民事主体从事民事活动，应当遵循公平原则，合理确定各方的权利和义务。限制责任或者惩罚性赔偿责任的适用，应当而且只能来自法律的明确规定或者法院的裁判，如我国《公司法》第三条规定，"有限责任公司的股东以其认缴的出资额为限对公司承担责任；股份有限公司的股东以其认购的股份为限对公司承担责任"。在法律文本意义上，有限责任是一种法律上的特权（privilege），这一特权只能由法律明确规定，而不能来自民事主体之间的约定。公司资本是有限责任适用的前提，在法律上有两层意义：其一，确立公司财产和股东责任的范围；其二，确立债权人能够行使债权请求权的最大值。就有限责任制度的默认设置而言，有限责任是股东的防火墙，股东的其他财产可以豁免于公司经营失败的赔偿责任。事实上，无限责任只是相对于有限责任的扩张，其边界仍然取决于法律的明确规定或司法的裁判认定。

强势的自愿债权人（如银行或机构投资人）并不倾向于为缺乏担保或自有资本匮乏的公司注资，以法律文本实施的实际效果而言，股东有限责任更有可能适用于那些无法事先得到充分担保的弱势或非自愿债权人。固然企业家道德因素可能会影响其追求自我利益最

---

① Larry E. Ribstein, "Limited Liability and Theories of the Corporation," *Maryland Law Review* 50 (1991): 80–130.

大化，但是如果有限责任具体制度设计的权利、义务、风险与责任存在某种结构性的不平衡，一个完全不具备道德感的股东更有可能以债务贷款进行资产扩张收购，即便资不抵债也可以破产豁免大部分债务，公司的法人制度完全可能在公司债务与股东（以及股东实际控制的其他公司）之间设置足够的隔离区域，让股东的其他资产安然无恙，这时如果股东仅仅是一个提供身份证件而不参与实际公司的名义股东，或者是一个虚拟的外置机构，或者实际受损的债权人缺乏组织和谈判能力，实际控制人转移财产和逃避债务的运作成本可能会更低。"以最好的期待，做最差的打算"，是研究法律制度应该具备的基本立场和态度。在缺乏权力结构制衡的前提下，幻想企业家能够发挥聪明才智就可以为社会创造价值，可能有些幼稚抑或虚伪了。可能会有评论指出，监管部门可能会阻止上述行为的发生。然而研究的前提似乎不应该是假设监管一定会取得成功，更不应该片面依赖企业家的情怀和道德，而应当是立足于最大限度防范机会主义的制度进化。

三　有限责任问题在中国的缘起

世界银行的营商环境指标和 LLSV 的研究表明，股东利益保护并不必然享有高于债权人利益保护的价值序位，事实上，鼓励股东过度控制和不充分保护债权人利益的制度设计，很可能不仅侵蚀股东和社会的信用基础，还会损害一个国家的经济增长。中国当代公司法产生的背景是在当时要确立企业独立的法人地位，使其在人格、财产和责任上独立于政府，[①] 这也是中国公司法"实在论"的开始。这一改革进程从扩大企业自主权与利改税开始，随着企业自主经营和独立核算能力的增强，十四届三中全会解决了企业产权问题，企业经营机制得以转换。1993 年《公司法》在形式上确立了我国有限

---

① 张彦宁：《亲历国有企业改革的决策过程》，载中国经济体制改革研究会编《见证重大改革决策——改革亲历者口述历史》，社会科学文献出版社，2018，第 250 页。

责任制度的基础，然而进一步理解有限责任制度的实际运行则要结合《全民所有制工业企业转换经营机制条例》和《国有企业财产监督管理条例》这两个文件展开，有限责任对应的主体是国家作为出资人、作为股东而言，而企业本身治下的国有资产则实际承担无限责任，也即《中共中央关于建立社会主义市场经济体制若干问题的决定》所要求的，"企业以其全部法人财产依法自主经营、自负盈亏、照章纳税，对出资者承担资产保值增值的责任"。至此我们发现改革的设计者尽管强调"公司法人独立地位"，但是并没有拘泥于类似大陆法系"实在论"公司法的教条，而是在实践中为中国公司法普通法系"拟制论"的改革与探索预留了足够的空间。①

公司法人的存在超越了个人所有权，不同类型的公司组织甚或社会组织满足了人们对于如何组织和生产的不同制度需求，在西方公司法尤其是英美公司法理论上，借贷资本是债权人根据公司的资本和信用对其发放的贷款，公司应当按照还款计划还本付息。而在中国公司法的具体实践中，过于强调公司的独立法人地位，相对机械地界定公司股本，于是较少考虑公司法人对公司资本的实际所有权比例问题，以及公司股本扣除借贷资本后所导致的公司治理和股东有限责任问题。费孝通先生指出，西方社会组织是社团格局，组织的边界是清晰的，而中国的社会组织是差序格局，如水之涟漪，界限是不清晰的。② 个人与组织边界的模糊，很可能导致权利、义务、风险、责任的不对称，比股东过度控制更为危险的是过度的股东有限责任。控股股东凭借有限责任保护而杠杆融资高收益并购的同时，是整个社会为其高风险买单。如果法律能够反映一个民族的历史，西方国家人民也并非生来就尊重产权和信守契约，近代西方崛起确切地说正是保护债权人和保护投资收益的产权制度得到确立、巩固和强制实施的结果，法人独立并非神圣，有限责任亦非绝对，未来中国公司法的修订，应当对这些基本理论问题予以足够的思考与回应。

---

① 方流芳：《中西公司法律地位历史考察》，《中国社会科学》1992年第4期。
② 费孝通：《乡土中国·生育制度》，北京大学出版社，1998，第25~26页。

第一章

法律的空缺结构：有限责任的演化动因

一　法律文本与法律实施

　　法律文本，既包括法律条文，也包括指导案例。与之相对应的法律实施，则是法律文本所具体实施的社会效果。法律之所以进化的前提在于任何法律的书面文本都会存在空缺结构，任何事前的法律文本都不可能完美无瑕，总会为事后的法律实施提供某些可资利用的空缺点。这就意味着，法律文本所具体实施的社会效果依赖于立法机关、法院和监管机关之间如何分配剩余立法权和剩余执法权。[①] 以我国《民法典》第一百五十三条、第一百五十四条、第一百五十五条，《公司法》第二十一条为例，如果立法者认为法院能够填补法律空缺，立法者就可能倾向于制定更为宽泛和开放性的规则条文。与之相反，如果立法文本经常被法院裁判限缩适用，或者立法者认为法院并没有实现前手的立法意图，立法者就可能采用更为精细的语词界定以最大限度压缩法院的自由裁量权。立法者也可能会刻意设计法律文本空缺，这是由于回避两难的政策选择，索性将矛盾和责任转移给法院和监管机关。

　　公司有限责任制度的创设目的，在于分离公司社团责任和股东、

---

① Peter Grajzl and Peter Murrell, "Allocating Lawmaking Powers: Self-regulation vs Government Regulation," *Journal of Comparative Economics* 35（2007）: 520–545.

高管人员等的个人责任。经典的理论认为，公司是对合同的替代，是节约交易费用的制度安排。一般意义上理解，公司可以大致对应有限责任，合同往往对应全部责任。然而，公司与合同的界限并非法律文本所界定的那样清晰，事实上在现代市场经济中，大量混杂的关联的合同和合资公司的存在就是明证。公司与合同仅仅为我们描述了如何组织和管理生产的两个极致类型，我们需要进一步解释的是，在什么样的条件下生产将通过公司实现，而不是通过合同来完成。如果公司的存在是因为其比合同更具有效率，那么如何理解其所节约的交易费用？需要进一步追问的是，为什么公司没有替代所有的合同？以及为什么合同没有取代所有的公司？由此，我们发现了公司法文本在哈特意义上的空缺结构，而这一空缺结构实际上也是制度进化的演化动因。① 法国哲学家米歇尔·福柯曾经指出：要想了解我们的社会在心智健全时是什么样子，或许我们应该去调查它在精神错乱时的状态。机会主义和违法行为，不仅能够帮助修补法律文本的漏洞，更可能帮助观察法律文本与实施效果的交织互动，从而了解法律制度是如何进化的。②

二　法人制度与有限责任

　　法人制度是股东有限责任的法律载体，因此合同组织化程度的提高并逐渐接近形成公司的临界状态，是理解有限责任如何产生的切入点。我国《公司法》第三条界定的"法人财产权"和有限责任，都是以财产支付（obligation）为内容的，这里的空缺结构在于《公司法》文本上的"有限责任"并没有涵盖行为履行义务（duty）、角色担当（responsibility）、业务问责（accountability），以

---

① 〔英〕H. L. A. 哈特：《法律的概念》，张文显等译，中国大百科全书出版社，1996，第124～152页。
② 〔法〕米歇尔·福柯：《疯癫与文明》，刘北成、杨远婴译，三联书店，2003，第61～77页。

及概括性的不利后果（liability）。理论上，有限责任的实质是，以公司面纱阻隔债权人对实际债务人行使债权请求权。公司面纱实际上能够阻隔两个维度的"公司责任的个人责任"：其一，财产维度的股东财产支付义务（obligation）；其二，组织维度的公司管理人员、实际控制人和普通职员的概括性不利法律后果（liability）。《最高人民法院关于适用〈中华人民共和国公司法〉若干问题的规定（三）》（2020修正）第二条、第三条规定，设立中的公司没有民事行为能力，合同相对人有权请求公司或发起人承担合同责任，公司亦有权拒绝承担与公司有利益冲突的发起人与恶意相对人签订的合同责任，即产生"公司责任的个人责任"（personal liability for corporate liability）。这里的关键点在于：如果合同相对人请求公司承担合同责任，则将受制于股东享有有限责任，而如果合同相对人请求发起人承担合同责任，则发起人不得对该合同相对人行使股东有限责任。《最高人民法院关于适用〈中华人民共和国公司法〉若干问题的规定（三）》（2020修正）第二条、第三条所规范的"合同—公司临界值"为"发起人承担合同责任"，但是这里的合同责任则可以理解为概括性责任，而非简单的财产支付，即是对《公司法》第三条的进化。

文本的空缺结构同样使得我国《公司法》第二十一条很难直接适用于具体案件，除非对之进行解释。解释法律文本，使之适应于外部环境，这种能够扩展法律文本适用于具体案件的权力，被称为剩余立法权。① 剩余立法权可能为立法机关所保有，更为常见的是由法院和监管机关实际享有。剩余执法权则只能被分配，任何设计良好的法律都只能接受，否则便是纸上谈兵，无论这种接受来自自愿还是强制，规则能否取得实际社会效果的关键在于相应法律责任能否实际实施。

我国司法习惯于使用"法人人格否认"表述普通法系的"揭穿公司面纱"，然而"法人人格否认"这一概念本身是容易产生歧义

---

① Oliver D. Hart, "Incomplete Contracts and the Theory of the Firm," *Journal of Law, Economics, and Organization* 4 (1988): 119–139.

的。① 根据经典的法人拟制理论和我国现有的法律文本，只有吊销法人执照或者宣告破产，才能产生"法人人格否认"的法律后果（liability），这一法律后果可以概括性地包括由法人的法定代表人或直接责任人员承担的法人民事责任、法人行政责任和法人刑事责任。而我国司法实践所使用的"法人人格否认"显然与上述不同，仅指由滥用公司法人独立地位和股东有限责任的股东对公司债务承担连带责任，只是股东有限责任的例外情形，目的在于矫正有限责任制度在特定法律事实发生时对债权人保护的失衡现象。② 司法实践的"法人人格否认"并不是撤销公司的法人登记，且其法律效果仅限于特定"股东"无法行使有限责任规则而必须承担连带清偿责任，并不适用于其他股东或管理者。行政机关是撤销公司的法人登记或者纠正公司错误登记更为适合的主体，当然在广义上法院亦有权审查法人登记是否合法，然而这里涉及法院对具体行政行为的审查，则是一个比排除适用有限责任规则更为复杂的司法问题，因此"法人人格否认"是一个容易引起误解的表述。

我国司法机关没有纠结于大陆法系对"法人人格否认"行为非法性的强调，而是选择较为务实的考虑人格混同、过度支配与控制、资本显著不足三种情形的股东连带清偿责任。精细化但琐碎化的解释作业可能在一定程度上矮化了"法人人格否认"的立法价值，对于"公司的合规"具有重要指导意义，然而这些解释作业对于"合规的公司"结构性抑或系统性地滥用有限责任则很可能束手无策。③ 具体的场景可能进一步展示为，面对动辄具有全球市场影响力的信息与通信技术集团、航空集团、能源基础设施集团、机构投资财团、综合地产集团、保险集团、电商平台和互联网支付系统等等商业巨头时，这些商业巨头本身不仅可能是全球公司合规的引领者，还可能是未来全球经济规则的参与制定者，不仅是中国法院可能束手无

---

① 南振兴、郭登科：《论法人人格否认制度》，《法学研究》1997年第2期。
② 最高人民法院审判委员会民事行政专业委员会第319次会议：《全国法院民商事审判工作会议纪要》法〔2019〕254号，2019年11月8日。
③ 邓峰：《公司合规的源流及中国的制度局限》，《比较法研究》2020年第1期。

策,英美法院也未必能棋高一着。近年来在全球上述特大型商业巨头所涉案件的法律处理中,行政监管部门甚或政府的介入调整对滥用有限责任进行纠偏,都是必不可少的。然而,需要进一步讨论的是,在全球历史叙事的宏大背景下,法院与监管部门的权力如何配置才能形成一个更具包容性和共识性的有限责任进化,一个可能的更具包容性和共识性的有限责任规则应该是什么,以及未来的中国公司法如何进行立法表达。

三 法律空缺结构需要在法治框架中解决

"法人人格否认"抑或"揭穿公司面纱",大致相同的法律条文在不同的国家或地区,其具体实施的社会效果很可能会有很大的差异,根本原因即在于剩余立法权和剩余执法权在法院和监管机关之间分配的差异,法律之所以进化,即是法律文本与法律实施不断交织和适应的结果。在这个过程中,制度需要不断适应社会才能获取合理性,而社会则在制度的影响下不断得以塑造。法律文本虽然不大可能永恒,但是这些文本却是制度适应社会在某一个阶段的结果。法律文本存在空缺结构的内在原因是前手(立法者)不可能预见后手(法院和监管机关)实施法律的所有情形,外在原因可能表现为语词的局限或模糊,语词所处的社会语境,以及立法者刻意的文本设计。于是法律进化往往表现为,法律文本或者判例不停地修修补补,以解决层出不穷的各种问题。因此,经验丰富的立法者经常给法律文本概况留有余地,这些弹性空间有待以后的立法和解释去应对。[①]

法律的有效实施不仅需要设计惩罚后果,还需要配套适当的法律实施机制。一个法律文本的具体实施能不能取得预期的社会效果,事实上更多的情形下并非仅仅法院适用条文所能解决,法院不应也

---

① 邓峰:《资本约束制度的进化和机制设计》,《中国法学》2009年第1期。

第一章　法律的空缺结构：有限责任的演化动因

无法承担超越其能力范围之外的要求。基于法治的基本框架，法院解释和适用法律文本的基础应当是中立和公正，任意扩张或者限缩法律文本都将可能导致同类案件的不同裁判，从而损害司法公正。虽然法院能够更为主动地以司法追求立法者所期待的社会效果，但是具备如此积极能力的法院，同样可能以司法限缩立法者原本期待的社会效果，其实质不仅可能损害立法权，甚至有可能最终损害施政权。① 比较而言，监管机关对法律的实施就更为主动，依据立法机关的概括授权，监管机关不仅可以行使准立法权——设置具体的监管政策，也可以直接监管市场行为、启动调查程序、出台处罚措施、裁决行政争议，甚至可以在必要情形下对被监管对象实施接管。法院既没有能力实现如此庞杂的信息和证据收集，也不应承担无法收集这些信息和证据的责任，因此依赖法院来实现"没有监管的商业秩序"是不现实的。法律文本不完备性所导致的法律空缺结构，包括哈特在内的法律哲学家称之为"人类的困境"——我们无法事先设定监管的标准和行为来解决无法预料的特定情形，这个世界过于复杂。② 即法律空缺结构需要在法治的框架中解决，法律的进化视角将进一步展示剩余立法权和剩余执法权是如何填补法律空缺的。③

---

① Lauren K. Robel, "Private Justice and the Federal Bench," *Indiana Law Journal* 68 (1993): 891-906.
② 〔英〕H. L. A. 哈特：《法律的概念》，张文显等译，中国大百科全书出版社，1996，第124~152页。
③ 更广泛意义的法治框架，还包括应对公权力机关滥用权力和寻租腐败的制度设计。

第二章

拟制论与实在论：有限责任的演化路径

一 拟制论与实在论的指向

西方公司法学界，常以"拟制论"（Nominalistic）和"实在论"（Realistic）来比较英美法系与大陆法系之间的微妙差异。"拟制论"描述英美法系股东以公司为"名义的面纱"持有公司资产，认为公司不过是自然人之间协议的产物，其意志和目标都是自然人协议的内容，股东是公司与公司资产实际的所有人，普通法院往往以衡平法原则考虑股东群体、公司面纱与具体交易相对人的法律关系。与之对应则是以"实在论"描述大陆法系经典的法人拟制论，基于法律拟制社团具有全部人格属性（Personality），强调法人独立的法定权力意志和独立的意思表示能力，具有独立的权利能力和责任能力，大陆法系法院以法人是否具有合法的法人人格为公司案件的审理前提。无论是英美法系还是大陆法系，所面对和要解决的法律与社会现实问题都是大致相当的，"拟制论"抑或"实在论"的公司法律性质判断，是不同哲学思维、法学、政治学、经济学和社会学等理论的投影，反映出对公司社会存在的不同判断。① 西方公司法学界的

---

① 谢鸿飞：《论民法典法人性质的定位：法律历史社会学与法教义学分析》，《中外法学》2015年第6期。

"拟制论""实在论",与我国传统哲学的"唯名论""唯实论"存有文本与语境的差异。

大陆法系的"实在论"公司,一般认为源于萨维尼的立法拟制说,将真实世界与法律体系进行界分,试图将公司法律人格严格限制在法律体系之内。萨维尼的公司人格拟制理论认为:人是法律关系的主体,每一个法律关系都包括一个人与另外一个人的关系,法律关系的本质是人们彼此之间的关系能否产生对等的互惠。① 萨维尼在这里所提到的人并不是指自然人,而是指法律拟制的人,公司之所以能够成为法律上拟制的人,就在于公司能够与其他自然人形成法律关系。萨维尼进一步指出,即使公司所有成员取得一致意见,公司的权力主体也并不是个体成员,其权力主体是作为法律拟制主体的公司法律人格,其法律人格来自国家对其主体资格的承认。但是萨维尼对国家立法文本意义上的法人概念使用则极其谨慎,他强调的法人概念限于国家立法的拟制和许可的团体权力能力,组织的创办人或其成员不能自己宣称自己是法人。萨维尼的理论与凯尔森的纯粹法学理论有着相同的方法学渊源②,即将法律概念的实证分析,与真实世界的社会诉求和先验的规范法学区分开来。然而,凯尔森更进一步指出,"自然人"、"法人"和"国家"都是法律创制的人格化概念,生物意义的"人"经过法律的规定才具有法律人格,同理,非生物意义的"人的团体——法人和国家"也可以经过法律的规定而具有法律人格。基尔克(Otto von Gierke)也认为,法人是现实存在的——实在的团体人格说。③ 德国当代法学更倾向于中性的表述④,梅迪库斯指出,法人就其宗旨而言应当被视为归属载体,现代合资公司的整体性来源于资本或股份聚

---

① Visa Kurki, "Why Things can Hold Rights: Reconceptualizing the Legal Person (April 16, 2015)," University of Cambridge Faculty of Law Research Paper No. 7/2015. Available at SSRN: https://ssrn.com/abstract=2563683 or http://dx.doi.org/10.2139/ssrn.2563683,最后访问时间:2020年3月13日。
② 〔奥〕凯尔森:《纯粹法理论》,张书友译,中国法制出版社,2008,第143页。
③ 〔德〕奥托·基尔克:《私法的社会任务——基尔克法学文选》,刘志阳、张小丹译,中国法制出版社,2017,第58~81页。
④ 龙卫球:《民法基础与超越》,北京大学出版社,2010,第227页。

合而经营事业的目的性。①

英美法系"拟制论"公司的语境中，某人通过超过公司50%（或者67%）的股权份额，就可以控制多数股东投票权从而获取公司绝对控制权，即可以在事实上排除公司的名义面纱。如此，公司面纱已具备自己的主体性，而转变为股东财产权的客体。在法律的意义上，公司还是公司资产的所有人，但在事实上公司资产的最终控制权归属于控制公司的股东。控股股东可以根据其意愿对公司施行其经营方案。控股股东也可以解散公司，出售公司全部或者部分资产。商业公司可以简约化为控股股东对公司经营资产的事实上的所有权。

二 拟制论与实在论的张力

以公司人格拟制理论而言，既然公司人格是一个纯粹的法律建构，那么"实在论"的主张就是站不住脚的，同时，既然公司又是一个实在的法律主体，那么"拟制论"的解释也是有其局限性的。根据严格的实证分析进路，公司人格是一个被引入法律体系的主体间性概念，② 这一法律装置（legal device）能够简化自然人团体与外部多元群体的合同关系的同时，也复杂了公司内部的组织结构关系。在法律实证体系话语自洽的同时，也产生了法律适用的空缺结构问题。定义一个事物并不是基于它的本质，而在于这一事物的后果。③ 公司人格是一个仅仅用于事实分析的术语，并不是一个可以描述事物内在属性的概念。"拟制论"和"实在论"反映了将社会团体作为法律概念的最大化分歧。

"拟制论"与"实在论"之间的张力，形成了有限责任法律进

---

① 〔德〕迪特尔·梅迪库斯：《德国民法总论》，邵建东译，法律出版社，2009，第823页。
② 王建文：《我国商法引入经营者概念的理论构造》，《法学家》2014年第3期。
③ J. E. Parkinson, *Corporate Power and Responsibility: Issues in the Theory of Company Law*, Oxford UK: Clarendon Press, 1993, pp. 8 – 19.

化的演化路径。在法律体系中,公司享有与自然人平等的法律人格,可以成为财产权的法律主体。然而在事实上,公司也可以是财产权的客体,成为一个被其他自然人、组织或者其他信托主体所拥有和控制的"物"。尽管现代法律一直试图在公司人格中去除其"物"的属性,然而只要公司保留其"物"的属性,就永远不可能成为一个真正的自决主体。

作为法人的公司可以"拥有"物,同时作为法律上的"物",公司也可以为他人所"拥有"。引申而言,公司作为"法人"也可以将其他公司以物"拥有"。自1889年美国新泽西州就控股公司(holding company)立法之后,全世界的公司为了横向或者纵向合并其他公司,都在购买其他公司的股份。[①] 控股公司就其字面理解而言是指,一个具备抓住或者控制其他公司能力的公司,是专门为拥有其他公司而创设的公司。对那些被控股的公司而言,控股公司就是其所有者,控股公司开启了一种组织创新的新模式:基于所有权和控制权的金字塔体系。在这个金字塔顶端,是一个自然人或者自然人团体,他们是控股公司的所有者,控股公司又是其他公司的所有者,依次顺延,在这个金字塔体系中,所有权科层体系可以无限延伸。[②] 尽管如此,控股公司在事实上仍然是"物",由其控股股东拥有和支配。既然如此,一个公司能否成为其自身名义的控股股东?也就是,公司能否成为自己的所有者?如果这种情形能够成立,公司就可以豁免于其他真实人类的控制,成为一个真正的自决主体,进而去除自身的"物"属性,拥有法律意义上完整的人格。然而,很多国家的法律禁止公司回购本公司的股票。[③] 即使有的国家许可特定条件下公司回购本公司的股票(只要其没有影响资本维持原则),

---

① Michael C. Jensen, "The Modern Industrial Revolution, Exit, and the Failure of Internal Control Systems," *Journal of Finance* 48 (1993): 831–880.

② Masahiko Aoki, "Endogenizing Institutions and Institutional Changes," *Journal of Institutional Economics* 3 (2007): 1–31.

③ 〔美〕卡塔琳娜·皮斯托、约拉姆·凯南、扬·克莱因赫斯特坎普、马克·维斯特:《法律演进与移植效果:六个法律移植国家中公司法发展的经验》,汪辉敏译,载吴敬琏主编《比较》(第二辑),中信出版社,2002,第74~94页。

回购的股份也没有股东会上的表决权。这意味着，在真实的经济生活中，公司不可能成为自己的所有者。

三 股权结构与规避监管的"数码游戏"

更为复杂的问题在于精巧的交叉持股和公司集团多重股权设计，这样会使得有限责任对真实实际控制人的屏蔽效应达到极致。

交叉持股可能出现"自己拥有自己"的循环怪圈：有甲和乙两个公司，交叉持有对方的控股股权，于是甲公司以"人"为法律主体拥有作为"物"的乙公司，乙公司也同理以"人"为法律主体拥有作为"物"的甲公司。即使一个公司并不是自己直接拥有自己，它也是间接地拥有自己，这就可能产生一个循环怪圈——甲拥有乙的同时乙拥有甲……两个公司交叉控股的法律效果可能使这两个公司能够屏蔽其背后真正实际控制人的有限责任否认。

常见的公司集团多重股权设计可以简约如下：假设有 11 家公司相互间平均持有其他公司 5.1% 的股份，同时并不持有自己的股份。简单的计算结果就是其中的任意 10 家公司即可持有另一家公司 51% 的股份，从而排除了其他真实人类成为该公司的控股股东，如此的操作便可能规避对于交叉持股的法律限制。上述 11 家公司将成为自己真正的主人，至少就这个群体而言。而如果是 68 家公司，他们只需相互平均持有其他公司 1% 的股份，就可以达到任意 67 家持有另一家公司 67% 的股份，如此可以确保这 68 家公司的绝对股权控制在集团手中。

我国当代法律体系中的有限责任制度，要上溯到国务院 1992 年第 16 号公报发布的五部门《股份制企业试点办法》与国家体制改革委员会发布的《股份有限公司规范意见》和《有限责任公司规范意见》。在 1992~1993 年间，上海、深圳、海南等地也先后出台了地方性的股份有限公司暂行规定，上述文件最终促成了我国 1993 年公司法的形成。20 世纪 90 年代的政策和法律制定者对于可能出现的交叉控股和公司集团多重股权设计保持了相当的谨慎，《股份有限公司规范意见》第 24 条、《深圳市股份有限公司暂行规定》第 57 条、《海南经济特区股份有限公司暂行规定》第 40 条等规范性文件对公司投资其他公司的股权比例进行限制。但是随后的立法政策采纳了《上海市股份有限公司暂行规定》①的思路不再对公司投资其他公司进行股权比例限制，1993 年《公司法》第 12 条也参考《上海市股份有限公司暂行规定》第 6 条，仅以本公司净资产 50% 为限额限制其向其他公司投资，2005 年以后的《公司法》第 15 条许可公司以有限责任向非法人企业投资。但是出于对金融系统风险的防控需要，《证券公司设立子公司试行规定》②第 10 条、《基金管理公司子公司管理规定》③第 26 条、《期货公司监督管理办法》④第 20 条、《商业银行并表管理与监管指引》⑤第四章"公司治理"、《保险集团公司管理办法（试行）》⑥第 23 条，仍然对金融机构之间的交叉持股进行原则上的限制，其实际的实施效果相对有限。2019 年 4 月 30 日沪深交易所发布的《上海证券交易所股票上市规则》第十一、九、五条、《上海证券交易所科创板股票上市规则》第四、三、十七条、《深圳证券交易所股票上市规则》第十一、八、四条和《深圳证券交易所创业板股票上市规则》第十一、八、五条，明确上市公司不得形成交叉持股，即是防范资本市场人为操控而出现剧烈动荡的制度回应。

一些国家对交叉控股进行一定的法律限制，如《法国公司法》要求一家公司持有另一家公司的股权不得超过 10%，也有很多国家

---

① 上海市人民政府第 15 号令，1992 年 5 月 28 日。
② 中国证券监督管理委员会 2007 年 12 月 28 日颁布，2012 年 10 月 16 日发布《关于修改〈证券公司设立子公司试行规定〉的决定》（证监会公告〔2012〕27 号）修正。
③ 中国证券监督管理委员会 2012 年 11 月 1 日颁布《证券投资基金管理公司子公司管理暂行规定》，2016 年 11 月 29 日修订发布。
④ 原中国证券监督管理委员会 2014 年 10 月 29 日"证监会令 110 号"第 18 条，现中国证券监督管理委员会令（第 155 号）（2019 年 6 月 4 日）第 20 条。
⑤ 原中国银行监督管理委员会《银行并表监管指引（试行）》第 16 条、第 34 条、第 43 条。原中国银行监督管理委员会（2014 年 12 月 30 日）第四章。
⑥ 原中国保险监督管理委员会 2010 年 3 月 12 日发布。

限制银行或者其他金融机构持有私人公司的股权,如《日本公司法》要求银行持有的其他境内公司的股权不得超过5%,美国法律则干脆禁止银行直接持有任何公司的股权,当然银行可以通过其母公司间接持有其他公司5%以下股份的投票权。① 上述思路对很多国家或地区产生很大的影响,然而产生的问题是,比例或限额进路往往在现实中沦为商业巨头的数码游戏,不断涌现的1%股份实际控制人,甚至是零持股的实际控制人也并非不可能。尽管这些自我所有的公司在形式上排除了真实人类作为其所有者,但是这并不意味着这些公司能够排除其股份的全部所有者。这种公司是法律的产物,公司不可能是"自然人缺位","所有人缺位"抑或"持有人缺位",不过是黑客帝国(The Matrix)中矩阵的数码玩偶而已。在实践中阻止公司成为自己的所有者,在立法上似乎是不可能的。然而,2008年沪深证券交易所修改股票上市规则,展现出穿透式监管在结构和体系上对公司治理的影响,这将可能构成未来公司法和有限责任规则演化的路径之一。②

---

① Klaus J. Hopt, "Comparative Company Law 2018," *ECGI Working Paper Series in Law, Law Working Paper* (2019) No. 460.
② 邓峰:《中国公司治理的路径依赖》,《中外法学》2008年第1期。

第三章

财产性与组织性：有限责任的路径依赖

一　公司财产性与组织性的交叉与冲突

每一个公司都需要一个组织来使用其资产，因为公司法律人格仅仅是一个法律拟制，其本身的任何行为必须有赖于真实人类的辅助实施。因此，法律要求公司必须具备一个包含董事（真实人类）的董事会，由他们以公司的名义履行职责。在董事会成员中有时会包括一些雇员代表，董事会有权任命和雇用员工，由此实现公司资产的日常运营。当然也有不少公司，股东事必躬亲，由自己直接运营公司。财产需要附加企业家才能够称之为公司，如果不同的债权人把厂房、设备和原材料分别出租给企业家和一群经理，企业家按债权的模式生产和销售产品，尽管债权人拥有厂房设备和原材料的所有权，但是债权人本身并不构成企业，企业家和他的经理去经营使用这些财产方能构成企业。然而，财产性与组织性固有的内在张力，往往会由于具体自然人签约过程的草率，言语表述的模糊，个人签名的随意，单位公章的混用和反悔违约的任性，而使得交叉与冲突被放大。

值得探讨的一个案例是最高人民法院"民事判决书（2015）民提字第69号"，该案中至少有三个环节值得注意：其一，2002年8

月18日，杨某（持有A公司27%的股权，当时不是A公司法定代表人）以A公司名义与王某（A公司董事长和法定代表人，B公司法定代表人和实际控制人，同时B公司是A公司签约时第一大股东）签署《承诺书》和《退股协议》，双方约定将B公司"申办的A公司的法人代表转给杨某"，杨某承诺向王某支付A公司X项目利润的20%。2002年10月28日，A公司办理了变更登记手续，将公司法定代表人变更为杨某，杨某持有A公司90%的股权。其二，2015年9月，最高院认为王某是B公司的法定代表人，是王某代表的B公司退股，因此，其中"该项目今后所得利润分给王某20%"应当理解为20%利润的受益人是B公司，而非王某个人。其三，2015年9月，最高人民法院认为签署《承诺书》时，虽然A公司的老股东在协议中一致认为杨某可以代表A公司，但杨某当时尚未正式成为A公司的法定代表人，杨某尚无权代表A公司，且此后杨某并未成为A公司100%的股东，而是占A公司90%股份的股东。《承诺书》尽管盖有A公司的公章，但不能代表A公司的真实意思，应当由杨某个人承担相应的履约责任。

该案法律关系的焦点问题在于，如何理解杨某与王某之间签署的《承诺书》与《退股协议》。杨某认为自己是可以代表A公司的签约代表人，事实上杨某在签约两个月之后不仅在事实上，而且在法律上已经正式成为A公司的法定代表人和持有90%股权的股东。签约时王某虽然是A公司的法定代表人，但是王某也认为杨某是A公司的签约代表人。更为麻烦的，还在于王某"似乎"是以自己的名义为了B公司的利益与自己担任法定代表人的A公司签约。这就使得任何司法裁判者都将可能面临一个由"拟制论与实在论"问题进而导致的"财产性与组织性"问题：如果公司财产性能够成立，那么如何理解该案所涉的股权溢价、经营目的和合同履行；如果公司组织性能够成立，那么又该如何理解该案所涉的法定签约主体错位、意思表示错位和责任承担错位。公司"财产性与组织性"的内在矛盾：使得该案的二审法院，能够对同一个案件作出两份司法裁判，一份支持诉讼主张的判决和一份驳回诉讼请求的裁定；也使得再审法院，既能得出杨某不能代表自己而与自己担任法定代表人公司签约的判断，也能同时得出王某只能代表自己而不能代表自己持股90%的公司签约的结论。①

二　公司财产性组织资源的提出

法律解释论关于法人对外意思表示有一个较大的争议，即法人机关是公司的代表人还是代理人。大陆法系一般采组织性程度较强的"代表说"，法定代表人或法人机关的意思表示即为公司的意思表示，即可视为法人的行为。英美法系所采纳的"代理说"，是财产性较强的财产委托人与财产受托（代理）人关系的延伸，法人机关和法定代理人是共同财产委托人的代理人。以"代表说"而言，法定代表人是法人组织体的一部分；但是以"代理说"而言，法定代理人仅在公司授权范围内行使代理权。流行的财产性与组织性讨论，希望通过引入营利事业目的或公司目的来解决这一内在矛盾问题。公司是商业企业，其目的是最大化股东的收益。因为公司资产并不属于股东，而属于作为法人的公司，因此，拟制论公司背后的逻辑并不如同文本上写得那么直接。法律上是公司享有来源于公司资产的利润，而不是股东，即公司利润是属于公司的利润。当然这只是事情的一面，因为公司为股东所有，所以股东作为公司的所有者对公司利润享有合法的索取权。公司的组织性应当服务于公司的财产性，而不能将公司目的归因于公司自身的"意志"，因为公司人格仅仅是法律体系的拟制人格。也不能将公司目的与公司经理人的目的相区别，因为经理人对公司承担忠实义务，经理人的任务只能为公司的目的行使其忠实权力。②

最高人民法院"民事判决书（2015）民提字第69号"一案的

---

① 该案所涉的交叉持股、人格混同和公司意思表示等问题，将在后面部分展开讨论。
② 范健、蒋大兴：《公司经理权法律问题比较研究——兼及我国公司立法之检讨》，《南京大学学报》（哲学·人文科学·社会科学）1998年第3期。

原被告双方围绕"××村改造项目"产生争执，体现了公司组织的经营特征与财产性组织资源紧密联系。公司的这种财产性组织资源也被称作"管理性资源"，如"公司特有人力资产""组织性资本""组织日常惯例""经济能力""核心能力""持续盈利企业的商誉"等等。① 在一定程度指向"组织的集体学习"，特别是怎样协调分工与合作，整合科技研发，维持可信赖的供应商网络，培养消费者信任等，组织资产的目的就在于维持公司的增长。钱德勒（Alfred Chandler）以"知识获取流程"称呼无形的公司资产，公司根据客户的需求信息，调整自己的产品和服务供应，并将这一知识体系培训给员工和经理层，由此公司源源不断地将其产品转换为商品。②

公司的有形资产或无形资产并不等同于财产性公司组织资源。公司破产时，债权人仍然有机会获取有形的和无形的公司资产，如不动产、生产线、设备、原材料、库存、现金、银行账户，以及持有的其他公司股票和债券等，也包括可以持有的电脑软件、技术许可、专利权、版权、商标权和商号权等。这些资产都可以与公司组织相脱离，单独或打包出售或租赁给市场。财产性公司组织资源，既不能从市场中通过购买和租赁的方式取得，也无法通过向市场销售或出租的方式套现。财产性公司组织资源的存在，高度依附于公司组织的个性化特质，是通过长期的组织内或组织外资源交换的实践积累而形成的经验，这些经验是难以交易的。

财产性公司组织资源，只有在公司存续期间才能够发挥其效用，一旦出现公司破产或被恶意收购，这些效应都将消失。无论是公司的债权人、股东、高管人员还是核心雇员都没有办法将这些资源纳入私人财产范畴，一旦他们离开公司，这些资源将毫无用处。换而言之，这些资源对于公司实际控制人是非常重要的。因此，这里就产生了"实在论"公司的"自我再生产"和"自我扩张"命题，财

---

① Rebecca Pera, Nicoletta Occhiocupo, and Jackie Clarke, "Motives and Resources for Value Co-creation in a Multi-stakeholder Ecosystem: A Managerial Perspective," *Journal of Business Research* 10 (2016): 4033-4041.

② 〔美〕小艾尔弗雷德·D. 钱德勒：《看得见的手——美国企业的管理革命》，重武译，商务印书馆，1987，第571页。

产性公司组织资源是公司经营的物质基础，公司以其组织获取利润并进行规模扩张，就具有经济理性和合法性。

三 社团公司组织目标的异化可能

最高人民法院"民事判决书（2015）民提字第69号"一案，更加深层次的担忧在于，如果司法裁判过于强调公司的组织性，也可能在一定程度上对股东利益形成威胁。根据马克斯·韦伯的描述，组织是可以持续地从事某种目的行为的系统。[①] 区分一个组织与其他社会系统差别的特征，在于该组织所追求的特定目的。一旦组织设定了其特定目的，组织中的个体就会被正式的治理结构协调起来，通过治理的程序实现个体之间的合作以追求集体的目标，这时组织就产生了。很多组织理论研究指出存在"目标异化"的现象，有很多组织为了自己的生存倾向于牺牲其最初设立的目标。对这一问题最好的诠释，来自罗伯特·米契尔斯对第一次世界大战前期德国社会民主党转变的研究。德国社会民主党创立之初主张激进的劳工政策，随着政治斗争和讨价还价，权力逐渐落入那些执行日常烦琐事务的全职官员手中，随着组织人数和规模的扩大，这些官员为了防御外部势力竞争，就会更多地在组织结构上保护自己的利益。米契尔斯进一步总结道："组织创生于手段的那一刻，便是终结。"[②]

此时的有限责任便很可能不再是保护股东利益的防火墙，而是限制自然人股东（特别是中小股东）的围城。公司的财产性特征导致工具性组织，其社会基础是股东团体为了收益最大化控制公司经理人；然而，公司组织性特征发展极致的法律模式可能导致公司有限责任形同虚设，公司组织的成员对组织的存在和发展具有共同利

[①] 〔德〕马克斯·韦伯：《经济与社会》（上卷），林荣远译，商务印书馆，2004，第80页。

[②] Pamela S. Tolbert, Robert Michels and the Iron Law of Oligarchy [Electronic version]. Retrieved [March 13, 2020], from Cornell University, ILR School site: http://digitalcommons.ilr.cornell.edu/articles/397/.

益，组织的自我复制和扩张是组织的主要目的。基尔克把真实的公司人格描述为"自然精神团体"（physico-spiritual unity）①，公司作为组织永远不是具有自身意志的超级自然人或者形而上学的有机体。如果有任何自治，公司组织内外真实自然人之间的社会交往行为就会展现出自治的社会效果。董事、高层管理人员、中层经理人、长期雇员和其他内部人都认同自己是公司组织的成员，进而将自己的行为归属于公司组织。更为重要的是，债权人、供货商、消费者、短期雇员和其他外部人能否也被认为是公司组织成员？其行为能否也可以被认为是公司的行为？诚然，公司人格仅仅是一个法律拟制，但是公司可能成为一种社会建构的途径。组织成员内部行为的效力范围，和外部合同相关方的认可，成为公司人格（而不是股东）的日常导向，公司组织维持其自治进而成为社会实体。如果是这样，公司股东中心已经被公司社团主义所取代，那么公司和公司法存在的意义又将何在？

---

① 〔德〕贡塔·托伊布纳：《企业社团主义：新工业政策与法人的"本质"》，仲崇玉译，《南京大学法律评论》2006年春季号。

第四章

股东至上抑或公司至上：有限责任面临的价值取舍

一 有限责任的限度问题

制度的价值判断并不意味着看似相互矛盾事物之间的绝对取舍，而应是两个绝对值之间最符合社会共识的切入点，也就是有限责任的限度问题。这里讨论的有限责任适用范围和适用排除，并不等同于揭穿公司的面纱抑或法人人格否认，而是有限责任制度适用的前提问题。美国密歇根高等法院1912年判决的道奇诉福特公司案确立了股东至上原则后，美国公司法经历了若干次发展。其一是，1932年迈瑞克·多德诉阿道夫·伯利一案中，伯利辩称"公司作为一个经济机制，兼具社会服务和创造利润的两种功能"。① 其二是，20世纪80年代的恶意收购热导致超过四十个州立法，要求公司董事就其行使权力向利益相关者的利益承担解释说明责任（问责）。② 在我国的公司法中，无论是法律文本、司法解释还是判例所展现的则是另一个演进维度。2016年11月，国务院发布《关于完善产权保护制度

---

① Henry Hansmann and Reinier Kraakman, "The End of History for Corporate Law," *Georgetown Law Journal* 89 (2001): 439–468.
② 〔美〕马克·罗伊：《公司治理的政治维度：政治环境与公司影响》，陈宇峰等译，中国人民大学出版社，2008，第59~62页。

依法保护产权的意见》提出依法有效保护各种所有制经济组织和公民财产权,增强人民群众财产财富安全感。2017年9月,国务院发布《关于营造企业家健康成长环境弘扬优秀企业家精神更好发挥企业家作用的意见》明确提出"着力营造依法保护企业家合法权益的法治环境"。2017年12月,最高人民检察院发布《关于充分发挥职能作用营造保护企业家合法权益的法治环境支持企业家创新创业的通知》,2018年1月,最高人民法院发布《关于充分发挥审判职能作用为企业家创新创业营造良好法治环境的通知》。上述文件旨在为企业发展创造良好的营商环境,解决的是投资者权益保障的顽疾。

然而司法机关在处理更为细节和具体的法律问题时,其立场或政策则是需要探讨的。优化营商环境,使我们的公司法改革更加倾向于"拟制论",然而传统的民商事法律审判,则更可能受到"实在论"的路径依赖影响。过于机械地区分公司与股东,很可能导致公司与其他社会机制发生资源交换时,公司法人和单位失信的制度意义大打折扣。事实上,很多银行在具体实践中已经不再考虑向公司提供贷款,由公司股东直接向银行贷款,再由股东将这些贷款用于企业经营,而股东将直接承担公司的所有经营风险,这使得即便是欧陆日本经典的"实在论"公司也缺乏了实际意义。英美公司法更为强调社会关系的公司法律制度安排,促成了股东收益最大化的投资预期;中国具有实际效力的公司监管政策以及为了保护企业家而设置的产权保护政策,促成了更为强调保护公司组织实体和经理层利益稳定的社会效果。[①] 并不能简单评价"实在论"和"拟制论"孰优孰劣,更不能简单判断谁更具有经济民主和经济效率。讨论"拟制论"和"实在论"的价值在于,为不同类型的公司或法人提供制度如何安排的备选方案,而不是选择一个貌似不可置疑的唯一标准,并试图将该唯一标准适用于所有的公司或法人。

---

① 金观涛、刘青峰:《兴盛与危机:论中国社会超稳定结构》,法律出版社,2017,第179~184页。

第四章　股东至上抑或公司至上：有限责任面临的价值取舍

二 "正规所有权"与股东经营中心

秘鲁著名经济学家赫尔南多·德·索托，通过考察比较全球不同地区的产权制度认为西方国家成功的秘密，在于资产超越了人们的物质需要，资产能够转换为资本，建立了"正规所有权"制度。[①] 资产与企业家能力和信用的结合，促进了金融投资和交易频率，最终让整个社会释放出更大的生产力。有限责任于其中类似于交易的浮动无抵押担保，发挥着公司信用来源的制度功能，既是与公司交易的默示条款，也是股东的融资工具。无论是从有限责任产生的制度机理而言还是基于法律的文本，有限责任只对股东适用，而不适用于作为社团的公司。换而言之，如果有限责任将制度价值建基于公司至上，则是毫无意义的，因为对于一个完全的社团而言，其实是不需要有限责任的。

有限责任制度是规模化节约交易费用的产物，通过授权公司债权人享有公司资产的优先受偿权，降低了合同关系中评估和监督交易相对方团体中每一个民事主体资产状况和如何履约的时间、精力及金钱支出，使得股东的融资成本得以降低。诚然，有限责任是紧紧围绕股东经营为中心而展开的制度安排，如果离开股东经营，那么有限责任的适用应该被进行限制。举例而言，假设一家生产儿童乳制品的企业由于添加三聚氰胺而导致大规模侵权案件，被侵权者并非公司经营的交易相关方，被侵权者自然不应受制于有限责任的浮动无抵押担保。但是如果将有限责任的价值定位于公司利益，那么便很可能出现将公司侵权案件的被侵权人序位于普通债权人，即使公司破产，也只能遵循有限责任的清偿规则处理，而不能向公司的股东和经营者主张赔偿，这无疑是背离有限责任制度机理的结果。支持公司侵权案件的被侵权人（公司的非自愿债权人）所主张的侵

[①] 〔秘鲁〕赫尔南多·德·索托：《资本的秘密》，王晓冬译，江苏人民出版社，2001，第56页。

权损害赔偿请求权,并不是基于揭穿公司的面纱抑或法人人格否认,而应是有限责任适用排除规则,公司的股东和经理层都有可能承担相应的法律责任。①

以股东为中心的有限责任其实更加有利于公司的价值实现,原因在于股东更有动力追求公司的股权溢价,而公司社团至上的有限责任更可能追求经理层的利益最大化。尽管某些场合下公司经理层也可能追求最大化公司股权溢价,但是这里可能会面临利益冲突。以"公司资产"和"公司"两个概念为分析的起点,在一个普通商业有限公司中意味着如何对其价值进行评估,即公司资产价值和公司价值。公司价值可以直接表现为公司股票在资本市场中的总价。公司资产价值大致可以定义为公司资产目前的价值,即公司资产现值,扣除这些资产未来最有效率使用所可能获取的利润并适当考虑风险溢价,因此也经常被称为公司的基本价值。这两者之间实际上并不能等同。资本市场上的公司价值往往低于公司基本价值。一方面是因为资本市场总是急功近利缺乏远见,其对公司的日常估值可能无法完整体现公司资产运营的长期收益;另一方面,公司经理人也可能是缺乏能力或机会主义者,他们的经营可能无法实现公司资产的全部潜在价值。

三 所有者与经营者之间合作的进化

如果有限责任更多偏离股东至上而转向公司至上,那么实在论公司的组织性特征就会得以强化。最近几年来,在一些重要公司并购案件中,管理层团队往往拿出"毒丸"或各种升级版的反收购策略,其中往往涉及限制甚至剥夺股东权利,徒增财产讼累。商业上的公司收购者往往喜欢猎寻那些资本市场价值被低估的公司,一旦收购者锁定目标,就会通过银行启动杠杆收购(leveraged buyout,

---

① 朱慈蕴:《公司法人格否认法理与公司的社会责任》,《法学研究》1998年第5期。

第四章 股东至上抑或公司至上：有限责任面临的价值取舍

LBO）计划。通过杠杆收购，收购者在取得银行借款的同时，可以并行取得作为抵押物的目标公司资产。理论上，只要借款人能够让银行相信目标公司的资本市场价值实质上低于用作抵押物的公司资产价值，这样的杠杆收购就是可行的。一旦杠杆收购计划获得银行批准，公司收购者就可以向目标公司正式发出收购出价（takeover bid, TOB），以高于股票现值的价格公开购买目标公司的股权。大部分股东都会感兴趣高于股票现值的出价，只要出价有足够吸引力，就会出手持有的公司股权。而管理团队担心失去岗位，往往会采用多种防御策略阻止收购，甚至会宣布自己的收购计划，由此产生收购竞争和控制权竞争。所谓逆向否认或称之为逆向揭穿公司面纱，即公司内部主要是非控股股东认为公司实际控制人侵犯其忠实义务，而主张基于公平考量，在个案中否认公司的法人独立地位，以校正"实在论"公司法的形式主义。

过度的公司组织性价值诉求，虽然强调"公司至上"的社会价值正确，但是也有可能增加公司收购者的机会主义倾向，同时也可能增加公司管理层对形势的误判。① 如果外部的公司收购者最终成功赢得收购竞争，收购者将会凭借其大股东地位召集股东会，收购者可能会拥有决定公司命运以及控制公司资产的绝对权力，这时收购者可能关闭公司从资本市场中退出。如果收购者急于套现，收购者作为事实上的所有人可以出售公司全部或者部分资产。如果收购者有耐心，收购者可能会更换现任的公司经理层和督导公司经理层。如果公司架构的重新调整进展顺利，收购者可以获取公司经营的长期收益。如果资本市场青睐公司资产的基本价值，收购者可以再次公开发行股票，溢价之后再出售手中的股份。收购者取得的公司资产价值收益与公司股票收益的区别在于，公司资产价值收益减去收购出价和杠杆收购利息支付的价格溢价。只要收购者预期的公司资产基本价值不出现下滑，收购者就是成功的。需要强调的是，上述

---

① 〔英〕保罗·戴维斯、〔德〕克劳斯·霍普特：《控制权交易》，载《公司法剖析：比较与功能的视角》，刘俊海、徐海燕等译，北京大学出版社，2007，第188~232页。

公司的有限责任及其衍生规则进化

运作能否取得成功依赖于收购者的自我融资能力。当然在理论上，公司收购者自己并不需要准备太多资金，有时收购者甚至可以空手套白狼。

公司法作为一种社会合作机制，很大程度上并不是片面依赖法律诉讼来实现的，更多的是合作各方对合作收益的营利预期而采取的自愿行动。阿克塞尔罗德深刻地指出：合作的基础不是真正的信任，而是关系的持续性。[1] 有限责任对于公司的合作各方而言是彼此合作的默示条款，真正影响合作各方如何行动的并不在于法律文本和"公司章程"如何规定，而是合作各方如何预期自己的利益。举例而言，在一些公司股权并购案件中，公司管理层指责收购人资金来源违法、收购股权程序不符合监管规则及"公司章程"要求，侵犯管理层的公司发展目标，如果行政规制和司法裁判过于倾向"公司至上"，动辄行政或司法手段限制和排除股东取得并行使股权，那么很可能鼓励更多股东选择自己亲力亲为的制度安排，最大限度地排除经理层和雇员的贡献。同理，在另一些公司控制权竞争案件中，公司创始人及大股东指责管理层违反忠实义务、滥用监管规则稀释大股东股权，如果行政规制和司法裁判过于倾向"股东至上"，那么可能出现未来经理层与雇员更多选择维系自己组织利益的制度安排，最大限度排除股东的利益诉求。这两个极端，很可能是法律和政策的制定者所始料未及的结果。

随着债权人组织化程度的提高和法律穿透式监管技术的发展，有限责任面临的价值取舍应当平衡股东与管理层、雇员的合作机制，同时亦应平衡公司整体（股东、管理层、雇员）与债权人的利益平衡。有限责任的价值取舍也并不简单是保护股东抑或公司的利益，在更加广泛的意义上是一个社会保护产权的客观标志，是赫尔南多·德·索托所指出的从资产到资本的"正规所有权"制度的一部分，关乎整个社会经济发展的未来。

---

[1] 〔美〕罗伯特·阿克塞尔罗德：《合作的进化》，吴坚忠译，上海人民出版社，2017，第126页。

第五章

忠于股东还是担当债权：有限责任进化的利益博弈

一 债权人组织化权利的兴起

过去30年的时间里，中国公司法先后完成了国企改制和民间投资两个方面的历史任务，然而随着资本市场多层次发展而日趋复杂，隐名持股、双层所有权、持股委员会、一致行动人以及公私伙伴合作（PPP）等制度创新不断涌现，使得固有的"实在论"公司法面临日益多元的制度竞争。债权人的组织化权利兴起，是制衡公司实际控制人的必然产物，如果公司法不能满足这种制衡，那么公司法很可能在制度竞争中消亡。如果公司法满足这样的制衡，那么法律需要满足社会需要的制度进化。制度的进化，并不单纯取决于法律的文本设计，更要体现利益博弈的平衡。

这里讨论的债权人限于公司经营的交易相关人，即自愿债权人，而非公司侵权的受害者债权人（非自愿债权人）。主要的原因在于，两者的风险类型是不一样的。对于公司经营的交易相对人而言，自愿债权人可以根据工商登记信息评估其自身的债权风险，可以通过要求公司提供附加担保和资产负债表等避免风险。而非自愿债权人的出现并不是公司合法经营的必要内容，续上文之例继续展开，购买牛奶并不意味着应当承担牛奶添加三聚氰胺的风险，这已经超过了购买牛奶者正常的风险预期,当然这里也涉及行政规制的问题,在此不再展开讨论。公司、公司的实际控制人和公司全体股东,对公司侵权行为的受害者承担连带赔偿责任,是一种共同侵权行为的承担形式,连带赔偿责任承担以后,可以根据具体的过错程度再行划分具体的责任承担比例。因此,非自愿债权人并不适用有限责任规则,也不适用揭穿公司面纱抑或公司法人人格否认。适用有限责任规则,应当仅限于公司经营的交易相对人。①

随着债权人组织化程度的提高,一方面债权人组织对公司治理更具影响力;另一方面债权人组织的标准债权契约更多地以合同规则替代公司法的适用。据此,一些观点则认为公司法已经"濒临死亡"。②上述观点最大的问题在于,将公司法的实施更多依赖于诉讼或仲裁,这很可能过高地估计了忠信原则和合同履行对合作的价值。然而以合同规则的适用替代公司法,最大的障碍在于如何解决投资者之间的差异问题。不仅需要大量培训投资者,更有可能产生个性化色彩过于浓重的债权投资合同,而这些与现代工业社会治理的标准化、模块化、体系化,可能会存在较大的差距,导致司法机关更加难以进行法律适用。事实上,合作的进化原理亦适用于公司与债权人,公司的社会合作更为依赖公司治理机制,有限责任制度需要给公司内部控股股东或实际控制人与外部债权人之间提供一个关于未来的营利预期。

股东与管理层的关系不同于债权人与管理层的关系,主要的差异在于股东作为公司的所有者,股东权利受到公司章程和忠信原则的概括保护,而债权人的债权特定于合同的明确约定或缔约方的承认。债权人一般可以基于固定利率按期享有收益,债权到期后可以根据合同收回全部投资。股东的股权收益需要考虑公司盈利状况,一般只有在公司解散时才能收回剩余资产。然而具体到公司实践而

---

① Frank H. Easterbrook and Daniel R. Fischel, "Limited Liability and the Corporation," *University of Chicago Law Review* 52 (1985): 89–117.
② 〔美〕佐哈·戈申、莎伦·汉内斯:《公司法的死亡》,林少伟、许瀛彪译,载《证券法苑》第二十六卷,法律出版社,2019,第39~84页。

第五章 忠于股东还是担当债权：有限责任进化的利益博弈

言，债权人和股东都是公司管理层的投资人，管理层在一定期限内实际控制和支配资金的使用。债权合同也会对资金用途设置一定的限制条款，在债权偿付之前限制这些资金流入股东囊中。一般而言，债权合同不会对公司如何开展其商业行为进行限制。尽管债权人收回其投资有固定条款，但是实际的偿付则取决于公司的实际偿债能力，这就需要谨慎和忠实的管理层像对股东一样对债权人负责。事实上，债权人固定收益条款的存在使得公司的风险能力也将决定股东的收益。这就使得，现代公司债权人更加倾向基于合同对管理层附加谨慎和忠实等类似的义务条款，甚或附加债转股等条款以保障债权实现。这里的义务条款内容，已经非常接近于管理层或控股股东对小股东所应当承担的忠信原则。

二 公司外部义务与忠信原则适用

公司外部义务进路，增强债权人对管理层或控股股东侵害公司利益或偿债能力行为的制衡能力，如增加债权人的知情权或诉请事由等。相对应的公司内部义务的切入点在于，扩大董事会的责任范围。[1] 公司外部的义务扩张涉及扩张债权人的合同权利，但是这些合同权利缺乏对应的管理层忠信原则支持。但是这种主张很可能与忠信原则的制度设计初衷相冲突，并进而产生一系列相应的法律适用问题，诸如怎样识别忠信原则主体和性质，以及怎样判断违反忠信原则的行为。这一主张也可能混淆了谨慎与忠实义务，其中最大的疑惑在于董事行为的利益冲突问题[2]，即董事是忠实于股东还是应当担当债权？仅就维系公司组织利益层面而言，债权人与股东的利益本无本质冲突，管理层应当对公司承担忠实和谨慎义务。债权人的权利

---

[1] Donald C. Langevoort, "The Organizational Psychology of Hyper-Competition: Corporate Irresponsibility and the Lessons of Enron Irresponsibility and the Lessons of Enron," *The George Washington Law Review* 70 (2002): 968–975.

[2] 邓峰：《董事会制度的起源、演进与中国的学习》，《中国社会科学》2011年第1期。

分析应当避免混淆公司外部和公司内部的两种法律关系,并在此基础上探讨债权人所主张的忠信原则在什么程度上可能成立,其所主张的忠信原则的限度是什么,以及与传统忠信原则的区别是什么。

忠信原则是公司法和投资者信心的道德基石。于管理层而言,其管控支配的资金和资产并非其自己所有,忠实义务要求管理层为了公司的利益而尽自己专业之能力,不得与公司存在利益冲突,如果存在利益冲突可能产生赔偿责任;于控股股东而言,小股东信任控股股东并愿意将自己的资金信托于他们经营管理,忠实义务要求控股股东不得损害小股东的利益,其制度设计目的在于防止公司实际控制人为了自己的利益直接或间接剥夺小股东的利益。以公司利益要求管理层承担忠信原则,小股东和债权人只是不同类型的投资人,二者之间没有本质上的利益冲突。①

股东是公司剩余资产的所有者,是主要的风险承担者,也是最终的受益人,因此忠实义务的法律诉讼应当而且只能由公司股东来行使,当然其诉讼利益应当归属于公司,与公司利益一致的任何人都有机会获得该诉讼利益的补偿。很多情形下,一旦公司资不抵债或者解散,公司成本支出和债务偿付要前置于股东的剩余资产索取,实际上股东最后能够取得的剩余资产极为有限。公司破产时,法定优先补偿群体和担保债权人将最先取得补偿,公司普通债权人实际能够收回的债权也会受到减损。为了确保公司偿债之后还能有所收益分配给股东,股东一般倾向于管理层采取商业冒险行为以最大化其利益。但是债权人更倾向于选择保守的管理层,确保其作出合理风险范围内的商业决策。

三 债权人能否为公司利益提起诉讼

受到忠实义务约束的情形有:公司与存在利益冲突的董事签订

---

① 邓峰:《公司利益缺失下的利益冲突规则——基于法律文本和实践的反思》,《法学家》2009年第4期。

第五章　忠于股东还是担当债权：有限责任进化的利益博弈

合同，管理层个人用途使用公司资产，管理层篡夺公司机会，管理层与公司存在竞争关系，转让公司控制权，提议解雇衍生诉讼发起人，利用母公司侵害子公司利益，等等。自我交易、挪用资金和违反其他忠实义务的管理层，侵害股东利益的同时也侵害了债权人利益，但是目前法律仅仅设置赔偿股东的利益，我国修订公司法需要考虑校正这一问题。如下两种情形，债权人应当有权以违反忠实义务起诉管理层。其一，管理层侵害公司整体利益，如董事自我交易和篡夺公司机会等，如果股东拒绝对管理层行使诉权，债权人有权提起派生诉讼。其二，控股股东以自己名义起诉公司，但是该诉讼可能导致债权人利益受损，此种情形下债权人起诉管理层的实质是制衡控股股东滥用诉权，类似于小股东以违反忠实义务起诉控股股东的事由。

债权人为公司利益提起的诉讼难点在于：其一，董事是否对债权人的最佳利益承担义务，这里涉及公司内部义务的扩张。其二，债权人能否行使公司控制权交易限制条款。类似于控股股东对小股东的忠实义务问题，小股东享有表决权，小股东的公司控制权诉讼请求有明确的诉讼利益，这种诉讼主张就更有可能获得法院支持。而债权人没有股东会或者董事会的表决权，债权人实际上不享有任何份额的控制权，因此债权人限制公司控制权没有具体的诉讼利益，所以法院更有可能驳回债权人行使限制条款。债权人以公司名义诉请管理层篡夺公司机会、侵害公司潜在收益或者董事自我交易，也存在司法上的难点。法院首先会考虑这种派生诉讼是否成立，无论是债转股的债权持有人，还是担保债权持有人，如果这种债权不能代表公司利益，那么法院也很可能会否决债权人派生诉讼的成立。这里的关键点在于，对债权利益的侵害是否构成对公司利益的侵害。债权人不能以管理层违反忠实义务提起派生诉讼，实际上鼓励了公司实际控制人的自我交易和利益输送[1]，将经营失败和破产的风险转嫁给了债权投资人。债权人能否以及以何名义参与公司治理？是否

---

[1] Daniel J. Bussel, "Corporate Governance, Bankruptcy Waivers and Consolidation in Bankruptcy," *Emory Bankruptcy Developments Journal* 36 (2019): 103–143.

能够行使公司治理的表决权？这些是需要进一步考虑的问题。

债权人以自己的名义对控股股东自我交易提起违反忠实义务之诉，这种情形的关键点在于债权人利益受损是否可以类比小股东利益受损。小股东起诉控股股东违反忠实义务的制度设计目的在于，制衡控股股东获取不成比例的利益，保障小股东能够获取其相应比例的利益。更为麻烦的还在于，控股股东违反忠实义务并不一定体现为公司行为，如限制股票流通或内部交易公司股票等。控股股东利用其内部控制手段，为其自身利益支配公司资产，特别是在母公司与子公司的关联交易中，如果不能举证公司有债权违约情形，那么债权人的诉讼就很难获得支持。

谨慎义务对债权人的法律保护力度，即债权人能否起诉作为公司实际控制人的控股股东或管理层违反谨慎义务。谨慎义务要求管理层审慎和注意履行其经营公司的职责，管理层违反谨慎义务导致的资产减值、债务违约和破产清算都可能给公司带来损失，股东和债权人将面临同一行为带来的损失。债权人与股东的风险类型是不同的，虽然长期债权持有人的风险要低于普通股的持股人，但是股东风险承受能力更强，更倾向于支持管理层的技术创新和风险经营，从而赚取更高的收益，而克服风险和鼓励创新则是公司的主要目的之一。一般而言，股东不会对管理层合理商业风险之内的决策进行诉讼，股东行使违反谨慎义务之诉还要受到业务判断规则的制衡。[①]

谨慎义务要求管理层对公司担当问责，管理层基于业务判断规则对公司解释自己行为的合理性，这里需要强调公司包括的范围要超过股东的范围。法院在判定董事是否违反谨慎义务时，往往会基于正常合理和利益冲突来审查董事行为是否构成违反谨慎义务，而很少会考虑股东能够承受的风险极限。对于债权人而言，法院更可能认为债权人投资伊始应该知悉投资可能面临的商业损失。但是如果将管理层违反谨慎义务的过错行为后果聚焦于公司利益减损，那

---

① Aaron Brumbaugh, "The Business Judgement Rule and the Diversified Investor: Encouraging Risk in Financial Institutions," *UC Davis Business Law Journal* 17（2016 – 2017）: 172 – 195.

么即使是基于合同履行的过错行为，债权人以管理层行为存在过错为由的起诉也应得到法院支持。

四 债权人与股东的利益冲突

债权人能否向公司内部扩张其权利，这里需要进一步分析债权人与股东之间的利益冲突。股东个体有限责任与法人独立无限责任的存在，一般而言使得股东无须再对公司债权人承担个人责任。即使公司资产溢价，该溢价部分计入公司资本，而不会直接成为股东资产。当公司进入破产程序，债权人受偿的序位先于股东。有限责任如何进化，这种进化是否会出现债权人获得公司内部的权利，会受到债权人受偿序位的影响。

债权人与股东的利益冲突会进一步影响公司治理结构，管理层的基本义务应当是最大化股东的利益，但是如果不考虑债权人、雇员和利益相关者的影响，公司又如何保障实现股东利益最大化。很多案例已经表明，公司并不应当仅仅视为股东的赚钱机器，公司事实上是不同出资方的利益共同体平台，债权人、雇员和利益相关者以适当的方式参与公司治理，更有利于公司实现多方共赢的持续增长，股东才有可能获得自身利益的最大化。无视债权人、雇员和利益相关者在本质上是低估非股东的资源投资价值，其结果便是非股东的资源投资方以较低的成本退出公司。①

债权人与股东的利益冲突，本质上是股东愿意在多大程度上让渡自己的有限责任及其衍生的权利，债权人愿意承担多大的风险给公司提供融资。债权人一般而言更加在乎其收益，而不是取得股权，如果债权人的目的在于取得股权，则是另一个需要分析的问题。理论上债权人能够得到合同的保障，忠实义务和谨慎义务对应的是组织化的公司法权利，这显然是普通债合同所难以衍生的权利，那么

---

① Alek Chance, *American Perspectives on the Belt and Road Initiative*, Institute for China-America Studies, 2017, pp. 10–15.

债权人组织化权利的进化，赋予债权人提起违反忠实义务和谨慎义务之诉，则是有限责任和公司法可能的进化选项之一，事实上这种进化已经体现在公司破产或重整程序之中。类似于乐视和法拉第未来公司的案例，已经成为传统有限责任公司的笑料。随着管理层实际影响力的增强，债权人组织化权利是对管理层的制衡，公司股东面对恶意收购时也需要制衡管理层，这些都是公司治理利益博弈平衡的体现。很难想象缺乏制衡的管理层能够保障现代公司股权利益的实现，更加难以想象缺乏制衡的管理层能够持续获得债权人的债权投入，而对债权的侵害，最终受损的将是整个社会。

五 中国"债转股"的制度路径与合同规则的扩张解释

债权人合同义务组织化扩张的进化路径，能否适用帕累托效率原则，即公司的交易能够提高债权人权利的同时，并没有减损其他人的利益。在实践中，这一原则曾被广泛适用于民商事案件的审理考量之中。如果仅仅从交易公平的角度而言，暂且不考虑该交易对债权人保护性权利的影响和传统的业务判断规则，那么单笔的交易公平并不能必然得出债权人权利的改善或者减损，主要的原因在于公司经营是一系列组织化交易的存续，而不片面在于单笔交易的价格是否合理。将单笔交易放置于公司破产重整的语境时，会进一步发现，破产虽然可能会使得债权人得以部分清偿，然而重整却可能使所有人受益。此时，虽然债权人可能获得重整中的组织化权利，但是其债权本体的利益却可能受到负面影响。债权人组织化权利的扩张，在另一个方面也可能减损股东最优利益的实现。因此，帕累托效率原则在公司组织化的法律关系中的适用是有其局限性的。

2016年10月国务院发布的《关于积极稳妥降低企业杠杆率的意见》及其附件《关于市场化银行债权转股权的指导意见》则可能揭示了法律进化的另一个可能路径。为了平衡债权人与股东的利益冲突，政府监管政策的介入主要体现为三个方面。其一，以市场化法治化为基础。强调政府的作用是为市场主体创造适宜的政策环境，政府对企业行为不再施以具体的行政指令，转股对象企业、转股债权、转股价格和条件、资金筹集、股权管理和退出，都是由市场主体自主协商确定。其二，设置禁止性底线。国家发改委明确债转股的四个禁止：禁止僵尸企业债转股，禁止恶意逃废债的企业债转股，禁止债权债务关系不清晰的企业债转股，禁止有可能助长过剩产能扩张的企业债转股。其三，设置鼓励性引导。鼓励高负债的优质企业债转股，鼓励遇到暂时困难的潜力企业债转股，鼓励企业资源有优化利用价值的困境企业债转股。[①] 某基金管理有限公司 2017 年以债权人身份注资某电力投资有限公司旗下 A 新能源有限责任公司 12 亿元人民币，尽管该笔资金主要来自银行理财资金，但是该债转股协议不具有传统的债权特征，该基金管理有限公司放弃要求该电力投资有限公司承担连带责任，也没有要求 A 新能源有限责任公司提供其他资产抵押。企业方不再承担刚性的债权付息义务，该基金管理有限公司在协议中提出了业绩对赌和定期分红要求，并将未能从资本市场退出导致的回购义务通过特殊条款柔化。

2018 年 1 月 19 日，国家发展改革委、中国人民银行、财政部、中国银监会、国务院国资委、中国证监会、中国保监会联合发布《关于市场化银行债权转股权实施中有关具体政策问题的通知》明确"允许以试点方式开展非上市非公众股份公司银行债权转为优先股"，优先股享有固定收益率，其法律属性介乎一般债权与普通股权之间，可以平衡债权人与股东之间的风险、收益、权利和责任。银行等金融机构也比较倾向于与优质企业建立长期的合作关系，这时的银行已经超越了主要贷款提供方角色。为了使债转股协议具有可实施性，债权人完成注资后往往会向目标公司派驻债权人代表出任董事，参与目标公司的公司治理。债权人代表享有投票权，对公司经营重大

---

① 央视网：《【国新办政策例行吹风会】债转股签约金额已达 2.3 万亿元》（2019 年 06 月 06 日），http://m.news.cctv.com/2019/06/06/ARTIBgYXajVQtwZFD3oVgS8W190606.shtml。

事项甚至享有否决权，体现出债权人组织化权利的发展。债权人取得公司的控制权有其必要性考量：其一，直接操盘公司决策，提高资产价格；其二，争取获得控制权转让溢价的最优出手时机。

　　我国目前的《公司法》《证券法》等法律文本对上述问题缺乏明确的规定，固然适用合同规则进行扩张解释可以在一定程度上覆盖这些组织化程度很高的"债权投资合同"，但是通过法院或仲裁机关审理关于"债权转股权"合同关系的裁判亦多有不确定性，即使法院或仲裁出具裁判文书，其可执行性也可能存有疑问。更为关键的问题在于"合作的进化"原理已经揭示，法律的进化是社会多元利益博弈的结果，而不是先验理性设计的模型。公司法的有效实施更多依赖于平衡利益博弈的公司治理机制，这就使得上述政府规制政策对公司治理进行一定范围的督导不啻为一种次优选择。

第六章

公司"面纱"与债权人：有限责任进化的制度张力

一 公司"面纱"与股东的控制力

公司法进化的显著特征不是平面化的扩张源于信托的忠实义务适用范围，而是愈加依赖组织化的公司治理，愈加依赖熟悉市场经济和商业规律的柔性行政监管与能动司法体系。业务判断规则为公司管理层设立了防火墙，除非法院能够列举充分的裁判理由，否则公司管理层商业行为很难被司法所否决。近数十年来，无论是英美、欧陆、日本，还是我国，公司法的组织化发展呈现了如下三个特点。其一，银行等金融机构越来越多地参与管理层的决策经营，甚至在公司存在财务危机时对公司实施接管。其二，雇员参与公司治理的法律权利逐渐形成，职工董事和职工团体的影响力不断增强。其三，公司组织独立性倾向愈加强化，政府规制政策逐渐对公司治理产生较大的影响力。然而这些特点很少直接回应"股东产权保护如何发展"这一公司法的核心命题，离开"股东与管理层的关系"关切的形而上难免只是隔靴搔痒。[①] 因此讨论公司"面纱"与债权人的利益博弈，需要进一步分析股东与管理层的关系，即股东能否以及能

---

① Lynn A. Stout, "The Mythical Benefits of Shareholder Control," *Virginia Law Review* 93 (2007): 789–809.

在多大程度上控制管理层。

在"拟制论"公司的谱系图中不难发现,自然人持有大部分股权的公司,这时的公司最为接近自然人财产的一部分,一人公司便是典型,对其适用《公司法》第二十三条第一款不会存在难点。然而对于股份公司或者上市公司而言,这种财产性的特征就会弱化很多,对于单个股东而言只能通过控制股东大会,才能任命董事和向公司管理层发号施令。尽管单个股东能够通过合同对公司管理层进行监督和鼓励,但是这些合同安排不能替代公司法,而只能依附于公司法监督管理层作为受托人如何行为。一旦考虑股东监督管理层的成本,区分社会现实和法律规定,就会发现只有积极股东才能控制或影响公司的管理层。问题更为麻烦的还在于,即使控股股东能够完全控制管理层,这也并不意味着公司治理问题的终点。现代公司治理的问题不再是简单的管理层是否滥用受托人地位,而是控股股东滥用公司"面纱"特权,特别是控股股东滥用有限责任制度损害外部债权人(贷款人、原材料供应商、雇员、消费者和被侵权人等)的利益问题,而这也正是"公司人格否认"法律适用的难点。控股股东更有机会将公司"面纱"形骸化,将公司的资产或收入具有"合法"形式的挪为自己所支配,延迟、减少或者诈欺应该向债权人支付的债务。公司法人独立地位与有限责任是一个铜板的两面,"揭穿公司面纱"抑或"公司人格否认"制度的主要目的在于临时剥夺控股股东的有限责任特权(privilege),要求控股股东以个人财产向债权人偿付公司的债务。

经典的公司所有权模型框架内,股东被视为公司的所有人,其他公司资源贡献者被视为合同关系人。由于所有权与经营权的分离,现代公司法不断强化管理层的问责制,无论是内部董事还是外部董事都需担当问责。基于忠信原则的忠实义务,要求管理层按照合乎理性的标准经营公司。谨慎义务和忠实义务归属于公司还是股东尚有争议,但是无论是基于经典的公司所有权模型,还是根据流行的"委托—代理"剩余索取权理论,能够对管理层提起违反上述两项义务诉讼的适格主体都是股东,而且违反谨慎和忠实义务法律适用的效果归属于公司,而不直接归属股东个人。

第六章　公司"面纱"与债权人：有限责任进化的制度张力

二　公司"面纱"与"资本领主"

中国商业实践中债权人与管理层的关系，也可以理解为一种权力依附关系，即依附方依赖于权力方的行为保障自己的利益①，依附方向权力方让渡自己的一些权利，权力方则承担与之成比例的责任。很多民营企业的"明债实股"或"明股实债"便是这一类型关系的体现，民营企业家向各种亲朋好友、乡里乡亲大量举借债务融资，许诺以未来公司的经营收益为回报，往往也会出具"出资证明"。如果这家民营企业稳定运行业绩良好之时，债务人与债权人往往相安无事。如果出现民营企业股权之争，企业家往往主张这些投资为"债权"而并非"股权"，排除投资人所主张的"股权"诉求。如果出现民营企业资不抵债，企业家则往往主张这些投资为"股权"而并非"债权"，要求投资者与企业共担风险。②

有限责任制度起源于英美发达的契约传统、海商文化和限额保险制度，而这些不仅是中国广袤乡土社会所不具备的，即便对于东南沿海发达城市也是奢侈品。在中国的商业中没有出资人承担有限责任的传统，一旦经营者资不抵债，股东以其全部财产对外承担无限责任。1904 年《钦定大清商律》包括《商人通则》和《公司律》虽然在法律形式上确认了有限责任，然而在实践中公司控股股东或实际控制人往往承担无限责任，中小股东承担有限责任，这一点直至今日，在中国的民营企业中，仍然是这个逻辑。中国本土根深蒂固的身份传统之下，民间企业家类似于"资本领主"，亲朋好友或乡里乡亲的出资无论是名义的"债权"抑或"股权"，不仅是对投资收益的预期，更是对民营企业家个体企业家能力的高度依赖。如果

---

① Max Boisot and John Child, "From Fiefs to Clans and Network Capitalism: Explaining China's Emerging Economic Order," *Administrative Science Quarterly* 41 (1996): 600–628.

② 刘凯湘：《股东资格认定规则的反思与重构》，《国家检察官学院学报》2019 年第 1 期。

仅从现代商业的法律形式层面切入，过于简单的收据或合同无法保障投资人所期待的本金和收益，设计过于复杂的债权合同又超出了普通投资人的能力范围，即便有专业人士操盘的投资合同，也很可能面临"贾布斯"式的企业家，也很可能面临对商业缺乏感知和经验的基层法官。

在大量的实践案例中，权力方（企业家或"资本领主"）与依附方（债权人）有两个明显的特征。其一，权力方可以不受约束地使用所借款项，既可用于企业发展，也可用于个人消费，依附方的命运掌握于权力方手中。其二，依附方对权力方如何经营和如何行为既没有影响力，也没有施加影响的渠道。进一步回溯忠信原则的产生，不难发现该原则的初衷在于衡平受托人与委托人之间的权利与义务，并非独属于股东与管理层。中国社会相对缺乏企业理念和经验，机械适用有限责任制度，很可能扩大权力方与依附方的权利、权力、风险和责任的不成比例现象。权力方为依附方担当忠信原则，为依附方配置制衡权力方的权利，并不违背法律的公平价值。权力依附框架下，债权人与公司的忠信原则问题可以分为合同缔约和合同履行两个方面讨论：于合同缔约，实际涉及的主体主要有公司（债务人）、债权人和管理层三方，需要基于忠信原则设置更具组织化权利特征的合同条款，如管理层与股东关系的条款，管理层自我交易禁止条款，公司招投标条款，派生诉讼条款，母子公司间交易条款以及债权人强制收回债权条款，等等。尽管法院往往习惯性从公司独立法人地位的层面，考量公司对不特定第三方债权人的债务问题，但是并不妨碍这些条款将公司列为诉讼受益人，从而将忠信原则课以管理层。这些合同条款的存在，不仅是合同规则与公司法相互竞争的结果，更是多元利益主体之间博弈的结果。债权人可以在与债务人的合同中约定还款计划和实施条款，此时债权人对公司的权利以其债权合同为基础，欠缺公司不具备还款能力或资不抵债这一要件，债权人并没有债权落空之忧虑，所以债权人要求公司股东、董事或实际控制人承担忠实义务或让渡公司治理权利，不具有通过司法上的可强制实施性。但是于公司不具备还款能力或资不抵债的情形下，债权人对公司的权利基础由债权合同拓展至所有者权益，这就使得债权人要求公司股东、董事或实际控制人承担忠实义务或让渡公司治理权利，即债权人对公司的组织化权利具有司法上的可强制实施性。

三 公司"面纱"与公司还款能力

公司"面纱"与债权人关系的核心关切是公司是否具备还款能力，资产与负债的比例关系是判断股东与债权人之间权利义务关系变化的重要标准。法理上的不具备还款能力或资不抵债（insolvency）并非仅指技术上的资产低于负债，还包括公司濒临资不抵债致债权落空的合理担忧。无论是资不抵债还是濒临资不抵债，董事会不应仅仅是剩余风险承担者的代理人，而应对包括债权人在内的所有公司资源贡献者承担责任。①

如果公司具备还款能力，即公司净资产为正，资产比例高于负债，此时作为债务人的公司（以下简称公司债务人）与其他作为债务人的自然人（以下简称自然人债务人）并无太大差异，此时的公司董事仅对股东承担忠实义务，也不应课以公司股东高于自然人债务人的义务。股东对公司净资产拥有完全的权利，享有对公司盈利分红的期待权的同时有选举董事的权利。债权人仅有权主张债权得到充分、完整和及时的清偿，其对股本溢价和选举董事缺乏法定权利。

但是如果公司不具备还款能力或资不抵债，即公司净资产为负，资产比例低于负债，自然人债务人的普通债权债务法律关系模式就不适用于公司债务人。资产的所有人对资产享有权利的同时，亦对资产承担义务，在特定情形下所有人的权利与义务可能会发生转换。② 公

---

① 李建伟：《司法解散公司事由的实证研究》，《法学研究》2017年第4期。
② Steven L. Schwarcz and Aleaha Jones, *Corporate Governance of SIFI Risk-Taking: An International Research Agenda*, Edited by Matthias Haentjens and Bob Wessels, Cross-Border Bank Resolution, Duke Law School Public Law & Legal Theory Paper No. 2017 – 41.

司不具备还款能力或资不抵债，导致股东对公司资产享有的权利与承担的义务概括让渡于债权人。在公司恢复还款能力之前，股东不再享有盈利分红的期待利益，也不再享有剩余资产索取权，不宜继续享有选举董事的权利，股东权利已经劣位于债权人权利。此时债权人对公司资产享有优先于其股东的索取权，此时债权人优先索取权实际上已经具备了公司所有权的主要权能内容，那么公司董事或实际控制人应当对债权人承担忠实义务。

司法裁判审理公司"面纱"与债权人关系也会受到政府规制的影响。举例而言，英国行政机关往往对公司施以较强的独立审计和财务监督，董事会秘书往往根据监管机关的要求承担法定职责，这些因素使得英国公司行为更符合合规标准，英国法院裁判更可能倾向于维护公司人格。在全球营商环境排名前20位的经济体中，英国"揭穿公司面纱"的法律门槛相对高于那些行政监管相对较为薄弱的国家或地区。在涉及公司"面纱"与债权人关系的案件中，对债权人所要求的举证责任，也是观察营商环境的一个重要指标项目。主要的原因在于，公司外部的一般债权人与公司内部的实际控制人之间存在严重的信息不对称，一般债权人不仅难以识别控股股东滥用有限责任特权的行为，而且在控股股东滥用行为与自身债权因果关系上难以举证。

我国目前审理公司"面纱"与债权人关系案件的法律，仅有《公司法》第二十三条第三款明确一人公司的举证责任倒置规则。拟议中的"破产法司法解释"对"关联企业不当利用关联关系造成关联企业成员之间法人人格高度混同损害债权人公平受偿利益"，讨论了"被申请合并破产的关联企业成员"承担举证倒置。《全国法院民商事审判工作会议纪要》第十条列举了人格混同的主要情形，但依然没有规定举证责任，实践中人民法院适用《公司法》第二十一条仍然存在较高的门槛。英美法系法官得心应手的衡平规则，往往能够根据具体当事人接近和取得关键证据的成本等因素，结合具体案件审理调整举证责任分配，对债权人的盖然性举证要求相对较低。不仅是控股股东，即便是控制公司经营的高级管理人员和雇员，都

第六章 公司"面纱"与债权人：有限责任进化的制度张力

往往被要求对公司债务承担个人责任。大陆法系法官往往不善也不愿适用较为模糊的规则，营商环境排名较为靠前的大陆法系国家如日本、德国和法国等则呈现出有限责任规则进化的其他路径，即要求公司作为债务人承担举证责任倒置，或者援引行政机关已经作出的行政决定，对滥用有限责任的债务人否认其法人人格。无论英美法系还是大陆法系，尽管法律进化的路径有所差异，但是其结果导向是一致的——强化债权人保护。

第七章
有限责任推动的衍生规则进化方向

公司作为债务人与债权人的关系已经高度组织化，这使得单一的实体法难以解决彼此之间的权利义务关系，这就涉及基于法律理念和法律体系的层面协调实体法的适用。随着后工业社会的来临和区块链技术更加广泛的应用，"合同+公司治理"已经使得合同本身越来越具有组织的可实施性，公司法的修订需要更加体系化地因应有限责任进化带来的结构平衡与文本实施问题。

一 公司对外意思表示的法律外观

拟制论与实在论两种公司法理论的交织，及其所衍生的公司财产性与组织性的内部张力，如果《公司法》缺乏因应公司对外意思表示，则很可能会使得这种内在冲突被放大。公司实际控制人，无论是否已经行政登记取得公司法定代表人身份，在外观上只要具备民事行为能力，其所签订的合同应当认定为有效合同，如该实际控制人已经取得大多数股东的书面授权，即可以认定为符合外观要件。如公司签约人与合同相对人，双方均认可合同内容，且该合同符合生效条件，人民法院不宜以公司实际控制人不具备公司法定代表人身份为由判决合同无效。公司法定代表人委托他人处理其在公司中全部事务的，如果该授权明确表示系"个人名义"的，则相关法律效力只能约束本人而不能约束公司。但是，如果公司法定代表人委托没有明确表示该授权系"个人名义"的,公司不能举证该授权系公司法定代表人以"个人名义"委托他人的,则公司不得对抗善意第三人,公司应当承担相关法律后果。① 如公司主张公司具体签约人不能代表公司对外从事法律行为,该举证责任应当由公司承担。

受让人已经通过股权转让取得公司控股股权,该受让行为已经得到有限责任公司 2/3 以上表决权的股东或者股份有限公司经出席会议的股东所持表决权的 2/3 以上的授权,该受让人有权代表公司对外签署协议,不以是否进行工商登记或成为公司法定代表人为要件。根据《民法典》第一百五十三条之规定,不宜认为未经行政登记即"违反法律、行政法规的强制性规定的民事法律行为无效"。行政登记为公司法定代表人仅为行政证明,并非为法定代表人进行设权,行政登记仅为证明公司法定代表人身份的一种形式,且不是唯一的形式,不具有对抗善意合同相对人效力。至于公司实际控制人与公司法定代表人之间的纠纷,应当通过释法告知其另案诉讼解决,而不宜在公司与合同相对人诉讼中裁判。公司法定代表人与公司签约代表人,有一定的重合,但并不要求公司所有签约行为一定是公司法定代表人所为。

公司法的拟制论和公司的财产性,产生的另一个启发还在于,没有必要纠结于滥用有限责任股东承担的是"共同连带责任"还是"补充连带责任"。如果过度执念于实在论,那么要求该股东承担个人责任应当前置追责公司组织性,即股东承担的是"补充连带责任"。我国目前司法实践主流所采的"共同连带责任"不仅是节约司法资源和诉讼成本的需要,更重要的是使得案件受理和举证责任得以标准化。

二 公司资本认缴制滥用的纠偏

由于我国公司财务和征信信息披露及公众可查询的便利程度仍

---

① 人民法院出版社法规编辑中心编《公司法司法解释及司法观点全编》,人民法院出版社,2019,第 128 页。

有很大的改进需要,以有限的工商登记信息豁免股东认缴出资加速到期,可能会加剧股东与债权人之间收益与风险的不成比例。我国《公司法》虽然采用了美英授权资本的形式框架,但是缺乏国际配套的欺诈性转让规则,也缺乏普通法院揭穿公司面纱的司法能动。行政监管部门在推进英美穿透式监管的同时,司法机关相对固守大陆法名义上的公司组织特征,导致法院适用法律解决纠纷的实际效果多有不彰。① 于此情形的立法逻辑应该是,尽量引导公司进入破产程序,如果公司实际经营者拒不申请破产,则已然存在继续榨取公司利益或射幸赌博的较大动机,实际经营者应当为其主观恶意或过错承担个人责任。

2019 年 11 月 8 日《全国法院民商事审判工作会议纪要》第六条试图对公司资本认缴制滥用进行一定程度的纠偏,虽然将《企业破产法》第二条和第三十五条的内容进行了延展适用,但是这两个条件在现实实践中适用可能存在问题。其一,要求人民法院穷尽执行措施,且无财产可供执行,且已具备破产原因,但不申请破产,这里存在的四个前提条件,徒增司法资源之消耗和债权人保障债权之诉累。可以设置举证责任倒置,即要求股东或公司举证公司具备还款能力,如果股东或公司不能举证具备还款能力,则人民法院可以适用股东认缴出资加速到期规则。其二,公司债务产生以后,公司股东(大)会决议或以其他方式延长股东出资期限,则可以转为适用欺诈性转让规则来解决问题,而不必于此纠结,即由公司及其股东举证自己没有欺诈意图,如果公司及其股东不能证明自己善意,则公司承担债务赔偿责任。

就立法目的而言,关于认缴制的公示,股东认缴的数额实质上是对全体公司债权人的债务承诺,其缴付时间只是对该承诺数额所附的时间限期,而我国《公司法》并未要求股东实际缴付认缴出资的最低时限,故此股东实际缴付认缴出资也可以不附加时间期限,公司章程或股东出资协议等另有规定除外。如果股东仅以未到期限

---

① 蒋大兴:《论公司出资义务之"加速到期"——认可"非破产加速"之功能价值》,《社会科学》2019 年第 2 期。

拒绝履行实际缴付义务，则仅能对抗公司其他股东请求其履行出资义务，而不能对抗公司全体债权人。全体债权人依合法生效合同享有债权，法院不宜仅凭公示推定债权人附有债权等待义务。

就诉讼利益而言，股东出资义务的直接受益人为公司而非全体或特定的债权人，债权人虽为自己利益诉讼，但其诉讼本质上是公司或其他股东怠于履行要求股东履行出资义务的派生诉讼，因此人民法院判决股东加速向公司履行出资义务而非向特定债权人偿付债务，即无论是"九民纪要"第六条规定的第一种情形还是第二种情形，法院都不宜径行判决股东或公司向特定债权人偿付债务。如果股东履行出资义务之后公司具备清偿能力，则人民法院依据执行规则予以处理；如果股东履行出资义务之后公司仍不具备清偿能力，则人民法院应当向双方释明，公司和债权人有权启动破产程序。债权人要求公司和股东承担连带责任的，应当同时起诉公司与股东。

就举证责任而言，公司不具有偿债能力，其原因在于股东实际出资不到位，所以股东应当承担解释说明责任（accountability），负有公司具有偿债能力的举证责任，债权人仅就其债权合法生效承担举证责任，而不宜负有举证公司内部股东怠于履行出资义务或其他义务之举证责任。

就董事任职资格而言，公司不具有还款能力或者濒临资不抵债，股东即使享有延迟履行出资的权利，但该权利不足以对抗公司维持原则课以股东的义务。我国未来《公司法》修订可以参考英国1986年《公司董事任职资格剥夺法》，授权法院判决剥夺缺乏还款能力公司的股东任职董事的资格，由于该项判决要求股东承担个人责任，股东既不能任职名义董事，也不能任职对公司施加实际影响力的事实董事或影子董事。

三　公司债权人保护的文本与实施

17世纪以来直至今日，公司法是最为活跃的法律部门之一，不仅已经涌现了领售权、对赌协议、毒丸计划、可转换债券等，未来很可能会有更多的制度创新出现，这些制度创新又多以合同形式来体现。然而合同不可能涵盖未来可能出现的所有情形，经典的合同规则适用要求忠实于合同条款进行裁判，一般不得仅凭合同文本扩大当事人的权利或者义务范围。除非与公司治理相衔接，否则普通民事合同条款很难创设可实施的债权人与债务人之间的忠信关系条款。

在保护债权利益与维持公司自治之间，国际上多以"欺诈性转让禁止规则"来解决纠纷。我国大致对应法律渊源有：（1）《民法典》第八十三条规定的"出资人权利滥用"和"揭穿公司面纱"；（2）《民法典》第五百三十八条规定的"债权人撤销权"；（3）《破产法》第三十一条规定的"管理人撤销权"，第三十二条规定的"个别清偿"，第三十三条规定的"无效行为"；（4）《最高人民法院关于适用〈中华人民共和国公司法〉若干问题的规定（二）》（2020修正）规定的"清算不当的民事责任"；（5）《中华人民共和国刑法修正案（六）》第六条规定的隐匿财产、虚构债务、虚假破产涉及的刑事责任；等等。然而这些法律渊源不仅缺乏体系，而且适用要件各有差异。鉴于我国民商合一的历史传统，修订《公司法》的同时亦应配套民法相关规则完善，应当规定欺诈债权人的财产转让行为的概念和类型，凡是具有妨碍、延误、欺骗债权人意图的转让财产行为或者在特定情况下没有获得公平对价的转让财产行为都可被认定为欺诈性转让，债权人有权请求法院撤销该转让行为以补充公司偿债能力。在具体法律适用环节：债务人应当就自己的行为不存在妨碍、延误或者欺骗性目的承担举证责任；但是，如果债务人资不抵债，同时存在债务人以明显不合理价格转让资产或者承担债务，法院则可以排除是否存在诈欺性的主观目的的要件，直接判决撤销相关交易，恢复财产原状。

我国公司法修订还应当引入"股东债权请求权延迟制度"[①]，即

[①] 在英美公司法中是源于衡平法院的"控股股东债权请求权延迟制度"，也被称为衡平居次原则（Equitable Subordination Rule）或深石原则。

在公司进入清算、破产或重整程序后，股东对公司享有的债权劣位于一般债权人受偿。如果股东与公司之间的交易可同时适用关联交易规则或欺诈性转让规则，则优先适用关联交易规则或欺诈性转让规则。其理由在于前文已述的两个初步结论：其一，如果以"控股股东"为要件，无论如何界定"控股股东"，实在论公司的组织性特征极为容易将公司交叉持股异化为规避监管规则的数码游戏；其二，如果公司资可抵债，则股东对公司享有的债权与其他一般债权并无差异，但是如果公司已进入清算、破产或重整，则股东对公司的债权已经转变为公司剩余资产索取权，应当对公司的剩余资产承担风险。破产和清算环节中的"最佳利益"原则也是这个逻辑，以强化资不抵债公司对债权人承担的义务，在债权人收到债务人清算后的最低偿还额之前，破产重整的债务人不能强迫债权人接受重整方案，同时在债务人清算过程中，股东收到的任何资产收益必须全部优先用于偿还债务。

四　公司合规标准与穿透式监管

前文已述司法调整的规律和不足，为了预防公司实际经营者滥用有限责任，保护社会公共利益，营商环境发达国家或地区越来越多地配套基于公司合规标准的行政督导和穿透式监管，[1] 立法的有效实施需要司法权与行政权的相互协调。

公司合规标准不仅在于预防有限责任滥用，更重要的价值在于保护企业家精神和公司创新。就天使投资或风险投资项目而言，债权人固然拥有资金和管理经验的优势，但是债权人缺少创新创意。政策劝导债权人自甘风险，或者司法的有意为之，然而只要缺乏必要的抵押品，都可能使得债权投资人更加倾向选择那些已经比较成熟或已经取得一定业绩的企业，而失去了天使投资或风险投资本身

---

[1] 叶林、吴烨：《金融市场的"穿透式"监管论纲》，《法学》2017年第12期。

的意义。我国《公司法》的修订应当配套相应的公司合规监管体系，督导科技创新型企业依法合规经营，既是保护债权人，更是保护公司自己。

公司财务和征信信息的强制披露，相对于已有的市场监管信息，这里所披露的信息应当补充（但不限于）如下：公司经营的初始资金数额及来源，公司阶段性期间内最大可支付能力，公司持续经营的最低支出金额，公司利润分配方案，公司股权（股份）回购方案，公司证券市场违法违约记录，公司贷款及还款记录，股东及公司实际经营者贷款及还款记录，资信评级机构对公司的信用评价，公司所涉资产诉讼的标的金额，公司欠缴政府税费记录，公司欠缴雇员公积金、社会保险及薪酬记录，公司其他违法违约记录，等等。公司集团信息的强制披露，应当进一步补充（但不限于）如下：公司集团财务会计合并报表，成员公司间董事、监事、高管人员及其他实际经营者的任职关系，成员公司间的资产及资金关系，成员公司间的业务往来关系，等等。独立审计机构监督，这里涉及独立审计机构的随机产生，监督公司实际经营者遵守诚信义务的专业判断，以及可能承担的问责（accountability）。

第八章

关联交易内部赔偿责任与公司治理规则的进化[*]

一 关联交易内部赔偿责任问题的提出

(一) 公司内部人控制的纠偏机制

1. 公司内部人控制的概念

公司制度是现代企业制度的核心。公司从诞生迄今的几百年,一直伴随着公司治理中的两大痼疾,即代理问题中的两大利益冲突:在现代公司所有者和经营者之间"委托代理"关系所产生的利益冲突和由于资本多数所引发的控股股东或实际控制人与中小股东的"委托代理"关系所产生的利益冲突。[①]

Jensen 和 Meckling 将"委托代理"释义为"一种契约关系,在这种契约下,一个人或更多人(委托人)聘用另一个人(代理人)代表他们来履行某些服务,包括把若干决策权托付给代理人"[②]。所有者和经营者之间的"委托代理"极易导致高级雇员反客为主,对公司形成实际控制;控股股东或实际控制人与中小股东的"委托代理"导

---

[*] 本章合作者王力玉。王力玉,法律硕士,云南西耆律师事务所执业律师。
[①] 参见施天涛、杜晶《我国公司法上关联交易的皈依及其法律规制》,《中国法学》2007 年第 6 期。
[②] Meckling Jensen, "Theory of the Firm: Managerial Behavior, Agency Costs and Ownership Structure," *Journal of Financial Economics* 3 (1976): 326.

致多数资本变相地代表所有控制权,少数资本则意味着无控制权,形成控股股东及实际控制人对公司的绝对控制。

这两大痼疾的共同之处是导致公司控制权的配置严重失衡,公司内部人①——公司"董监高"、控股股东、实际控制人的权利义务严重失衡。公司内部人享有与其应享有而不匹配的公司控制权,公司实为"内部人控制"。不容忽视"理性经济人"为追求财富最大化,所持有的"利己"心理,公司内部人具有了为获取超出其利益范围的额外私利而损害公司的行为动机及行为能力。"内部人控制"极易引发公司的董事、监事、高级管理人员以及控股股东、实际控制人掠夺公司及中小股东利益来满足一己私利。

"内部人控制"的行为主体被称为"内部人",其是对传统公司理论中公司内部人的延伸与拓展,不限于公司的"董监高",还包括公司的控股股东和实际控制人。②

2. 关联交易对公司及中小股东利益的侵害

实践中,公司内部人,主要通过控制公司进行关联交易,来实现其对公司及中小股东利益的攫取。

公司内部人利用关联交易操纵报表、逃避税收、转移利润、掏空公司,骗取广大中小股东的血汗钱。"美国安然公司丑闻""琼民源"等一系列骇人听闻的关联交易丑闻,极大地损害了公司及中小股东的利益,严重地破坏了市场经济秩序。鉴于此,关联交易的社会危害性和普遍性受到了世界各国的广泛关注。

据统计,我国上市公司关联交易日趋频繁,交易额不断攀升。上市公司内部人利用关联交易侵害公司、中小股东利益的情况普遍存在,有愈演愈烈的趋势。另有学者认为,"事实上,有限责任公司等非上市公司中关联交易公允性问题在我国十分突出,其隐蔽性更

---

① 这个有影响力的人通常是公司董事、高级职员或有控制权的股东,通常可称为经理或内部人。参见〔美〕罗伯特·C. 克拉克《公司法则》,胡平等译,工商出版社,1999,第120页。

② 因而,大股东又被称为内部股东(insider shareholder),与董事、监事、高级管理人员等经理人一道成为公司的内部人(insider)。参见李建伟《论关联交易的法律规制》,法律出版社,2007,第79页。

强，损害往往也更严重"①。我国公司内部人利用不公平的关联交易损害公司及中小股东利益的问题显得尤为突出。

尤其是，不公平的关联交易损害了公司及中小股东的利益，挫伤了中小股东的投资信心，破坏了市场公平。我国正处于经济改革攻坚期，如何解决内部人利用关联交易对公司及中小股东利益侵害的问题显得尤为重要。

3. 不公平关联交易行为的表现形式

作为我国规制关联交易的《公司法》第二十二条，对界定不公平关联交易采用了概括式立法模式，将利用关联关系侵害公司利益的行为认定为不公平的关联交易，界定了不公平关联交易的实质标准。

《公司法》第二十二条未采用具体行为列举立法模式是因为立法客观上无法穷尽列举经济生活中关联交易的所有形式。即使立法在当时列举完全，因为法的滞后性，公司内部人还会不断创新出新的关联交易方式，以规避审查。由此可见，审查交易是否为不公平关联交易的行为，更应侧重于其实质要件的判断，而不应苛求其外在的表现形式。

不公平关联交易的形式纷繁芜杂，大有"道高一尺，魔高一丈"的趋势，难以监管、规制。实践中，不公平关联交易行为的主要表现形式如下。

（1）不公平的关联购销

关联购销是公司日常生产经营活动中的主要交易方式，公司以此达到降低企业成本、保障交易安全、确保商品质量等目的。关联购销在电力、煤气等公用事业及食品加工企业中居多。

不公平的关联购销是指公司受内部人控制，直接或间接从内部人及其关联人处，以背离市场的高价购买原材料、办公用品、接受服务等；或以背离市场的低价向内部人及其关联人出售公司产品、原料、提供服务。内部人控制着公司，利用上述看似正常的日常经

---

① 董安生、翟彦杰：《有限公司关联交易价格公允性的法律控制》，《中国物价》2016年第2期。

营行为攫取公司和中小股东的利益。

（2）违规的关联借款

违规的关联借款系内部人通过控制公司，直接以借款的形式变相地侵占公司资金的行为。而直接或间接通过子公司向"董监高"借款系公司法对于股份公司的禁止性规定。① 但是缺少对控股股东、实际控制人关联借款的规制。通常，关联借款被内部人作为侵害公司的重要手段。内部人尤其是控股股东、实际控制人长期占有公司资金，中小股东敢怒不敢言。鉴于违规关联借款的社会危害性，我国证监会、国资委颁布规章予以规范，将关联借款等认定为监管红线问题。

（3）违规的关联担保

违规的关联担保被喻为公司尤其上市公司的"定时炸弹"。公司迫于内部人的实际控制而为其债务提供担保。通常情况下，公司成为最终的还款主体，极大地侵害了公司及中小股东的利益，大量公司因此而濒临破产倒闭。

《公司法》第十五条规范了关联担保的正当批准程序和关联股东回避表决制度。最高人民法院"九民纪要"也明确了担保权人对公司提供关联担保的审慎审查义务，若担保权人未尽到必要的审慎义务，可能致使担保合同无效。

（4）不公允的关联资产、股权转让

不公允的关联资产、股权转让是指公司内部人通过关联交易将效益差、价值低的资产或股权高价卖给公司，或是以低价从公司购买优质资产及公司所持其他公司的优质股权。因确定公司资产、股权的市价，通常没有可比第三方价格，极易导致内部人利用关联进行资产股权转让，掏空公司、侵吞公司巨额资产。

（5）不公平的关联共同投资

不公平的关联共同投资系内部人通过与公司共同出资设立新公司的方式，来攫取公司利益的情形。通常发生在前期需要巨额投资

---

① 2023年修订后的《中华人民共和国公司法》已删除之前的条文"公司不得直接或者通过子公司向董事、监事、高级管理人员提供贷款"。

的领域,如房地产项目,内部人利用对公司的控制权,让公司投入巨资占有大部分股权,在后期即将实现巨额利润时,内部人通过控制公司,使公司大额减资,自己则大额增资,在短期资金投入后获取巨额利益,而公司所获甚少。

除以上方式外,根据财政部《企业会计准则第 36 号——关联方披露》及《上海证券交易所上市公司关联交易实施指引》的规定,不公平的关联交易行为通常还包括:提供或接受劳务、许可协议、管理人员薪酬、租赁等。①

(二)关联交易内部赔偿的法律关系分析

1. 关联交易的界定

国外"基本自我交易""董事利益冲突交易"等制度与我国的关联交易相类似。美国哈佛大学教授克拉克在《公司法则》一书中指出:"事实上,自我交易的根本含义是:交易表面上发生在两个或两个以上当事人之间,实际上却只由一方决定。"② 关联交易的本质是控制权人通过其决策控制力,同时影响该公司及合同相对方,致使关联交易成为"基本自我交易"。因此,从某种程度上讲,英美法的"基本自我交易"和我国"关联交易"是同一含义。③

我国《公司法》明确通过对"关联关系"的定义来界定"关联交易"。根据《公司法》第二百六十五条第(四)项对关联关系定义的理解,可以分析得出,关联交易是指在内部人控制下,公司与其有关联的企业、自然人之间的交易以及导致利益转移的其他行为。

由此可见,关联交易具有两个特征。其一,关联交易是内部人控制的交易,或由内部人控制可能导致公司利益转移的其他行为。"合同的内容往往体现了当事人一方的意志和利益,合同的达成往往是在控股股东等关联方一手安排下完成的,甚至合同双方的法定代

---

① 参见《企业会计准则第 36 号——关联方披露》第八条;《上海证券交易所上市公司关联交易实施指引》第十二条。
② 〔美〕罗伯特·C. 克拉克:《公司法则》,胡平等译,工商出版社,1999,第 117 页。
③ 参见李建伟《论关联交易的法律规制》,法律出版社,2007,第 62 页。

表人往往同为一人。"① 关联交易是在内部人的主观意志及其压力传导下达成的协议。关联交易的两方在法律上看似具有独立和平等性，但实质上是一方或双方受到内部人的控制或重大影响实施的关联交易。

其二，"关联交易本质上是一种利益冲突交易"②。基于人性，当公司内部人代理公司与自己或自己的关联人进行交易时，绝不可忽视公司内部人独立的利益追求和在公司权利分配失衡和偏移中不断膨胀的私欲。此交易充斥着内部人自身利益与公司及中小股东利益的矛盾。

2. 关联交易的分类

（1）根据关联交易是否公平进行的分类

以关联交易是否存在内部人滥用控制权损害公司利益等情形，将关联交易分为不公平的关联交易和公平的关联交易。

关联交易客观上是一个中性概念。法律进行否定性评价，仅针对不公平的关联交易。在利益冲突的情形下，关联交易为公司内部人控制下的交易，由于双方权利、义务、地位不对等，极易导致权责不清、利益分配失衡，容易引发不公平交易。

不公平关联交易的法律规制对维护社会经济秩序、完善公司法人治理、保护公司及中小股东利益至关重要。

（2）根据产生根源不同进行的分类

关联交易反映了公司治理代理问题中的两大利益冲突。依据其产生的根源不同，关联交易分为："董监高"等管理层作为公司内部人的关联交易和公司控股股东、实际控制人作为公司内部人的关联交易。

公司治理代理问题中的两大利益冲突是公司内部治理痼疾的根源，对关联交易的规制是对公司治理的固本清源。传统公司法认为

---

① 董安生、张保华：《缺失的合同效力规则——论关联交易对传统民法的挑战》，《法学家》2007年第3期。
② 施天涛、杜晶：《我国公司法上关联交易的皈依及其法律规制》，《中国法学》2007年第6期。

第八章　关联交易内部赔偿责任与公司治理规则的进化

公司的雇员"董监高"有比控股股东、实际控制人更高的信义义务。故，在关联交易的规制上，两类关联交易的规制有一定的差异性。

我国公司法借鉴了英美等国家的经验，故对公司管理层关联交易的规制更为完善。除《公司法》第二十二条对关联交易损害赔偿责任的原则性规定外，《公司法》第一百八十条确立了"董监高"对公司负有忠实义务和勤勉义务；第一百八十二条规定了董事、高级管理人员自我交易的限定，还涉及为他人担保、同业竞争等需经董事会或股东会批准的事项。

控股股东、实际控制人的关联交易相对于公司管理层，关联交易立法更为原则化。

近代公司法将董事、高级管理人员信义义务进一步扩展到控股股东、实际控制人身上，是对资本多数决制度所导致失衡的纠偏。公司法对控股股东及实际控制人关联交易规制的条款，主要为《公司法》第二十一条、第二十二条。而具体的分则条款较少，有待立法进一步完善。

（3）根据是否可以选择"归入权"救济进行的分类

根据规制关联交易是否可以选择"归入权"这一特殊救济方式，可将关联交易分为董事、高级管理人员直接"自我交易"和其他关联交易。

"自我交易是公司法中利益冲突交易的一种典型形式。具体而言是指董事、高级管理人员在为公司实施行为时，知道他或其关联人是该交易的另一方当事人或者与该交易存在经济利益或与该交易存在密切的关系。"[①] 自我交易分为直接和间接自我交易。在此，董事、高级管理人员直接"自我交易"专指符合《公司法》第一百八十二条规制的法定情形。

认定董事、高级管理人员直接"自我交易"需同时具备以下条件：第一，被规制的主体是公司董事、高级管理人员；第二，"自我交易"属直接的关联交易，该交易合同的一方是公司，合同的相对

---

① 施天涛：《公司法论》（第四版），法律出版社，2018，第427页。

方是公司的董事、高级管理人员；第三，该交易未经股东会或董事会批准，违反了利益冲突交易的报批义务。

在适用《公司法》第一百八十二条，公司董事、高级管理人员直接"自我交易"的情形，公司只需证明该关联交易在程序上未经股东会或董事会批准即可，不论该关联交易是否导致公司受到了实质损害。违反报批义务的直接"自我交易"，其交易利润应归入公司所有。当然"归入权"的行使不仅限于董事、高级管理人员直接"自我交易"的情形，还包括《公司法》涉及的其他情形。

公司法对董事、高管"自我交易"，赋予公司"归入权"的规定，课以了董事、高级管理人员对公司负有更高的诚信义务。在公司董事、高级管理人员与公司直接关联交易的情形下，公司可以根据实际情况，选择一般关联交易的规制，或公司"归入权"的救济方式，能够最大限度地保护公司利益。除董事、高级管理人员直接交易的"自我交易"的情形外，其他关联交易则适用一般规则。

3. 关联交易内部赔偿责任的界定

根据《公司法》第二十二条的规定，关联交易内部赔偿责任是指内部人滥用控制权，通过关联交易转移利益，在给公司造成损害的情形下，应承担的赔偿责任。

据前文对关联交易特征的分析，关联交易的实质是由内部人控制的利益冲突交易。内部人是关联交易的控制者，其具有为获取更多超出其利益范围的额外私利而进行损害公司的关联交易的潜在法律风险。法律对公司内部人滥用控制权损害公司利益行为，课以的法律责任即关联交易的内部赔偿责任，既是对内部人不法行为的阻吓，也是对公司制度客观导致权力配置失衡而产生损害的法律救济。

《最高人民法院关于适用〈中华人民共和国公司法〉若干问题的规定（五）》（2020修正）第一条和第二条明确区分了关联交易的内部责任与外部责任。《公司法》第二十二条和《最高人民法院关于适用〈中华人民共和国公司法〉若干问题的规定（五）》（2020修正）第一条针对的是认定关联交易内部赔偿责任的问题。《最高人民法院关于适用〈中华人民共和国公司法〉若干问题的规定（五）》（2020修正）第二条是关于关联交易外部责任的承担问题。关联交易内部赔偿责任是对内部人在关联交易中行为的规制，是对关联交易中公司及中小股东的弱势地位在法律制度上的平衡，是对公司制度天然缺陷的纠偏。"公司法对公司中各利益关系主体之间的利益关系，制止某些强势主体以牺牲其他相对弱势主体的利益为代价而攫取不正当利益，确保公司法上的利益平衡。"①

（三）关联交易内部赔偿的法律适用问题

1. 关联交易内部赔偿责任的司法现状

从中国裁判文书网中搜索到"与公司有关的纠纷"案件，共计898176件。而涉及"公司关联交易损害责任纠纷"的裁判文书共39件，占"与公司有关纠纷"案件数量的0.04%。与公司关联交易损害责任纠纷较少的案件量形成鲜明对比的是我国公司不公平关联交易案件频发的现状。自20世纪末以来，我国上市公司关联交易日趋频繁，且不公允关联交易频发。有学者认为："我国许多有限责任公司中的小股东所受大股东的折磨其痛苦程度远甚于上市公司中的小股东所经受的一切。"②

究其原因，是因不公平关联交易的特点所决定的。不公平关联交易是公司内部人滥用公司的控制权，通过与其关联人进行关联交易的方式，损害公司利益进而实质损害中小股东利益的行为。其一，在公司遭受不公平关联交易的损失时，公司只是一个虚拟法人，由于公司受控于公司内部人，公司又怎可能发动诉讼，维护自身权益呢？其二，中小股东虽有意维护公司权益，但中小股东却在公司治理中处于劣势地位，通常心有余而力不足，或是观望、等待。即使迫不得已采取反抗措施，但又惧怕公司内部人的打击、报复。

简言之，现实中关联交易普遍存在，且存在大量公司及中小股

---

① 李建伟：《关联交易的法律规制》，法律出版社，2007，第88页。
② 甘培忠：《有限责任公司小股东利益保护的法学思考——从诉讼视角考察》，《法商研究》2002年第6期。

东受损情形。但在司法审判中,关联交易损害责任纠纷诉讼率低,胜诉率更低。关联交易内部赔偿制度在实践中困难重重,状况窘迫。

2. 关联交易内部赔偿责任制度待解决问题的提出

关联交易内部赔偿责任的法律规范已成体系,但现有的法律关于关联交易的规制比较原则化,立法所采取的粗线条模式,使关联交易的内部赔偿制度可操作性不强。《公司法》及其司法解释的进步性在于,让损害公司和中小股东利益的关联交易具有"可诉性",但仍缺乏司法实施中的"胜诉性"。通过对关联交易内部赔偿制度司法适用的考察,以下三个问题亟待解决。

(1) 正当关联交易合规性审查的问题

在正当关联交易中,内部损害赔偿责任实为事后的赔偿责任,某种程度上会起到阻吓内部人攫取公司利益的行为。但因其性质的"事后性",通常实际损失早已发生,甚至其损失具有不可弥补性。另外,随着公司规模化发展,集团公司已成为时代潮流。集团公司内部频繁地实施关联交易,其利用关联交易提高交易效率、降低交易成本,增强抵抗风险的能力。因此,如何事前加强对集团公司关联交易的合规性审查,是我国现阶段亟须解决的一大课题。

(2) 内部赔偿责任主体的问题

通过对案例进行实证研究,发现部分法院对关联交易内部赔偿责任主体认识存在偏差,认为公司内部人和合同相对人成立共同侵权,故将内部人和合同相对人一并作为关联交易内部赔偿责任的主体。另有部分当事人错误地援引《公司法》第二十二条作为其请求权的基础,请求合同相对方承担损害赔偿责任,最终导致诉求被法院驳回。更有部分法院仅以内部人的职务来认定其是否为内部赔偿责任主体,而未将内部人是否对特定关联交易施加了重大影响的实质考察标准作为界定内部赔偿责任主体的标准。据此,有必要厘清关联交易内部赔偿责任主体,以及明确内部赔偿责任主体的认定原则问题。

(3) 关联交易内部赔偿责任举证责任的问题

关联交易内部赔偿责任的举证责任分配,长期困扰着理论界和实务界。一方面,《最高人民法院关于适用〈中华人民共和国公司法〉若干问题的规定(五)》(2020修正)确立了关联交易实质公平的审查标准,基于"谁主张,谁举证"的民事证据规则,公司应对内部人利用关联交易,损害公司利益的观点进行有效举证;另一方面,关联交易中的内部人系关联交易的实施者和证据的持有者,因为信息的不对称,导致公司及中小股东通常不能举证。

关联交易内部赔偿责任的举证分配问题是内部赔偿责任制度的一大痛点,可能导致损害公司利益的内部人堂而皇之地逃避法律制裁。另外,司法实务中存在重实质审查,轻披露义务和正当程序审查。内部人违反披露义务和正当程序义务,缺少民法上的责任。

二 关联交易内部赔偿责任问题的分析

(一)关联交易内部赔偿责任的正当性基础分析

1. 董事、监事、高级管理人员的信义义务

信义义务起源于英美的信托理论,早期英美公司法确立了信义义务。[1] 基于委托代理关系,委托人将自己的权利让渡给受托人,使得受托人掌握控制权处于优势地位,客观上造成了权利失衡。信义义务犹如权利的平衡器,对权利的失衡予以纠偏。

信义义务包括两个方面:一方面,受托人应对委托事务勤勉尽责。另一方面,当受托人的利益与委托人利益相冲突时,委托人的利益优先。[2]

我国《公司法》第一百八十条确立了"董监高"的信义义务,即董监高对公司的勤勉、忠实义务。作为受雇者的董监高与所有者的公司股东之间存在不同的利益诉求。在董监高代表公司与自己或

---

[1] See Marleen A. O'Connor, "How should We Talk about Fiduciary Duty?" *The George Washington Law Review*, 1993.

[2] 董安生、何以、翟彦杰、王恩宇等:《关联交易法律控制问题研究》,中国政法大学出版社,2012,第202页。

其关联人实施关联交易时，其基于自身利益的考量，在利益冲突的情形下，若背离信义义务，应承担损害赔偿责任。

2. 控股股东、实际控制人的信义义务

资本多数决制度与公司的有限责任制度并称为公司制度的两大核心支柱。资本多数决制度提高了商事效率，但在公平和效率并行中，侧重于效率必有失于公平。因为，在资本多数决制度中，事实上控股股东、实际控制人代理了中小股东对公司享有的经营管理、决策权等权利。多数的股权在某种程度上就意味着全部的决策权和控制权；中小股东较少的股权意味着无控制权，其利益诉求几乎被漠视和吞噬。据此，控股股东和实际控制人也应对中小股东负有信义义务。

基于现阶段中国经济的发展特点，与美国公司内部股权结构不同的是，中国公司的股权非常集中，这种所有权结构的特点使中国公司的控股股东、实际控制人和中小股东的利益冲突所形成的代理问题，成为我国法律规制关联交易的主要问题。

控股股东及实际控制人有能力、有动机利用超出自己资本份额的权利，滥用控制权获取超额利益的现象层出不穷。"对单方占有的谴责是反对受信托人获取秘密收益的古老禁令背后的真正原因。"[1]故，法律亦应课以控股股东、实际控制人信义义务，以防止其滥用控制权。法律应当对滥用控制权损害公司及中小股东利益的控股股东、实际控制人课以赔偿责任，这亦是对资本多数决制度的法律平衡。

3. 权责一致性原则

根据公司治理中的代理理论，在所有者和经营者之间"委托代理"以及控股股东或实际控制人与中小股东的"委托代理"中，代理人即公司内部人享有超出其应当享有的公司绝对控制权。基于权利责任的一致性原则，若不对控制权人课以责任，将会导致权责的严重失衡，以及会引发控制权人对权利的滥用，从而损害公司及中

---

[1] 〔美〕罗伯特·C. 克拉克：《公司法则》，胡平等译，工商出版社，1999，第125页。

小股东的利益。

关联交易是基于内部人意志控制下达成的交易，交易双方表面看似具有独立、平等性，但实质是一方或双方受到控制或重大影响的交易。董监高、控股股东及实际控制人控制公司与自己或自己的关联人交易本身蕴含着极大不公平的风险。公司内部人是该风险的开启者、控制者和受益者，基于风险控制理论，控制权人也应当被课以相应责任，并由控制权人承担该风险导致的损害赔偿责任。

4. 中小股东利益的保护

法律上保护受害人的制度中，只有民事上的赔偿制度才能全方位保护公司及中小股东的利益。关联交易内部赔偿责任是对公司内部人损害公司及中小股东利益的责任追究。法律制度更倾向于对公司、中小股东利益的保护，其是对弱者的救济，也是资本市场繁荣的必然要求。

一个国家的富强不可或缺的就是振兴新的资本市场，强化对中小股东权益的保护是维护资本市场健康、有序发展的关键所在。资本市场中，民众缺的从来不是"钱"，缺的是"信心和信赖"。法律有责任为社会经济发展提供公平正义的制度保障。保护中小股东权益及所有股东利益是留住内资、吸引外资、鼓励投资、干事创业必须面对的问题。关联交易内部赔偿具有对关联交易损害的实质救济性特点，是中小股东权益保障的一柄法律利剑。

（二）关联交易内部赔偿责任与外部责任

1. 关联交易内外部责任的关系

我国《公司法》第二十二条规定了董监高、控股股东及实际控制人利用其关联关系损害公司利益所应承担的赔偿责任，但法律未明确关联交易相对方承担责任的方式。司法实践中关于关联交易内部责任和外部责任的相互关系以及交易相对方应承担责任的条件多有争论，概括起来主要有以下两种观点。

第一种观点认为，在公司"内部人"通过关联交易实施侵害公司及中小股东利益的情形下，公司内部人与其关联方对该侵害行为是明知的，共同实施侵权行为，成立共同侵权。内部人和关联交易合同相对方应对因关联交易给公司及中小股东造成的损害结果承担连带赔偿责任或由关联方在所得利益范围内承担连带赔偿责任。纵观中信国安盟固利电源技术有限公司与其鲁、内蒙古力盟新能源有限公司损害公司利益责任纠纷案[1]、北京鑫诺金电子公司与张旭等损害公司利益责任纠纷案[2]等案中，法院的裁判宗旨均持此观点。

合同相对方与公司内部人共同实施侵权行为，成立共同侵权的观点存在严重缺陷。其一，该观点忽略了关联交易的实质是内部人通过控制公司进行转移利益的行为，通常公司与合同相对方均受内部人控制。内部人与合同相对方很难成立共同侵权。其二，该观点没有区分关联交易内部与外部责任，忽略了关联交易中公司和关联交易相对方存在的合同关系，其绕过了对关联交易合同的效力审查，而认定相对方的赔偿责任不符合合同规则的基本原理。

第二种观点认为，"效力审查与损害赔偿各自具有不同的法律要件和功能，不能相互替代。"[3] 关联交易内部、外部责任分别独立，其是基于不同的请求权，向不同的主体所主张的不同诉求，以达到对同一利益的法律救济。具体而言，关联交易内部责任是基于《公司法》第二十一条的关联交易内部损害赔偿责任，向控制公司的内部人所主张的赔偿责任；外部责任是基于《民法典》第一百五十三条、第一百四十七条、第一百四十八条确认合同无效或撤销合同时，向合同相对方主张的缔约过失责任。该观点厘清了关联交易内外部责任的关系，明确了关联交易内部赔偿责任的主体。《最高人民法院关于适用〈中华人民共和国公司法〉若干问题的规定（五）》（2020修正）亦采用了该观点，统一了裁判标准。

因关联交易是经济发展的社会产物，有利于提高效率，降低交

---

[1] 参见北京市第一中级人民法院：（2016）京01民终5874号民事判决书，资料来源：中国裁判文书网。
[2] 参见北京市大兴区人民法院：（2014）大民（商）初字第9610号民事判决书，资料来源：中国裁判文书网。
[3] 钟凯：《公司法实施中的关联交易法律问题研究》，中国政法大学出版社，2015，第195页。

易成本等。通常情况下，关联交易并非绝对禁止，仅在关联交易为不公平而侵害公司、中小股东利益时，法律才给予否定性评价。同时，法律选择要求公司内部人承担赔偿责任，而不轻易否定外部合同的效力，以免造成过多的外部效应。若关联交易具有《合同规则》第五十二条、第五十四条及其他无效或可撤销法定事由时，方可否定其合同效力。

概而言之，《公司法》第二十二条的关联交易内部损害赔偿与《民法典》第一百五十三条、第一百四十七条、第一百四十八条确认合同无效或撤销合同的法定事由及法律后果，这两种诉求的请求权基础不同、主体不同、诉求不同。关联交易损害的内部赔偿责任主体限于公司内部人，而让关联交易相对方承担责任的先决条件是需要审查关联交易合同的效力。在诉讼程序上，两种诉求既可以一并起诉，也可以分案起诉。

2.《公司法》第二十二条的理解

《公司法》第二十二条是规范关联交易内部赔偿责任的法律基础，其位于公司法总则，奠定了《公司法》规制关联交易基本法的法律地位。对《公司法》第二十二条的理解与适用，显得尤为重要。

第一，《公司法》第二十二条明确了关联交易损害赔偿的责任主体为公司董事、监事、高级管理人员、控股股东、实际控制人；利用关联交易损害公司利益的行为为法律禁止性行为；违反该禁止性规定的法律后果为上述责任主体承担损害赔偿责任。《公司法》第二十二条系认定内部人违反法定义务、操控关联交易、侵害公司利益，进而承担内部赔偿责任，最为直接的法律依据。

第二，违反《公司法》第二十二条之规定，不能当然地根据《民法典》第一百五十三条认为关联交易合同无效。最高人民法院审理的济南玉清制水有限公司与山东尚志投资咨询有限公司股权转让申请再审一案[①]、福建高院审理的昆明云南红酒业发展有限公司与吴宏良、福州飞燕贸易有限公司公司关联交易损害责任纠纷二

---

① 参见最高人民法院：（2016）最高法民申724号民事裁定书，资料来源：中国裁判文书网。

审一案①等案件中,最高人民法院及福建等高院均认为,《公司法》第二十二条非效力性强制规定,应为管理性强制规定。若内部人实施了损害公司的关联交易行为,其应承担损害赔偿责任,但不能据此认定该关联交易合同的效力归于无效。最高人民法院及福建等高院的上述观点,具有指导性作用。

3."重复起诉"的法律分析

司法实践中,经关联交易合同效力确认之诉后,当事人就关联交易内部赔偿责任另行起诉,是否构成"重复起诉",值得商榷。根据"重复起诉"的法律释义,构成"重复起诉"需同时具备以下条件:前后诉当事人同一、诉讼标的同一、诉讼请求同一或后诉诉求实质否决前诉。②而关联交易合同效力的确认之诉与关联交易损害责任之诉,当事人不同、请求权基础不同、诉求不同。故,在当事人就关联交易合同效力确认之诉后,再行提起关联交易损害责任之诉,不构成"重复起诉",不能适用"一事不再理"的法律适用规则。

如在黄山西园置业有限公司系列纠纷案件中,朱建洪为黄山西园置业有限公司(简称西园公司)董事长、王凌峰为董事、方红书为监事。此外,朱建洪还担任杭州久大置业有限公司(简称久大公司)董事长职务,其以久大公司的名义与方红书、王凌峰共同出资设立黄山新街商城发展有限公司(简称新街公司)。朱建洪等代表西园公司将该公司开发的涉案房产委托新街公司代为销售。在西园公司诉新街公司确认合同无效纠纷,执行终本后,西园公司另诉朱建洪、王凌峰、方红书、久大公司关联交易损害责任纠纷一案中。安徽高院认为:"西园公司提起的是公司关联交易损害赔偿责任之诉,主张公司时任董事长、董事、监事因实施关联交易行为给公司造成损失而应承担的损害赔偿责任,本案诉讼的被告主体、依据的事实理由及诉讼请求与前一案件均有不同,故一审判决认定西园公司的

---

① 参见福建省高级人民法院:(2016)闽民终1521号民事判决书,资料来源:中国裁判文书网。
② 参见《最高人民法院关于民事诉讼法司法解释》第二百四十七条。

起诉不违背'一事不再理'原则,不构成重复起诉,并无不当。"①

4. "诉讼时效中断"的法律分析

基于前文论述,关联交易内部损害责任之诉与关联交易合同效力确认之诉是不同的诉讼,两者的请求权基础、责任主体、法律性质、法律责任均不同。故,有关关联交易合同效力确认之诉不会导致关联交易内部损害责任之诉的时效中断的。

在前述西园公司关联交易诉讼中,安徽省高院认为:"该诉讼系基于关联交易协议无效,起诉新街公司返还非法财产所得及赔偿损失,这与本案西园公司起诉朱建洪等人的公司关联交易损害赔偿责任纠纷,并非同一民事法律关系,而且关联交易协议无效诉讼也非本案公司关联交易损害赔偿责任诉讼的前置程序。所以,西园公司在另案对新街公司的起诉不能产生对朱建洪等人诉讼时效中断的法律效果。"② 故,关联交易合同效力确认诉讼和关联交易内部损害责任之诉,诉讼时效是独立的,前诉不是后诉的前置程序,前诉不构成后诉时效的中断。

通过对关联交易内外部责任关系、重复起诉、诉讼时效中断等关联交易损害赔偿制度中的关键问题进行分析、论证,我们认为关联交易内部、外部责任各自独立,法律机理不同。关联交易的合同效力确认之诉与关联交易内部赔偿之诉,请求权的基础不同、当事人不同,提起关联交易合同效力确认之诉后,另案提起关联交易内部赔偿之诉,不构成"重复起诉",也不产生诉讼时效中断的效果。

(三) 关联交易内部赔偿的"实质公平原则"考量

1. "实质公平原则"的确立

司法实践中,部分控制公司的内部人以在关联交易中已履行了信息披露义务,关联交易经过正当程序报批为由,抗辩其不应承担

---

① 安徽省高级人民法院:"(2015) 皖民二终字第00560号民事判决书",资料来源:中国裁判文书网。
② 安徽省高级人民法院:"(2015) 皖民二终字第00560号民事判决书",资料来源:中国裁判文书网。

关联交易损害赔偿责任，借此逃避司法对关联交易实质公平的审查。

然而，我国公司通常股权高度集中，控股股东或直接出任公司"董监高"予以控制公司，或通过控制董事会间接地控制公司。此种情形下，公司内部人往往能操纵董事会、股东会，给不公平关联交易披上正当程序的合法外衣。在整个过程中，中小股东敢怒不敢言、鲜有话语权。鉴于我国公司内部人掌控股东会、董事会的实际现状，《最高人民法院关于适用〈中华人民共和国公司法〉若干问题的规定（五）》（2020修正）第一条规定，内部人不得以履行了信息披露和正当程序义务，作为拒不承担损害赔偿责任的抗辩事由。司法解释明确了关联交易的实质公平审查原则。

关联交易的实质公平审查原则认为，认定关联交易损害赔偿的核心标准为，内部人滥用控制权损害公司及中小股东利益。关联交易是否履行了正当程序义务，不是判令承担关联交易损害赔偿责任的必要条件。换言之，无论该关联交易是否履行了信息披露义务，是否已经过正当程序报批，对关联交易内部赔偿责任的认定无直接关系，最终应以关联交易的实质审查为准。在公司或中小股东举证内部人利用关联交易损害了公司利益的情形下，法院才将该关联交易定性为不公平关联交易，判令内部人按照《公司法》第二十一条规定承担关联交易损害赔偿责任。反之，若公司不能举证内部人利用关联交易损害了公司及中小股东的利益，则面临不利的诉讼后果。

2. "实质公平原则"的困境

《最高人民法院关于适用〈中华人民共和国公司法〉若干问题的规定（五）》（2020修正）对规制和惩戒不公平关联交易，保护公司股东尤其是中小股东利益具有重大意义，是对关联交易实质公平原则的进一步明确。

关联交易实质审查标准犹如一柄双刃剑，甚至在一定情形下，被恶意的内部人利用，实质审查标准变相地沦为了关联交易实施者逃避法律责任的工具。

若"聪明"的内部人在关联交易时，既不进行关联交易信息披露，也不履行正当程序的报批义务，会产生两种可能性结果：第一

第八章 关联交易内部赔偿责任与公司治理规则的进化

种可能性结果，该关联交易永远无人知晓，损害赔偿责任当然无从谈起；第二种可能性结果，在某一天该关联交易信息被泄露了，公司或中小股东在知道利益受损后提起诉讼。但是，紧接着的问题也出现了，因该关联交易既未经过披露，也未经过审查批准，导致公司、中小股东与内部人信息严重不对称，从而举证困难，面临举证不能的不利风险。根据关联交易实质审标准，法院普遍将认为，其一，对关联交易损害赔偿责任的认定，关键在于实质公平审查。未履行信息披露和报批义务不影响其认定。其二，公司或提起股东代表诉讼的中小股东应承担对公司因关联交易受到损害及损害数额的证明责任。此种情形下，关联交易的实质公平原则可能被不公平的关联交易实施者恶意利用，沦为规避法律责任的工具。

如，在广东佛山中院审理的佛山市三水宏通土石方工程公司与广州东方饮食娱乐公司、叶耀松、原审第三人三水市千叶度假酒店公司关联交易损害责任纠纷二审一案中，法院认为：诉争关联交易虽未经履行正当程序义务，但根据《公司法》第二十二条的规定"利用其关联关系和损害公司利益是判定赔偿责任的两条根本标准"，只有关联交易给公司带来现实的或明显的损失，公司或相关权利人才能要求关联交易人承担赔偿责任；且，根据民事诉讼证据规则，公司应对权利受损的基本事实承担举证责任；最终法院以佛山市三水宏通土石方工程公司对此举证不能，判令驳回上诉，维持原判。①

又如，在天津市西青区法院审理的天津新内田制药有限公司诉滕刚关联交易损害责任纠纷一案中，西青区法院认为，滕刚未进行关联交易披露、也未履行报批义务，违反了对公司的忠实义务，但是天津新内田制药有限公司提供的证据不能证实公司的损失，故法院驳回了天津新内田制药有限公司要求滕刚赔偿的诉讼请求。②

再如，在江苏泰州中院审理的徐琪、中肽生化公司与江苏戴格

---

① 广东省佛山市中级人民法院："（2017）粤06民终643号判决书"，资料来源：中国裁判文书网。
② 天津市西青区人民法院："（2015）青民二初字第0738号判决书"，资料来源：中国裁判文书网。

诺思生物技术公司、杭州美思达生物技术公司关联交易损害责任纠纷二审一案中，法院认为承担公司关联交易损害赔偿责任的前提条件为：利用关联交易侵害公司利益。现有证据不能证明徐琪、中肽生化公司利用关联交易损害江苏戴格诺思生物技术公司利益，据此，驳回了江苏戴格诺思生物技术公司的诉讼请求。①

由上可知，在司法审判中，一方面，关联交易实质审查标准维护了公司及中小股东的利益；另一方面，若忽略了程序正当性审查，而径行适用实质审查标准，可能致使程序保障机制彻底缺失，公司及中小股东维权更为艰难；未对关联交易不履行正当程序义务课以民法上的责任，直接适用实质审查标准，实质审查标准可能成为关联交易人员规避法律责任的手段。且，若忽略了程序正当性审查，而径行适用实质审查标准，将会阻碍关联交易披露及报批制度的全面实施。

3. 司法适用"实质公平原则"的审查要点

对关联交易的审查应坚持实质公平审查和程序正当审查并行的原则。宜将程序正当审查作为实质公平审查的前置程序，把程序正当审查作为实质公平审查的筛选器和分流器。再根据关联交易是否违反程序正当，确立不同的实质公平审查标准，为实质公平审查提供审查前提和保障。结合司法实践，认为审查实质公平原则的具体方法如下。

（1）实质公平原则审查的前置程序

在对关联交易进行实质公平审查前，应对关联交易的正当程序开展前置性审查。审查要点为，是否履行了完备的关联交易披露义务，以及是否经过合理、正当的报批程序。

（2）实质公平原则审查

关联交易的实质公平审查分为以下两种情形。

第一种情形，若经过对关联交易程序正当审查后，认为该关联交易经过了合法完备的信息披露，且经过了正当的报批程序，在对

---

① 江苏省泰州市中级人民法院："（2018）苏12民终1235号民事判决书"，资料来源：中国裁判文书网。

第八章　关联交易内部赔偿责任与公司治理规则的进化

该关联交易的实质公平审查中,应当由公司及中小股东承担内部人滥用控制权损害了其利益的举证责任。若对此举证不能,应推定该关联交易实质公平。若关联交易采取了保障交易价格公允的措施,比如经过了招标或其他竞价方式,即使最终证明该关联交易对公司及中小股东有损害,也应认定该关联交易价格公允。"如由无利害关系之董事或股东作出的批准、决议,哪怕该交易可能包含了管理层的个人利益成分,于公司而言也是符合公平原则的。"①

此种实质公平审查方法是部分借鉴了美国公司法的"安全港规则"②。一方面,这是内部人履行正当程序的制度鼓励;另一方面,考虑到关联交易已经过完全的信息披露和报批,公司及中小股东对该关联交易掌握了足够的信息,不存在严重信息不对称,其将有能力进行有效举证。

第二种情形,如该关联交易未经合法完备的信息披露,且未经正当报批程序,则应当接受更为严苛的客观公平审查标准。该实质公平审查,首先以关联交易未经正当程序,推定关联交易实质不公平,但内部人能够证明该交易并不损害公司及中小股东利益的除外。若内部人对此不能有效举证,应承担关联交易损害赔偿责任。③

法院通常会采取与独立第三方价格相比较或是专业人员评估来考察该交易价格是否实质公平。若交易价格偏离市场或评估价,该关联交易应认定为实质不公平的交易。

对未经完备的信息披露,且未经正当报批程序的关联交易,采取更为严苛的客观公平审查标准。原因在于:其一,该实质公平标准是对内部人没有履行关联交易正当程序义务制度上的惩罚,使违反正当程序义务的行为产生民法上的责任。其二,着眼于信息的不对称的客观原因和维护公平正义的法律需要,应对关联交易实施者内部人课以证明关联交易实质公平的证明责任。

---

① 钟凯:《公司法实施中的关联交易法律问题研究》,中国政法大学出版社,2015,第168页。
② 参见卞耀武主编《特拉华州普通公司法》,左羽译,法律出版社,2001,第37页。
③ 施天涛、杜晶:《我国公司法上关联交易的皈依及法律规制》,《中国法学》2007年第6期。

我国《公司法》及《最高人民法院关于适用〈中华人民共和国公司法〉若干问题的规定（五）》（2020修正）确立了关联交易实质审查标准，这一标准成为关联交易公平性审查的核心标准，提供了关联交易诉讼的"可诉性"和"可胜诉性"的制度保障。但我国对实质公平原则审查标准的法律尚不健全，缺少正当程序的适用规定。法律应将关联交易强制披露义务从上市公司推广适用于所有公司，我国对非上市公司的关联交易报批程序亟待立法。应充分考虑公司类型、股权结构等因素，规定有所区别的关联交易报批程序，使其既可以避免大股东操纵董事会、股东会，也可以防止中小股东滥用权利损害公司利益。在立法和司法中，如何确保实质公平审查，切实维护公平正义、保障公司及中小股东利益，任重而道远。

三　关联交易内部赔偿责任的法律治理建议

（一）集团公司间交易的合规要求

随着公司规模化发展，集团公司的优势得到了进一步的发展，关联交易有其利好的一面，其有利于提高交易效率、降低运营成本、增强抵抗风险的能力。如何使关联交易扬长避短、发挥其优势、避免其风险为经济发展服务，急需对关联交易进行事先的合规性审查，以事前防控不正当关联交易的产生。

从《公司法》第二十二条来看，我国对关联交易的规制，采取单一实体法立场，未对任何不公平的关联交易进行豁免。《最高人民法院关于适用〈中华人民共和国公司法〉若干问题的规定（五）》（2020修正）明确了关联交易实质公平的审查标准，亦未规定对任何不公正关联交易的例外情形。由此可见，我国公司法坚持公司应具有独立的法人地位，尚未承认企业集团通过控制合同等方式放弃公司独立法人地位的行为。下文就集团公司在现行公司法制度下，如何进行关联交易合规性审查，提出建议。

关联交易是利益冲突的交易，一方面，其本身就蕴含有不公平

第八章　关联交易内部赔偿责任与公司治理规则的进化

的风险,极易使中小股东怀疑内部人利用关联交易损害公司及其利益;另一方面,基于人性的弱点,公司的"董监高"、控股股东、实际控制人与自己的关联人交易,原本就容易被利益蛊惑,通过关联交易攫取公司及中小股东利益。关联交易更应光明正大通过完全的信息披露接受股东、利益相关人的监督,严格履行报批程序,确保程序正义。根据学术界和司法界的观点,合法正当的关联交易必须满足"程序公正和实质公平",具体为:信息透明、程序公正、价格公允。[①]

1. 信息披露

"信息透明"的重要性在于其是正当关联交易审查的前提,没有信息披露,很多腐败将永远隐藏在黑暗之中。法律谚语,"阳光是最好的防腐剂,灯光是最有效的警察",经过无数实践的检验,已然成为至理名言。"不进行公开的行为本身就是不公平的"[②],若没有充分的高质量的信息披露,对关联交易的程序性审查以及公平性判断将无从操作。关联交易信息披露可将关联交易置于监督之下,有助于遏制和发现不公正关联交易。

美国《示范公司法》(1989)第 8.60－8.63 条认为,拟进行关联交易应在内部人知道,并不晚于董事会、股东会作出决议前,披露关联关系、法律性质、交易标的等与之相关的全部重要事实。

我国财政部对关联交易应披露的内容作出了具体规定,包括但不限于:关联方、交易性质、交易要素、交易金额、定价政策等。

但法律上对关联交易披露义务的规定有待完善。其一,除了上市公司的关联交易披露,法律只规定了股份有限公司的"董监高"的报酬披露[③]和股东查阅权[④],对众多的非上市公司关联交易强制披露制度缺失立法,法律应将关联交易强制披露义务推广适用于所有

[①] 广东省东莞市中级人民法院:"(2015)东中法民二终字第 1923 号民事判决书",资料来源:中国裁判文书网。
[②] 〔美〕罗伯特·C. 克拉克:《公司法则》,胡平等译,工商出版社,1999,第 153 页。
[③] 参见《中华人民共和国公司法》第一百二十九条。
[④] 参见《中华人民共和国公司法》第五十七条、第一百一十条。

公司。其二，虽规定了股东查阅权，但是该权利并非针对关联交易。其三，对违反关联交易披露制度的法律后果缺乏法律上的民事责任。违反关联交易披露制度的法律后果多为行政处罚，而不产生民法上的责任。法谚曰："没有责任，就没有义务。"

关联交易强制披露义务对关联交易的规制具有基础性和保障性功能，应完善对各类公司关联交易披露义务的立法，且对违反关联交易强制披露义务的民事责任加以明确。

2. 报批义务

各国普遍设立了关联交易报批制度，关联交易是否经过批准被称为合法程序测试标准（Lawful Procedure Test）。其在程序上，关联交易通常需有利害关系人的表决回避制度，且经过其他董事、股东表决权过半数通过。

我国《公司法》第十五条规定了关联担保的报批义务和关联股东回避表决制度；第一百三十九条对上市公司的关联交易须经董事会决议，规定了关联董事回避表决制度；第一百八十二条规定董事、高级管理人员与本公司订立合同需经报批程序。

由上可见，我国《公司法》规定的报批义务适用范围相当狭窄，相关法律有待完善。首先，《公司法》第十五条关于关联交易的报批义务和关联股东回避表决制度虽然适用于所有公司，但该条款内容只涉及公司关联担保；其次，第一百八十二条确定了董事、高级管理人员关联交易的报批义务，但是该条款只涉及"董高"与公司的直接关联交易，未规定"董高"间接关联交易，更未规定控股股东、实际控制人的相关义务；最后，第一百三十九条规定了上市公司关联交易的报批义务和回避表决制度，但仅限于上市公司，有限公司、股份公司的相关制度存在立法缺失。

程序正当是合法关联交易的要件之一，系甄别不正当关联交易的重要标准。《公司法》作为规制关联交易的基本法应完善关联交易批准制度、决议回避制度以及适当地将其适用的范围扩展到公司的控股股东和实际控制人。

3. 实质公平

关联交易的实质公平是指关联交易的实体公平或内容公平。通常,"实体公平要求价格公平"[①]。要求公司在确定关联交易价格时,采取保障价格公允的措施。实质公平系关联交易的核心要素,是民法中"公平原则"的基本要求,也是判断是否承担关联交易内部赔偿责任的最终依据。

4. 合规监管

集团公司在运营中,为了整合资源、提高效率、保障产品质量,频繁进行关联交易。为了促进集团公司关联交易健康、有序发展,应着重做好集团公司关联交易的合规监管,其具体办法有如下四项。

其一,在公司计划实施关联交易时,应将该计划向公司股东及其他利益相关人进行公示,接受监督。充分披露计划实施关联交易的各关联方及其具体关系。

其二,在确定关联交易价格上,应采取保障价格公允的措施,在有可比较的市场合理交易价或独立第三方交易价时,关联交易的定价不应当背离市场合理价格或独立第三方交易价;在没有第三方价格可参考时,可以采取成本加利润等方式定价;在对公司重大资产、股权处置时应当严谨地调研其市场价值,若价格难以确定,应申请专业机构评估。此外,还应引入合理的价格竞争机制。公司内部人应尽到勤勉、忠实义务,确保价格公允。

其三,在关联交易报批之前,应向公司股东及其他利益相关人披露关联交易的主要内容,包括数量、金额、价格、付款方式以及其他交易条件。

其四,在对关联交易进行股东会或董事会决议时,应要求关联人员回避表决。在完成表决时,应及时披露决议内容。

为了扬其利而抑其弊,应对关联交易进行合规性监管。只有关联交易同时满足完全披露、程序严谨、价格公允三个条件时,该关联交易才属于合规的关联交易。一方面,信息透明、程序严谨是保障实质公平的前提条件。倘若没有程序严谨、信息透明,股东就丧失了知情权,无从审核价格是否公平合理。所以程序严谨、信息透

---

① 参见何美欢《公众公司及其股权证券》(中册),北京大学出版社,1999,第807页。

明是公平关联交易的基础。另一方面，采取保障价格公平的措施，可使实质公平得以落实，而不只是将其作为事后司法审查的标准。

（二）关联交易内部赔偿的责任主体

公司"董监高"、控股股东、实际控制人为关联交易内部赔偿的责任主体，而非合同的相对方。《公司法》第二百一十六条对高级管理人员、控股股东、实际控制人都作出了具体定义。根据对《公司法》第二百六十五条的分析，其对公司高级管理人员、控股股东、实际控制人作出具体的定义时使用了"重大影响""能够实际支配公司行为"等内容，表明对责任主体的认定着重于实质要件的界定，对关联交易内部赔偿责任主体的认定，法律上采用实质认定标准。[①] 所谓实质认定是指认定责任主体时，应审查责任主体在特定的关联交易中是否实施了控制或施加了"重大影响"，而对担任何种职务，或者持股多少在所不论。

1. 公司的控股股东

我国公司股权集中的特点导致公司关联交易的内部人通常为公司的控股股东、实际控制人。根据《公司法》控股股东系出资占公司股权50%以上或出资对应的表决权已足以对公司产生重大影响的股东。根据条文对控股股东的认定，股东出资的占比要求并不绝对，而是要根据具体的关联交易考察控股股东的决策行为和重大影响力予以综合判断。

2. 实际控制人

实际控制人在形式上既不是股东也不是"董监高"，但其通过其他安排，如出资关系或其他合同关系而产生对公司的"控制力"。"实际控制人的控制主要是通过一致行动关系或事实上控制关系实现的。"[②] 实际控制人具体包括间接持股人、隐名出资人、一

[①] 参见李建伟《界定关联人的几个关键词：基于比较分析的逻辑实证》，《社会科学战线》2011年第5期。

[②] 董安生、何以、翟彦杰、王恩宇等：《关联交易法律控制问题研究》，中国政法大学出版社，2012，第69页。

致行动人、影子董事、合同控制人、亲属控制人等。

在认定关联交易损害赔偿责任主体时,实际控制人是指在特定的关联交易中具有控制力,且实施了控制关联交易行为的实际控制人。因我国现阶段公司治理尚不完善,现实中,控制公司的形式多种多样,将实际控制人纳入关联交易的责任主体是对关联交易法律规制的进一步完善。

3. 董事、监事、高级管理人员

"董监高"所为的关联交易,系在公司股权分散或股东监管缺失的情形下,公司实际形成了以董事为中心的管理模式。此种关联交易严重损害了公司及中小股东的利益。

在认定"董监高"责任主体时,应具体考察其在特定的关联交易中是否有决策、实施行为,是否对该关联交易决策施加了重大影响。

4. 内部赔偿责任主体的实质认定标准

一些法院在认定关联交易赔偿责任主体时,采取了僵硬的认定方式。如在芜湖博英药业科技股份有限公司、苏州颐华生物医药技术股份有限公司公司关联交易损害责任纠纷二审一案中,安徽芜湖中院认为:"《公司法》明确规定了关联交易损害责任主体仅有上述的四种,并不包括一致行动人。"① 与公司法对关联交易内部赔偿责任主体实质认定标准相悖。只要具备对公司的控制能力,且有实际控制或施加重大影响的行为,内部人就可以被认定为赔偿责任主体。这是条文中"实际控制人""足以对股东会、股东大会的决议产生重大影响的股东"等表述表达的立法原意。

关联交易内部赔偿责任主体的认定适用实质重于形式的原则,重点审查在特定的关联交易中,特定的内部人是否有滥用公司控制权的行为,是否对特定关联交易的决策和实施施加了重大影响。该审查不拘泥于形式,应重点审查内部人对关联交易的实质控制行为。"避免以僵化的形式标准作为认定,防免应负责任者规避法律,减弱

---

① 安徽省芜湖市中级人民法院:"(2017)皖02民终810号民事判决书",资料来源:中国裁判文书网。

法律的适用范围。"①

（三）关联交易内部赔偿的举证责任

1. 内部赔偿责任的证明责任分配

法谚云："证明责任理论为民事诉讼的脊梁。"根据现代证明责任理论，证明责任"它涉及的是，对于特定事实出现真伪不明的不利风险"②。关联交易赔偿责任的证明责任分配对案件的处理结果影响巨大，举证责任配置给不同主体，就有可能对案件的处理结果产生颠覆性影响。业界对关联交易内部赔偿责任的证明责任分配主要有以下两种观点。

第一种观点认为，一方面，关联交易中，关联人之间明知相互的关联关系和与公司的利益冲突，为了避免嫌疑，更应尽到谨慎注意义务，应当举证证明该关联交易程序正当、实质公平，不损害公司及中小股东的利益；另一方面，外部人很难了解关联交易的具体信息，且关联交易的证据通常是由交易的内部人持有。鉴于证据持有、举证能力等因素，内部人对关联交易是否公正、是否损害公司及中小股东的利益负有举证责任。③

第二种观点认为，一方面，法律并不禁止关联交易，关联交易中的内部人并没有特别的举证证明责任；另一方面，基于"关联人违反法律规定而进行的不正当关联交易行为应承担民事责任属于非合同民事责任，是一种侵权责任"④。民事证据规则是以"谁主张，谁举证"为原则，故公司应对内部人利用关联关系损害公司及中小股东利益的主张，提供证据予以证明。

上述两种观点相左，致使裁判标准不一，判决结果截然相反。如在江苏戴格诺思生物有限公司诉徐琪、中肽生化有限公司关联交易损害责任纠纷一案中，江苏泰州高新区法院认为，该案所涉及的

---

① 王泰铨：《比较关系企业法之研究》，翰庐图书出版有限公司，2004，第122页。
② 参见胡东海《民事证明责任分配的实质性原则》，《中国法学》2016年第4期。
③ 江苏省泰州医药高新技术产业开发区人民法院："（2017）苏1291民初288号民事判决书"，资料来源：中国裁判文书网。
④ 郭凡：《不正当关联交易的民事责任构建》，《经济与法》2010年5月（上）。

第八章 关联交易内部赔偿责任与公司治理规则的进化

关联交易各关联方对各自身份是明知和清楚的，他们的身份符合公司法中规定的关联关系；关联交易双方作为公司法上的关联人，在关联交易合同的履行过程中更应尽谨慎注意义务，对交易交接手续、价格认定等相关资料应妥善保管，确保产生纠纷时能证明自己的行为不违反法律规定；同时法院认定该关联交易违反了营业常规和商业原则且证据形不成完整的证据锁链，关联交易双方所举证据不充分，最终认定该关联交易为不公平关联交易，支持了江苏戴格诺思生物有限公司的赔偿请求。然而，在该案的二审判决中，泰州中院则认为，法律并不禁止关联交易，公司对其所持内部人及其关联方利用关联交易损害公司利益的主张，应提供证据予以证明；但公司并无充分证据能够证实其主张，对此应承担诉讼不利后果，最终驳回了江苏戴格诺思生物有限公司的赔偿请求。

通过对大量案例进行研究后发现，司法实践中关于内部赔偿责任举证责任分配普遍采用是第二种观点。法院普遍认为，民事诉讼实行的是"谁主张、谁举证"的证据规则，若公司认为自己的利益受到损害，应提供证据加以证明；否则，将承担不利的诉讼后果。

这两种观点不同，但是都有一个共同缺陷，均未涉及对正当程序即关联交易是否履行了披露义务和报批义务的判断，以及未履行正当程序是否承担民事责任的审查认定。法院普遍认为，在关联交易实质审查的原则下，程序正当并非必要条件，故不在法院的审查范畴之内。

2. "谁主张，谁举证"的思考

"举证之所在，败诉之所在"，简单地适用"谁主张，谁举证"的民事诉讼举证分配的一般规则，并不能适应关联交易的现实状况。究其原因，根源在于：关联交易实质公平原则在实施中存在的困境。具体而言，公司关联交易普遍由公司内部人实施，他们对公司有实际的支配控制力。起诉关联交易损害赔偿通常是在公司更换高层或控股股东之后，或是中小股东提起股东代表之诉时，若内部人未履行关联交易的披露义务和报批义务，公司及中小股东很难详细了解关联交易的具体内容，客观上难以进行有效举证。即使根据民事证据规则，可以请求法院调取该证据，但公司及中小股东亦应事先证明内部人持有该证据，且调证程序烦琐。

内部人是关联交易行为的亲历者和实施者，他们是关联交易证据的持有者，离证据最近、更易于对关联交易的正当性进行举证。若在特定情形下把关联交易的举证责任倾斜配置于内部人，则更有利于督促内部人在交易时妥善留存证据。

3. 法律适用环节举证责任的具体落实

基于对实质公平审查原则的深入分析，实践中举证责任分配的现状以及双方的举证能力等因素的综合考量，建议借鉴国际通行做法，区别对待，适用不同的举证规则。

具体而言，其一，若关联交易履行了正当程序，即履行了关联交易披露义务，并且通过董事会或股东会的批准，则应由公司及中小股东举证证明该关联交易对公司造成了损害。其二，若该关联交易未履行正当程序，则应由内部人承担举证责任，证明该关联交易的公正性。

上述关联交易的证明责任分配方式，在"谁主张，谁举证"民事举证一般规则的基础上，对未履行信息披露、报批义务的内部人，课以证明关联交易为实质公平的证明责任。一方面，强化了关联交易程序正当是实体正当的保障，以及违反了关联交易披露义务和批准程序，应承担民事责任的理念。亦有利于关联交易强制披露制度和报批制度的确立和广泛实施。另一方面，若该关联交易履行了信息披露及报批义务，则适用"谁主张，谁举证"的民事举证一般规则。在特定情形下，把关联交易的举证责任倾斜配置于未履行正当程序义务的内部人，有利于督促内部人在交易时对公司尽到忠实义务，对促进关联交易的健康、有序发展，具有重大的现实意义。

（四）关联交易内部赔偿范围及数额的认定

1. 关联交易损害赔偿范围的认定

法院通常以公司是否存在"实际损失"作为关联交易损害赔偿的必要条件。但何为"实际损失"，有法院认为"实际损失"即已

第八章 关联交易内部赔偿责任与公司治理规则的进化

经发生的损失。一般认为"实际损失"即为"直接损失",其与"间接损失"是相对的概念。

那么,关联交易损害赔偿范围是否包含"间接损失"呢?对此,理论界和司法实践中争论较大。在浙江嘉兴同创房地产开发股份有限公司与民丰特种股份有限公司等关联交易损害责任纠纷一案中,浙江嘉兴中院认为:"至于同创公司要求三被告赔偿德丰公司应得利益损失,缺乏法律依据,本院不予支持。"[①] 其观点认为关联交易损害赔偿范围不包括间接损失。

此外,在上海高院审理的上诉人上海龙仓置业有限公司与深圳市即达行国际投资有限公司、上海瑞证投资有限公司等关联交易损害责任纠纷一案中,上海高院同样驳回了深圳市即达行国际投资有限公司(简称即达行公司)对可得利益的诉讼请求,认为:"即达行公司要求对上海龙仓置业有限公司(简称龙仓公司)开发涉案地块的净收益进行审计,并诉请龙仓公司将开发项目的净收益返还给上海瑞证投资有限公司(简称瑞证公司)。由于即达行公司未能举证证明瑞证公司开发涉案地块可能获得的收益,龙仓公司获得收益是经过其自行投资、开发、运作,因此不能将龙仓公司获得的收益简单理解为瑞证公司开发获得的收益。故对即达行公司要求对龙仓公司净收益的审计和该项诉讼请求不予支持。"[②] 法院认为公司及中小股东应证明可得利益存在的可能性和获取的必然性。

根据民事法理:财产损失可分为所受损害和所失利益。"所受损害即直接损失,是指现有财产的减少,既包括积极财产的减少,也包括消极财产的增加。所失利益也称间接损失,是指被侵权人因财产权益被侵害导致本应获得的利益无法获得。"[③] 理论界和实务界对于侵权赔偿范围是否包含间接损失,有以下两种观点。

观点一,侵权赔偿的相关法律规定,没有间接损失不予赔偿的

[①] 浙江省嘉兴市中级人民法院:"(2008) 嘉民二初字第67号民事判决书",资料来源:中国裁判文书网。

[②] 参见上海高级人民法院:"(2015) 沪高民二(商)终字第35号民事判决书",资料来源:中国裁判文书网。

[③] 程啸:《侵权责任法》(第二版),法律出版社,2016,第699页。

相关表述，根据民法的完全赔偿原则，对此损失当然应予赔偿。①

观点二，侵权损害赔偿的范围不包含可得利益的损害，即侵权赔偿不包含间接损失，因为侵权损害是基于填补原则，不能因为被损害而获利。②

为了更好地保护受害人的利益，我国法律逐渐承认可得利益的可赔性。如《道路交通事故损害赔偿解释》第十五条规定经营性活动的车辆可以主张合理停运损失，此处停运损失即是可得利益的损失；《公司法》第一百八十二条中对公司商业机会的保护，亦是对可得利益的保护。故，通常只有在法律明确否定或限制的情况下，可得利益才不予赔偿。

关联交易是商事行为，对间接损失的保护才能完全救济公司所受到的损失。关联交易公司损害赔偿中也应包含间接利益，即可得利益的赔偿。但是，对间接损失的赔偿必须是以事物通常发展的结果，具有获得可得利益的极大可能性作为认定原则，若该利益不具有获得的可能性，则不予赔偿。

2. 关联交易损害数额的认定

对关联交易损害数额的认定需要更加细致的判断，且是关联交易损害赔偿诉讼请求中最难的部分。在一些抽象损失发生的情况下，很难确定损失的具体金额，这一情形可能导致公司及中小股东因不能证明损害的具体数额而被法院驳回诉请。

我们认为，可以借鉴国际上认定关联交易损失数额的计算方法以及我国司法审判中采取的通行做法，尽快建立司法认定损害数额的裁判规则：

（1）第三人替代规则

该规则是司法实践中的通用规则，且我国《上市公司治理准则》《税收征收管理法实施细则》等规范性文件中均有相关规定。③

---

① 房绍坤、郭明瑞、唐广良：《民商法原理（三）侵权法、侵权行为法、继承法》，中国人民大学出版社，1999，第532页。
② 郑晓剑：《侵权损害完全赔偿原则之检讨》，《法学》2017年第12期。
③ 参见《上市公司治理准则》第七十六条。

具体做法是：将关联交易内容事项与独立第三方处询价相比较，如果和独立的第三方价格或条件大体一致，可以认定该关联交易未损害公司利益；如果与独立的第三方价格或交易条件相差较大，其差额为公司因关联交易损失的数额。此种情形下，一般会聘请会计师事务所进行专项审计。如昆明云南红酒业发展有限公司诉吴宏良、福州飞燕贸易有限公司公司关联交易损害责任纠纷案件中，法院通过与独立第三方相比较，从而认定公司损失的具体数额。

（2）专业人员评估规则

"第三人替代规则"的适用条件，需要能找到相类似的交易内容，或类似的交易对象。

但有些交易，如公司资产的处置、股权的转让等难以找到相类似的可供比较的第三人标准。在此情形下，法院采用的方法是：委托有相关资质的专业人员，按照法定程序对交易财产进行评估。通常以损害发生日作为委托评估机构进行评估的基准日。若评估价值和交易价格相差较大，可以将其差额作为认定公司因关联交易导致的损失金额。

专业人员评估规则使法院对交易是否公平的司法判断转化成了评估鉴定机构的专业判断。如交易时经过资产评估，通常会认为该关联交易符合实质公平的要件。

关于"评估基准日"，司法实践中，通常以损害发生日确定为基准日。如在上海龙仓置业有限公司与瑞证公司关联交易损害责任纠纷二审一案中，上海高院认为："龙仓公司侵权行为结果的发生日，也是造成瑞证公司损失的时点。又根据我国《民法典》第一千一百六十六条规定，侵害民事权益，应当承担侵权责任。民事权益，包括所有权、用益物权、担保物权。该法第十九条规定，侵害他人财产的，财产损失按照损失发生时的市场价格或者其他方式计算。"[①] 故，法院认定以损害发生时为基准日，委托评估机构对涉案土地进行评估。

[①] 上海高级人民法院："（2015）沪高民二（商）终字第35号民事判决书"，资料来源：中国裁判文书网。

(3) 商业判断规则

商业判断规则的适用条件是：内部人充分地履行了关联交易信息披露义务、程序严谨的报准义务。

在上述情形下，法院采用了一种更为宽松的方式，用以认定关联交易的实质公平。在此种情况下，内部人证明其勤勉、善意地履行了自己的职责，充分地审查了市场信息，做出了当时对公司最有利的决策，就应认定该关联交易合法。即便后来发现该关联交易损害了公司利益，该关联交易的实施者也应免责。

3. 赔偿金额与受益主体

通过以上分析，建议关联交易损害赔偿数额的计算范围，应当包括直接损失和间接损失。只有法律对间接损失进行司法保护，即可得利益的保护才能充分弥补关联交易给公司和中小股东造成的损害。但对间接损失的赔偿必须依据事物通常发展的结果，及其具有获得可得利益的极大可能性时，方可予以认定。另外，对损害具体数额的确定，可运用第三人替代或专业人员评估的方法予以确定。对于一些公司内部财务管理混乱或一些抽象的损失难以计算的情形，若能确认关联交易给公司利益造成了实质损害，建议法院不要径行驳回诉讼请求，而是运用经验法则进行合理估算，进而判决。此外，不论是公司直接起诉，还是中小股东提起的股东代表诉讼，关联交易内部赔偿的受益主体也应当是公司，其诉讼的结果归于公司。[①]

[①] 参见《中华人民共和国公司法司法解释四》第二十五条。

第九章

股权变动公示制度的进化[*]

一 股权变动公示制度基础及存在的问题

(一) 股权变动公示的定义、功能与法律意义

1. 法律上的公示

和通常用语上的"人事任命公示"等公示不同，存在特定的含义。所谓法律意义上的公示，首先就是指可识别性。公示的法源或者法理，根植于社会经济生活，服从于商法的安全、效率和公平的最高价值追求。[①] 最后，公示来源于诉讼法上的推定做法。

股权变动的公示是变动原因和结果相结合的公示。所谓结果的公示，必须引出另外一个概念，即原因的公示。一些人的观点认为公示在股权变动中，可以区分出对原因的公示或对结果的公示。原因和结果的公示可以表述为意思表示的公示和结果行为的公示。这种分割，在逻辑上以烦琐的物权行为理论为前提，实践中区分意义也不大。主要是由于当事主体的心理主观状态是缺乏相关事实来直接佐证的，只有通过外部行为的表现才能间接推测出相关的意思表示。就比如在一物多卖、无权代理等情况下，如何判别受让主体的

---

[*] 本章合作者张胜柯。张胜柯，法律硕士，云南省电力配售有限责任公司党群工作部职员。

[①] 黄爱学：《非上市公司股份交易法律问题研究》，法律出版社，2018，第234页。

意思表示是善意或恶意呢？大多数情况下仅可以采用推定的办法来识别认定。统一说认为，行为的结果推定了当事人的意思表示，不存在单独的意思表示的公示，意思表示不需要公示证明，因此，公示是结果的公示。

股权变动的公示是静态的股权权利状态和动态的股权变动相结合的公示。对物权的公示既是对物权权利的公示，也是对物权变动行为的公示，是这二者的有机统一。[①] 认为股权的权利公示和行为公示没有必要分开。其一，为数不少的研究者在研究动产物权变动的公示方式时，将其表达为"占有"（交付），像这样的表达方式体现出对物权的公示是权利的公示，同时也是对行为的公示，是这两者的有机统一，从相反的角度来看，这两种表达是站在不一样的位置察看物权公示得到的不同结论："占有"是就静态而言，体现出动产所有人因占有而具有的权利形态，公示的是权利；"交付"是就动态而言，体现出动产物权变动这一具体行为。研究的股权变动，只关注动态性，静态的公示被单独划分出来，并没有研究的意义。在股权领域，静态的"公示"的意义在于股权识别，也就是静态的股东资格判断标准。其二，尽管公示的重点是股权变动的行为，但是股权本身的静态表彰有推定力，是行为公示合法性的逻辑基础。各国法律都规定了股票的占有、股东名册的登记在推定股权方面的作用。日本最新《公司法》第131条第1款规定："股票持有人假定其拥有与股票有关的股份的合法所有权。"第130条第1款规定："股份转让应当在股东名册上记载或记录取得股份者的姓名或名称及住所，否则不能与股份公司及其他第三者相对抗。"[②]其三，权利公示既是行为公示的起点，也是行为公示的终点。行为公示的后果必然体现在权利上，如此循环往复，很难也没有必要在中间切断。

股权变动的公示是设权性的公示而非宣示性的公示。股权变动的公示，具有其特殊的含义。股权变动的公示，是设定权利的公示，是产生特定法律效果的法律行为，而不是一般的信息公开，也不是

---

① 刘俊海：《股份有限公司股东权的保护》，法律出版社，2004，第323页。
② 近藤光男：《最新日本公司法》，梁爽译，法律出版社，2016，第106页。

宣示的公示。以公示中的登记为例，其字面含义包含设权性质的登记，以及证权、宣示性质的登记。宣示的登记公示，例如经理任命的工商登记备案，一般认为，经理身份一经公司有权机关任命即可生效，除非具备法定消极资格事由。工商的备案登记，只不过使之公开展示，起到一个信息披露的作用，并没有经理任职生效的法律效果。经理的职务，在工商公示之前，就已经产生。经理权的授予和取消，没有工商的公示也是有效的。当然，这不是意味着纯粹的宣示性登记不产生任何法律效果，被登记的法律事实，并非通过登记公示才产生；设权性的公示正好相反，被公示的法律事实，正是通过公示才产生或者具备对抗力。掌握了这点区别，就可以区分公示的特定含义。这种公示，除非特殊说明，都是设定权利义务的法律行为，不是一个观念通知等类型的准法律行为，更不是事实行为。

2. 股权变动公示的功能

（1）章程记载后的章程备案

一般规定，章程记载有限公司股东和股份公司发起人的姓名、名称、股数。公司有义务对与之交易的相关人提供章程，章程也可以在商事登记机关对外查询，因此，章程能够一定程度上公示股权变动。

（2）股东名册登记后的对外查询

公司置备和提供股东名册是法定的义务，股东名册是对股权变动历史和现状的最全面的记载文件。

（3）商事登记机关的股权变更登记及其公开

商事登记在我国是由工商登记机关承担，下文论及此问题时，如无特别指明，可以交错使用这两个概念。商事登记的公开方式有下面几类：查阅登记册，即按照某些固定的程序，在工商登记机关查询和阅读特定商事主体的商业登记册；誊写商事登记册，即按照某些固定的程序，得到工商登记机关允许后，誊写特定商事主体的商事登记册；工商登记机关出具相关证明；复制登记册，即依照一定程序，得到工商登记机关允许后，将写定的商事主体的商事登记册进行复制；报纸、专刊的公告；在线查询，即工商登记机关把商事登记册上传本机关工商登记网站，公众可以根据各自的需要在互联网查询相关信息。① 上述几种方式，概括为点对点和点对面的两类公开方式：点对面的方式已经过时，原因是海量信息下，人们不可能逐项浏览，点对面的公告不具有针对性，效果不大；点对点的公开方式，查询人的主动性强，特定目标信息可以得到检索。

（4）股份公司股票或者类似的股权出资证明文件的交付

如果按照动产交付的思维方式，要式文义的股票，或者缺乏股票要式文义信息的一种公司开具的股份公司出资证明文件，可以存在一定的交付公示股权变动的意义。其中，不记名股票的交付，当然构成股权变动的公示，记名股票或者证明文件的交付，可以通过背书转让的方式具备一定意义的股权变动公示效果。

3. 股权变动公示的法律意义

（1）股权公示符合股权无体性特点

股份就是股权的客体，是无形的投资份额。股份可以看作一种观念化的物，它是公司资本的另一种形态。股份是公司资本的最小单位，也是股东权利和义务的计算单位。股份实质上是法律拟制出来的归每个股东享有的公司资产份额，它是抽象的、无形的。② 从权利客体角度给股权下一个定义，股权就是公司财产的价值化体现和在股东之间的观念分割。这个定义的基础是股份的无体性：股份，可以界定为价值形态的公司财产。股份，就是纯粹的抽象化、无体化的产物：公司财产的价值通过股权表现出来；作为全体股东所有的财产，将共同所有的财产进行观念上的分割，这就是股权；记名股的普遍化和不记名股的式微，更是彻底体现了无体物的特性。

在过去和实际交易中股权往往通过纸质的股票制度表现出来，这让公众产生了一种错误的观点，大众错误地把记载在股票上的股权当作动产，要想获得其物权当然需要通过交付的方式来实现。大

---

① 葛云松：《股权、公司财产权性质问题研究——过渡时代的民法问题研究》，北京大学出版社，2008，第423页。
② 胡吕银：《股权客体研究及其意义》，《法学论坛》2003年第4期。

众之所以会产生这种错误的观点就是由于没有将权利和权利的表现形式区别开来。现在已经出现了另一种趋势，即无纸化发行和交易。在这种情况下，无纸化的股权回归无体财产的本质，只有采取登记这一公示方式表明股权及其变动，不再适用动产交付的相关规则。早期的法律发展过程中人们形成的实物化思维导致人们习惯于用有体物来掌握权利，借助有体物来掌控无实形的权利的理论最早源于法律形成初期的实物化思维。从古罗马法律在历史上首次提出"物"和"所有权"这一对概念开始，实体物是唯一能用来判断财富多或少的标准。而像债权这样的无形财产权很难被大众理解到位，大众由此更乐于让权利通过不同的途径转变成实体物，此时权利才能被大众实实在在地感受到。这同时也解释了为什么会出现纸质的股票。当无形的权利转变成实体上的物，动产交付这一过程被嫁接到权利的转让上时，抽象的行为瞬间变得生动起来，进而被大众理解，在法律层面上大众脑海中的权利最终取得了"无体物"的地位。

股权本身和表彰股权的纸质股票仍然是泾渭分明，性质有别。无体财产权利是一种裸体的权利，脆弱而无法捉摸，不管是静态的表彰还是动态的变动，都需要外观的外衣和对外的公开宣示。这决定了股权变动应当公示。

（2）股权公示符合股权的绝对性特点

不同于传统上按照物权债务分类作为股权性质的分析切入点，本部分从权利的绝对权和相对权的划分类型切入，说明公示在股权变动中的适用。财产权利按照其产生的效力涉及的范围可以划分为绝对权和相对权。绝对权（对世权）是请求普通人不作为的权利；相对权（对人权）是请求特定人做出一定行为的权利。[①] 股权产生的时候，以及静态地持有的时候，带有相对权的属性，没有或者不需要表征也存在针对公司的股东权利，这正是法律直到现在仍承认符合股东资格的隐名股东的股东权利的原因（只不过不能对抗第三

---

① 傅曦林：《股份有限公司股权变动公示制度研究：以股东名册登记为中心》，北京大学出版社，2010，第 165 页。

人）；但股权的变动体现了绝对性的两面：就积极的一面而言，股权的变动表明股权所有人可以直接处分股份，体现人与物的关系，这是典型的"对物权"；就消极的一面来说，股权的变动表明股权所有人可以让别人就股权做出某类或多类的行为，如返还股权、请求赔偿等，反映人与人的关系，属于"对世权"。这种绝对性特点，不仅约束着股东和公司，也在排斥着第三人。股权的排他性决定了它的表彰需要公开，一般人通过这种表彰可以查询财产支配权，避免相关权利人以及第三人的合法利益受到损害，确保交易安全。因此，这种绝对性特点要求股权变动外在的公示，正是在这个意义上说，公示是绝对财产权效力之源。

（3）股权公示符合股权的交易安全要求

在一个没有股权变动需求的公司里面，股东的资格判断不以形式化的外部证明为必要条件。但是在一个流转的经济社会里，股权外部公示的需求和物权公示一样强烈。股权，从属于公司制度，自从公司制度产生以来，静态的股权持有的公示和动态的股权变动的公示一直属于公司法律制度的当然内容。从历史上看，特许制度下的公司，股东对股权的持有自然是特许行为的本身内容。拟制法人制度下的公司，股东的股权是拟制法人的要素。从法系上看，大陆法系认为的公司的社团性要求，必须明确股东的持股情况。有些避税地，拒绝国际社会的信息披露和交换的合作要求，导致在这种避税地注册的公司的国际商务活动受到很多限制。因此，正常情况下，股权的公开与否不存在争议。英美法系存在闭锁公司的概念，也没有物权理论，没有和公示对应的概念。因此，股东的股权变动公示一直存在于公司法律制度之内，确切地说，存在于大陆法系的公司法律制度内。很难想象，一个缺乏交易对象基本信息、股权数量、股权瑕疵的法律体系，能够满足交易安全的要求。因此，股权的交易要求决定了股权变动准用公示制度。

（二）股权变动公示制度存在的问题

1. 公示缺少明确的法律规定

从我国过去的立法实践来看，对于非上市股份公司股权变动的公示（以下简称"公示"），相关的法律法规一直不明确。实践中公示很多情况下依据的是地方政策，并不是地方性法规，更谈不上全国性的规定，大多数的地方政策仅仅体现原则性，再加上适用的地域范围有限，因而实际操作性并不强，更谈不上统一适用的问题。[①]我国相关立法涉及公示的条文，《中华人民共和国公司登记管理条例》（以下简称《条例》）第九条："公司的登记事项包括：（一）名称；（二）住所；（三）法定代表人……（八）有限责任公司股东或者股份有限公司发起人的姓名或者名称。"对于公示也没有给出清晰且具体的规定。从上述的法律法规中不难看出，公示一般采用的还是股东名册工商登记这种形式，但仅仅要求对发起人股票必须进行登记，这就导致采取了上述形式的公示在立法上存在一定的缺陷。

2. 公示的方法存在局限性

股权变动的公示绝大多数情况下采取的是登记的方法，然而登记机关、对象却五花八门，对象有股东名册、公司章程，机关有工商行政管理部门、证券从业机构和托管机构。就股权托管来说情况相对复杂一些，主要是由于一些股东较多的非上市股份公司的股权是通过几十个股权托管机构进行托管，并且这些机构位于全国的不同区域。一般股东少的公司采用的则是自我管理的形式，并没有形成系统的监管机制，在实际操作中股权托管机构如何与工商登记机关形成有效衔接一直没有得到解决。但《条例》对于工商登记内容的规定暴露出来的缺陷，造成了章程备案和工商登记都有或多或少的局限性；非上市股份公司自我管理又缺少相应的公信力，公司章程和股东名册由非上市股份公司自行维护同样不能很好地满足实际需求。

3. 公示缺乏有效性

不管是证券公司对上市公司股东名册的监管，还是市场监督管理部门对有限责任公司股东名册进行的登记，就实质含义来讲，二者都是公示。这对于非上市股份公司的股权变动公示会产生极大的

---

① 朱庆：《股权变动模式的再梳理》，《法学杂志》2009年第12期。

参考价值,但是对于这类股权而言没有特定的交易市场,许多分散并且容易产生变动的中小股东,根本没有办法让这类公司适时给出精准的股东名册,非上市股份公司通过股东名册进行公示本身就存在托管缺位,现有的股权变动公示当然缺乏有效性。

二 区块链技术在非上市股份公司股权交易上的应用

(一) 区块链技术应用的可能

1. 区块链的含义

区块链是以时间为标志,将区块(包含特定数据)通过前后链接的形式组合构建的链式数据库,是借助密码学的方式实现数据无法被恶意修改并且无法被伪造的分布式账本。[①] 它采用分布式记账、分布式存储、分布式加密。区块链是一种点对点的对等网络,在这个网络上的任何一个节点获得的信息都是对等的。

2. 区块链的特征

基于上述含义可知,区块链具有时间不可逆的特征。区块链通常无法撤销、无法篡改、无法仿冒、无法乱序。另外,区块链具有价值守恒特性,还具有价值可编程特性,自带激励和营销的商业模式特征。具体而言,区块链具有特定的激励机制,打赏"矿工",激励代币持有者自动宣传以扩大用户人群,从而提升币值。结构上,通常区块链有"币—链—网"三层含义。"币"是与区块链密切相关的通证(Token,又译作代币、令牌),是记录在区块链账本结构中的信息。如比特币区块链的账本中记录的主要数据结构就是"交易而交易主体就是记账符号"。一单位的记账符号对应一个比特币(Bitcoin)。公有区块链存在 Token 这种激励机制,如以太坊区块链有以太币。

---

① 马昂、潘晓、吴雷、郭景峰、黄倩文:《区块链技术基础及应用研究综述》,《信息安全研究》2017 年第 11 期。

有了上述激励机制，"矿工"才有"挖矿"的动力，即投巨额资金购买昂贵专业计算机设备（俗称"矿机"）来记账，以获取上述某种虚拟币的奖励。对于私有链和联盟链而言，由于其受特定一个或若干个机构控制，在其他利益的刺激下，参与的网络节点可以没有"币"而实现记账过程。区块链的第二层含义是指特殊的链式数据结构，以及围绕这个数据结构开发的应用软件系统，即区块链节点。第三层含义是网，即由多个区块链节点构成的网络系统。

本质上区块链就是一个分布式的账本管理系统，在这个系统中，每一个单独的账本即区块储存着创世区块形成以来的全部信息，基于此在任何时候都可以根据密码学的原理追溯和验证这些有效的信息。除此以外，区块链也可以被描述成一个虚拟的网上社区，与现在的信息互联网相比，区块链是价值互联网。区块链实现了价值在网络上的转移，推动了信息互联网向价值互联网发展。在区块链出现以前，人们不可能在未借助第三方的前提下（比如微信支付或者支付宝），在互联网上像发邮件一样将价值发给其他人。人们在区块链上进行点对点交易，无须借用第三方信用担保。区块链所体现的去中心化的特征要求整个系统的节点上的成员都需要主动维护所上传、下载的信息的完整、真实和安全。

区块链通过加密技术形成了去中心化、可靠、透明、安全、可追溯的分布式数据库。[①] 区块链技术可以解决传统的互联网对数据的中心化运用方式导致的信用成本相对过高、业务流程相对复杂、交易效率相对不高的弊端，可以预见基于此项技术，原有的产业管理形态、社会治理模式会发生改变，政府服务机构向公众提供服务的水平也会有很大提升。

（二）区块链技术股权交易平台的可行

1. 区块链作为股东名册的电子化载体

通过上文对现行的非上市股份公司股权变动公示方式的研究，

---

① 崔保国：《数字经济浪潮下传媒经济研究的创新》，《传媒经济与管理研究》2018年第1期。

不难看出无论是《公司法》《公司登记管理条例》还是其他法律法规，虽然规定股东的权利由公司的股东名册来进行确认，工商登记在更多时候体现的是公示的作用，但条文并没有对公司自行维护的股东名册的表现形式给出任何禁止性的规定。商法所体现出来的强烈的私法属性，表明商法同样遵循着"法无禁止即自由"的私法理念，也就是说公司可以自己选择采取任何有成文记录的形式来创建并维护股东名册，传统上大部分公司选择了纸质的股东名册（而非电子文档），是因为纸质版名册作为一种公共信息记录，一旦被制备后不易被篡改，故在缺省工商局等这种第三方公信力提供者的情形下，纸质版的物理文件更具有可信度；但从另一角度而言，这绝不是说法律要求仅能有纸质这一种形式。基于这一点，区块链作为一种特定形式的电子账本，也没有理由被排除在可选方式之外，公司完全可以自主选择使用区块链作为股东名册的电子化载体。

2. 区块链技术符合股权交易要求的完整和真实

从历史发展的趋势来看，股东名册与记载其他类型信息数据的账本一样，只要技术手段允许，必然会朝着无纸化和非人工化的方向发展。可能老股民们还记得当年国内证券交易所还采用纸质股票和人工手动记账方式进行交易，但没多久就完全采用电子化了。而更典型的是货币，目前已经从纸钞进入几乎全面电子化货币的时代。无论记载货币信息的账本还是记载上市公司证券信息的账本，均有其中央清算机构，这是它们能够全面电子数据化的基础条件。中央清算机构保证了整个系统能够交易后账目轧平而不会出现"一股两卖"的问题。而对于非上市公司的股权（股份）而言，原本并无此类中央清算机构。因此之前一直没有完善的技术基础来确保每一份股份或股权的唯一性，而只能借用国家机关的公信力，即依赖于工商局这种行政机关来"事后性"地提供关于权利唯一性的公示。区块链似乎是应运而生，区块链从根本上把提供对外公示功能的工商登记部门给去中心化了，这就是说公示功能不再限定于像工商登记部门特定的第三方主体，股权变动过程所有的参与者都需要来维护这套区块链股权登记系统。而就这套系统所实现的目标来讲，区块链既把记录的权利授予了公司，遵从了私法上的自治精神；又保证了所记录信息的公开以及真实，让股权争议尽量减小。

（三）区块链股权交易结构的类型和选择

运用区块链技术搭建的股权线上交易平台，正是区块链技术在传统金融行业上的一项有益应用，这表明区块链可以被应用于体现区块链独特优势的领域，并且这一发展趋势是锐不可当的，拥有十分广阔的应用前景。区块链技术自身所拥有的去中心化、隐名化、不可修改性、透明化等原生性特点本身就会造成与现行法律制度之间的冲突，解决途径无非是从技术和法律监管两个层面寻求革新，技术最终是要服务于制度的，针对上述的原生性冲突，认为优先需要寻求适合于当前股权变动公示特点的区块链技术股权交易平台，在技术层面就尽可能地减少原生性造成的法律冲突，选择法律风险最小的区块链模式构建出非上市股份公司股权交易平台，最终推动相关应用尽早落地。

区块链依据去中心化的水平和应用的场景，大致可以分为联盟链、私有链、公有链。三种类型区块链对比见表9-1。

表9-1 三种类型区块链对比

类型	公有链	私有链	联盟链
中心化程度	去中心化	中心化	多中心化
参加决策者	任何人	中心控制者认可的少量人员	符合系统设定特征的人员
决策速度	慢	快	中
记账者	所有参与者	自定	协议自定
优点	去中心、夫信任；任何用户均可访问；应用程序容易部署	网络能耗低；规则易修改；交易量和速度无限制；不存在51%攻击风险	容易进行控制权限设定；具有较高的扩展性
缺点	交易量受限，能耗高	接入节点受限，不能解决信息问题	不能完全解决信息问题

公有链的安全性在这三者中最低，私有链去中心化的程度过高，相比较而言在联盟链上建立股权交易系统是比较合适的。联盟链指的就是只听从于某些被指定的节点就可以运行共同识别机制的区块链，联盟链系统一般情况下只允许特定的少数人可以追踪和标识系统里全部的交易信息。[①] 这种技术的特性既保证了能够依托弱中心化来进行系统的集体维护，又最大可能地实现了对用户隐私信息的保护。

区块链是底层基础性的技术，主要有非对称加密、P2P 网络架构、节点认证和共识机制等一系列底层运行机制，在联盟链上的特定节点只要被系统认证就能得到包括智能合约、数字资产权利确认、股权交易信息和可编程端口等一系列数据，通过这些数据或者信息可以构建出适用于非上市公司股权变动特点的各种系统内功能运行模块。如图 9-1 为我们展示了一种可行的从股权登记到股权退出的区块链交易平台模式。基于联盟链技术，可以构建安全、可信、自助、可监管的股权资产管理平台。通过区块链技术实现股权信息在线登记、自助股权激励方案设计、员工期权在线签章授予、股权激励计划管理等功能，助力企业股权交易顺利完成。[②] 通过构建分布式应用，创造出端口至端口的信用系统，给愿意投资非上市公司的机构或者个人创设了可信高效的股权变动环境，非上市股份公司的股权只要被登记在区块链上，联盟链上连续记载的数据就成为唯一能够证明股权的数字化凭证，完整真实地记载了所有信息，又可以实时追溯非上市股份公司股权变动的最新情况。同时联盟链可以认证节点的特性，又为监管机构实现股权监管提供了可能性。

（四）区块链股权交易平台的运作流程

就图 9-1 的区块链股权交易平台而言，其主要由三个系统构

[①] 刘雄文：《多区块链交易分发和事件处理的系统方案》，《计算机科学》2018 年第 2 期。
[②] 王劲松、韩彩珍、韩克勇：《区块链技术在我国股权交易中的应用》，《中国流通经济》2018 年第 2 期。

第九章 股权变动公示制度的进化

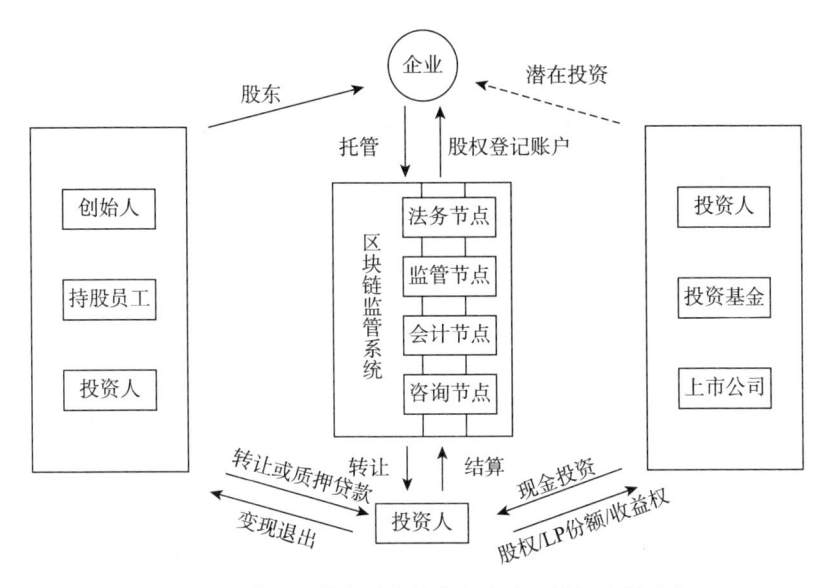

图 9-1 基于区块链技术的非上市公司股权交易平台

成：股权登记模块，LP份额登记模块、投资管理模块。重点关注股权登记模块，股权登记模块，将根据以下流程帮助企业建立非上市股份公司的股权变动管理系统。（1）创建：当公司管理者首次使用区块链股权交易平台时，必须注册系统账号，并记录下公司的基本信息，同时也在系统中创建公司目前的股权结构。（2）授予股东股权：公司向出资人或投资人设立一个授予股权的智能合约，合约里包含股权份额、行权条件、股权价格、股权变动条件等。（3）行权：当出资人或投资人达到智能合约所约定的条件时，提交满足条件的相关证明，将自动获得合约中约定的公司股权。（4）登记：系统将自动登记股东所持股的情况；该信息将不可篡改地保存在区块链上。（5）查询：股东可使用股权随时查询所持股份情况。（6）股东可在股权交易平台根据智能合约所规定的条件将所持股份卖出。

（五）区块链股权交易平台可能带来的制度运行改善

本质上区块链就是一个分布式的账本管理系统，在这个系统中，每一个单独的账本即区块储存着创世区块形成以来的全部信息，基于此在任何时候都可以根据密码学的原理追溯和验证这些有效的信息。[①]除此以外,区块链也可以被描述成一个虚拟的网上社区,与现在的信息互联网相比,区块链是价值互联网。区块链所体现的去中心化的特征要求整个系统的节点上的成员都需要主动维护所上传、下载的信息的完整、真实和安全。区块链应用于股权交易业务具有明显优势,这些优势主要体现在以下4个方面。

1. 降低交易成本

基于区块链去中心化的结构建立起的信任机制,不需要诸多中介机构,极大地降低了信用成本。分布式的结构对于数据维护、设备的要求降低,实现同等级别安全性的费用投入大幅度减少。

2. 提升交易效率

区块链的共识机制使得部分金融领域的交易可以在短时间内完成,大大提升了股权交易效率。通过工作量证明机制或者其他共识机制验证交易之后,新的区块就可以被写入分布式账本,所有节点的账本将同时更新,交易确认和清算结算几乎在同一时间完成,所有节点依然共享完全一致的账本。[②]

3. 防范系统风险

区块链是分布式的网络,即使金融企业遭受了黑客攻击、服务器宕机等威胁,由于信息都各自存储在设备终端而非全部存储在中央处理器中,其他任一节点拥有的信息并不会丢失,剩下的参与对象照常能够运作,股权在区块链上交易不会被传输问题干扰,因此风险将会大大降低。[③] 区块链独特的分布式结构让它拥有了防止故障发生和抵御网络攻击的能力。此外,开源、透明的区块链技术特性,也能够让区块链的参与对象知晓整个区块链的运转规则。基于区块链技术的上述特性,系统中每个交易节点都可以用来验证账本的内

---

① 刘瑜恒、周沙骑:《证券区块链的应用探索、问题挑战与监管对策》,《金融监管研究》2017年第4期。
② 马理、朱硕:《区块链技术在支付结算领域的应用与风险》,《金融评论》2018年第4期。
③ 马理、朱硕:《区块链技术在支付结算领域的应用与风险》,《金融评论》2018年第4期。

容和构造历史是否真实和完整,由此确保股权交易是可信赖的、未被篡改的,使系统的信任风险得到有效降低,系统的可追责性得到有效提升。

4. 符合监管需求

区块链上每一个区块记录都包含有完整的时间戳,且存储的记录无法被篡改。当新数据被存储进区块以后,新产生的区块会加入区块链,这一过程无法逆转。不可逆且不可篡改的区块链不仅让交易更加精准,处理数据的过程也大大得到简化,并且减少了交易可追溯性和维护数据原始性的成本。同时引入区块链技术将有助于减轻监管负担,为监管和审计工作提供了创新的工具。[①] 各个交易机构在区块链上实现了交易信息的共享,监管机构可以作为一个节点加入区块链中,获取第一手数据信息,从而实现对区块链上所有交易行为的全方位实时性的监管。每一个交易上每一个环节都能够被监管,这必然会大大加强监管的广度和深度。同时,开发者在区块链上通过添加判断逻辑来设计出符合股权交易的规则,区块链就可以自主地判别交易行为和用户是否遵守规则,否则就会被自动踢出系统,股权交易系统合规性得到极大提升。

三 区块链在股权变动公示应用中存在的法律问题

(一) 立法方面的问题

1. 区块链股权交易制度立法滞后

就目前我国区块链技术相关的监管立法而言,互联网立法对于向区块链股权变动这类新兴互联网金融模式,体现的主要还是管制型的特征。在此种立法模式下交易信息的及时披露和交易信用的有

[①] 胡志九、常益:《区块链在商业银行中的应用及其展望》,《新金融》2017年第10期。

效保证依靠的主要还是尽可能严格的监管,但区块链股权交易在此种立法模式下是无法被有效监管的。区块链股权交易就是利用去中心化的技术特性,通过"股权脱媒"使股权交易信息不对称得以解决,从而失去了监管部门的监管。① 除此之外,目前管制型的互联网立法暴露出来诸多规则上的真空,在面对区块链股权交易时监管无力,造成监管套利现象时有发生。

2. 区块链缺乏相关法律概念界定

区块链技术在我国金融领域的应用尚处于起步阶段,非上市股份公司应用区块链技术在股权变动更是一个相当崭新的课题,对于区块链技术运用中股权变动公示暴露出来的问题,现行法律并没有给出一个较有指示性的界定,像智能合约的法律界定,它的性质、地位、法律效力等问题,随着技术运用的逐步深入,可以预见对像智能合约这类的新型技术仍然是我国立法上需要给予高度关注的热点。就现阶段立法机关并未对智能合约技术进行专门立法,认为立法机构主要可能有两个方面的考量:一是交易数据的无形性和区块链财产的虚拟性,相关机构可能认为民法对其进行规制,操作性上会有较大困难;二是出于鼓励新技术创新目的,对于区块链股权交易这类新情景往往采取消极被动立法、事后立法的态度,以现有的法律制度尽可能激发区块链的技术优势,区块链在相关领域上技术潜力未得到适度激发时,本无必要对其采取过度的限制措施,以防对新技术的发展产生不利影响。

3. 区块链股权变动应用试点推动不足

对于像比特币这种比较成熟的区块链应用场景,虽然在应用过程中确实受到一定的质疑,我国相关机构也曾对比特币的合法性有过否定的结论。② 但是,比特币只是一种较为初级的应用场景,对相关的虚拟货币提出防范其风险的警告,并不等于政策层面就排斥

---

① 刘瑜恒、周沙骑:《证券区块链的应用探索、问题挑战与监管对策》,《金融监管研究》2017 年第 4 期。
② 参见中国人民银行官网,http://www.pbc.gov.cn/goutongjiaoliu/113456/113469/3374222/index.html,最后访问日期:2019 年 8 月 30 日。

以区块链技术为架构的非上市股份公司股权交易平台的应用。从当前相关政策来看，相关机构有意将数字虚拟货币和区块链其他场景应用区别对待，区块链其他的应用场景，仍然需要具体政策的指示和保护。《人民日报》曾发表《区块链让数据"谁拥有，谁受益"》《区块链，你了解多少》等多篇文章，专门介绍了区块链相关技术特性和优势以及在多种未来应用情景。不难分析出，区块链股权变动应用试点的推进，有关部门必须给予一定的政策支持，只有这样才能实现区块链技术在股权变动的远期应用。

（二）区块链股权交易监管方面的问题

1. 缺乏市场准入机制

区块链股权交易平台的市场准入机制包括两类主体。第一类是平台企业（类似于支付宝公司），第二类是企业从业人员（股权交易平台技术人员、销售人员等）。区块链股权交易平台尚在初步探索的阶段，为数不少的企业采用的仍然是开发成本较低的公有链为平台技术底层架构。这会造成平台企业的准入标准不高，同时因存在一定数量的开发企业缺乏相关资金，区块链股权交易平台市场缺乏规范从而呈现鱼龙混杂的现象。相关机构通过颁布和采取积极政策鼓励从业人员，纵使较大程度地为区块链股权交易市场提供了人力资源，然而不可否认的是在现阶段绝大部分从业者缺乏对区块链股权交易的了解，无法保障区块链股权交易平台的安全性，还有可能损害交易用户的权益以及从业者自身的权益。可以预见的是，区块链股权交易市场标准化的逐步完善，会对区块链平台企业提出的要求进一步加码，平台企业需要更多的资金和技术支持，必然造成垄断和企业权力过大的弊端。金融创新走在前列的国家大都对区块链以及衍生产品乐于所见，虽然在区块链虚拟货币上采取审慎的态度，但对于像区块链股权交易平台，采取比较包容的态度支持其发展。在这些国家，类似的区块链股权交易平台用户接受相关服务的干扰逐渐减少，用户只需要使用电脑和手机上的相关应用就可以登录股权交易平台，线上完成相关交易。其中股权交易平台企业出于用户个人信息保密的需要，对股权交易平台上产生的数据信息不再保留相关记录，造成恶意信息频繁传播，相关监管越发困难。① 基于上述因素，在区块链股权平台初步探索阶段，对市场准入的门槛，并没有提出具体的条件和要求。

2. 缺乏有效的监管机构

我国目前的监管机制在很长一段时间内一直都是"机构监管"，这种机制要求不同的行业要有不同的监管机构，同一种行业由固定的监管机关来监管。区块链股权交易作为由传统的股权交易发展而来的股权交易创新模式，区块链股权交易无法套用互联网借贷、互联网理财产品等这些已有的较为成熟的互联网金融业务监管体制。从2019年2月实施的《区块链信息服务管理规定》来看，区块链信息服务由国家和各地的互联网信息办公室监管。这一监管体制能否与区块链股权交易涉及的多元主体和独特的技术特点相匹配，还有待时间的证明，若出现相关监管的缺位，则会使区块链股权交易无法得到法律法规的有效规制，也无法防范由此造成的股权交易市场风险。

（三）股权变动公示在实践中存在的法律问题

1. 区块链股东名册登记与工商登记制度的链接

从《公司法》的相关规定来看，股东在非上市公司所享有的利益依据的就是股东名册和股东协议，借助工商行政机构进行的登记仅能起到公示的作用，在区块链上进行股东协议和股东名册的数字化登记，一定程度上完全可以保障股东权益的充分实现，这为流通相当困难的非上市股份公司的股权，提供了一种较为自由和简便同时能够提供相当安全性的股权变动流通结算方式。工商登记这一制度实际上既缺乏效率（工商登记通常在股权交易之后一段时间才能完成），也不符合市场经济下的私法原理（靠当事人的意思自治来完成权利转移，而不是依靠公权力机关对交易的再次确认）。科学技术

---

① 何隽铭：《ICO 商业模式的法律性质分析及监管模式优化——基于九国 ICO 监管现状》，《上海金融》2018 年第 2 期。

发展到今天，再靠这种已经略显原始的方式来完成公司股权的滞后性确认，已经不能适应市场经济的硬性要求。

2. 股权初始登记问题

区块链条件下的股权登记制度，就是将股东的基本信息和股权信息登记到区块链上，实质上就是将股权数字化。根据已有的区块链股权登记平台的经验，上链的股权公司主要以互联网非上市公司为主，这些公司的资产和收益比较容易实现数字化，在现行法律和金融体制下，股权最容易实现流动，而一些非互联网企业受制于自身条件和政策法规因素等现有条件，股权流动性较差。基于以上分析，对于区块链条件下的股权登记而言，识别什么样的股权能上链，一定会是形成科学和完善的股权区块链股权登记制度的基础和先决条件。

3. 平台用户权益救济困难

作为区块链在金融领域一种具体的应用情景，应用区块链技术进行股东名册登记，本身就已经存在区块链技术所有的缺陷，同样也避免不了传统股权交易的通病：股权投资人在获取交易信息时本就弱势，大量的交易信息背后的真实性又无法保证；平台提供者鱼龙混杂，也就无法保证交易安全；股权投资人无法准确获取非上市股份公司经营情况，股权交易中容易受到处于强势一方的区块链股权交易平台提供者的误导，同时，在区块链这种数字交易中，一旦交易者的权益受到非法侵害，被侵权人直接主张权利存在较大的难度，此时必须通过法律规制来弥补平台的技术缺陷以保障用户的合法权益。但在现行的法律机制上，审判机关很难做出判决，执行程序更无法开展。[1]

4. 智能合约的效力问题

基于区块链上的记录不会被修改这一技术特点，使用区块链技术进行股权名册登记具有极强的公示效果，有利于股权确权、避免股权所有权争议，最终实现股权交易、企业和股东利益的最大化。

---

[1] 朱娟：《我国区块链金融的法律规制——基于智慧监管的视角》，《法学》2018年第11期。

当然，要实现上述功能，就需要引入智能合约这一技术，要想发挥区块链股权交易系统的最大功效似乎唯一可以应用的就是智能合约技术，智能合约技术在一定预设条件下可自动执行，然而智能合约的这种自动执行能否在法律意义上有效实现是值得讨论的。有学者认为，智能合约技术是将法律制度进行数字化处理，当然也就无从谈论它是否同法律制度相悖。智能合约同传统合约相比可以脱离法律总体框架独立运行，所以智能合约并不用考虑法律移植就可以在不同国家之间被执行。"编码即法律"让我们需要思考的就是：在一个没有强中心化的系统中，行政权力、司法权力、技术权力，这三者的关系要如何平衡。就区块链股权交易而言需要对以下两个问题引起足够的重视。一是如何保护交易中的弱者。智能合同体现的是一种学科交叉的思想，是将法律数字化，完全不考虑法律冲突的话，就会造成智能合约过度的去中心化，这与司法上的公平、合法、保护弱势群体的法律原则相冲突。二是智能合约本身的技术特性，也就影响着合约编写者和潜在使用者的相互交流，所以在未来合约的适用过程对具体条款的误用极易发生。由于只有编程代码在运行智能合同，像任何其他程序一样智能合同会存在缺陷，也就会发生由这些缺陷而导致的运行错误。

四 区块链股权变动公示应用的法律进化路径

（一）明确立法与监管的原则

1. 及时立法原则

区块链技术应用在非上市股份公司股权变动公示时涵盖监管、风险防范机制等层面，并不是单一的权利分配的问题。新技术带来的金融形式创新无法避免对现行的法律机制的冲击，立法活动总是呈现一种滞后性，区块链技术在股权变动公示上的应用，更证实了上述观点，上一章节论述的问题，大多是源于缺乏相应的立法。区块链技术应用于股权变动公示，给过去的股权变动公示制度带来了前所未有的冲击和挑战，就传统的非上市股份公司的股权变动的风险防范而言，制定区块链股权交易平台相关法律规范无疑有着更高的要求。法治建设从来都不是一步到位的，法律适应政治、经济、社会的变化，是实现社会可持续发展的必要条件。① 对于区块链技术在股权变动公示上的应用，没有必要非得在实际运行过程中造成问题后才需要立法进行规制，对于区块链这类新技术，本就有着原发性的弊端，立法可以提前介入避免这些问题所造成的不利影响，同时我们应当在探索中前进，一边研究一边改进，这也是及时立法的应有之义。

相关立法机关在制定和完善涉及区块链的法律法规过程中，尽量采取及时原则，法律法规若想最大限度地发挥其规制作用，就必须不断适应新技术的革新，树立技术与法律综合考虑的立法观念。区块链就是互联网技术的一种创新，仍然秉持通过单一的技术手段或法律手段，必然无法对区块链股权交易实现真正的规制作用，只有坚持技术监管与法律监管相结合，坚持及时改进，促使法律以螺旋式的方式跟进区块链的相关应用，避免滞后的立法带来不利影响，根据技术应用于实践中出现的具体问题不断调整，才能发挥区块链技术最大的优势，提高新技术下的非上市股份公司股权交易的效率和安全性。②

2. 监管原则

（1）坚持原则性和规则性相结合

区块链技术不能采取过早过严的手段抑制在股权变动公示上的创新，而应当尊重市场发展规律，对股权变动公示上的监管应坚持鼓励创新和防范风险相结合，不能还是过去那套一味地追求安定性的监管。区块链技术作为一种创新性的技术将成为"互联网+"深化发展，尤其作为互联网金融发展过程中新的突破口，它能够进一

---

① 杨东：《论金融领域的颠覆创新与监管重构》，《人民论坛·学术前沿》2016年第11期。
② 吴燕妮：《金融科技前沿应用的法律挑战与监管——区块链和监管科技的视角》，《大连理工大学学报》（社会科学版）2018年第3期。

步优化和凸显互联网思维及其精神。① 区块链的这种技术创新优势可以让更多的用户受益，也可以让行业极大地降低运营成本。为了实现鼓励创新和防范风险的监管目标，监管遵循原则性，即指监管活动要从体现原则性的规定出发，坚持成果作为导向，不涉及原则性的业务监管可以相对宽松，以便得到股权交易平台区块链这类金融创新的最大价值。当然，监管要遵循原则性，即要利用较为具体的规则性划定风险红线。

（2）坚持功能性监管

有研究者认为像区块链股权交易系统牵连互联网监管部门、金融监管部门、工商管理机构等多种不同性质的职能部门间的利益，传统的职能性监管模式已经完全无法发挥监管效果，于涉及多种利益主体的区块股权交易系统，要想被有效监管，就需要建立起一个统一的区块链股权交易监管机构，对区块链股权交易活动进行跨机构监管。只有坚持功能性监管模式，打破平台界限、部门界限、行业界限，以实现对区块链股权交易平台的整体监管，以期消灭监管的真空地带，真正实现对区块链股权交易的无缝监管。

（二）构建区块链股东名册登记制度和试点应用

1. 构建区块链条件下的股东名册登记法律制度体系

随着区块链技术发展和政策放宽，各种区块链股权交易平台在股权交易市场涌现，我国的区块链股东名册登记制度开始走上市场化和有序化的轨道，但是也暴露出平台就股东名册登记环节缺乏统一化和标准化的制度安排。面对这个亟待解决的问题，有必要确立起构建区块链条件下的股权登记制度的建设思路，这对于区块链股权交易市场具有极其重要的价值。根据目前我国非上市股份公司区块链股权交易平台在实际运行过程中所暴露出来的问题，认为有必要构建科学、有效的法律制度体系，最重要的是设计好以下领域的区块链股东名册登记法律制度，通过制定或修改现行的《公司法》

---

① 陈兵：《互联网经济下重读"竞争关系"在反不正当竞争法上的意义——以京、沪、粤法院 2000～2018 年的相关案件为引证》，《法学》2019 年第 7 期。

或相关公司股权登记法规，明确相关应用的法律属性，使之同区块链条件下股东名册登记制度相适应：（1）在法律层面上明确区块链股东名册登记的适用范围，将非上市股份公司股权从登记到结算整个环节都进行界定；（2）在法律层面明确股权交易平台的法律权利和义务，避免权责缺位造成的区块链股权交易平台失去监管和控制；（3）在法律层面对区块链条件下股东名册所要登记的内容、变更和维护的程序作出细化和界定；（4）制定区块链股权登记的法律程序，规范区块链股权登记，有效保障投资机构和投资人的权益。

2. 以立法形式推动区块链应用试点

国家相关职能部门有必要制定并颁布区块链股东名册登记实施办法，为区块链条件下股东名册登记制度实施提供政策依据，率先在某些区域开展区块链股东名册登记试点工作，在开展试点过程中，对区块链股东名册确权登记的过程和实施程序进行完善，作为今后在全国开展区块链股东名册统一登记工作的基本准则和行为指南。[①]就具体试点应用方面而言，需要创制一连串的法律法规和具体的实施办法或规定，有必要做好不同区域和不同部门的协调工作。就区块链股权交易运用而言，上海、北京等金融或技术较发达省市各种股权交易平台公司如雨后春笋般出现，有必要继续在这些区域创新试点区块链股权交易，通过这些试点积累实施和监管经验，最终形成针对全国适用的法律法规或部门规章，从而推动我国区块链股权交易有序健康地发展。

（三）完善区块链股权交易监管法律制度

1. 准入机制的完善

同起步较早的发达国家相比，我国区块链相关行业尚处在一个起步阶段，对于区块链技术层面的监管，应当在行业的准入机制方面投入更多的关注，对涉区块链股权交易平台运营商的准入机制进行规制。区块链股权登记平台虽引起了市场的极大反响，但是其一

---

① 邓建鹏、孙朋磊：《区块链国际监管与合规应对》，人民邮电出版社，2018，第213页。

经出现在我国股权交易市场就引起了诸多质疑,例如平台运营商资质不健全、监管缺位、误导用户行为多发等弊端显现,这可以说是所有基于区块链技术应用的通病,是这一技术的原生性缺陷造成的。区块链股权登记平台并不是一个单纯的公示机构,而是区块链股权交易平台的一部分,无法独立存在;这类交易平台本身就会吸引巨额的资金和各种类型的股权,一旦平台运营脱节,对非上市股份公司的冲击难以估量。所以确保平台运营商资质合格、信誉良好就十分有必要。具体来说不妨让那些具备良好信用和有非上市股份公司股权交易从业资质的金融服务企业,通过增加已获准的业务范围,让服务提供者通过股权交易平台提供股权交易服务;再就是设计区块链股权交易系统注册审批程序,区块链监管机构为平台运营商提供信用证明。

2. 监管机构制度的完善

从监管机构的设置来看,应成立区块链金融监管委员会进行有效监管。优先选择由中国证监会或国家互联网信息办公室牵头对区块链的相关应用行业进行顶层设计,联合工商登记机关、相关金融机构等职能部门分工负责,逐步实现行业监管与综合监管,对互联网实行统一监管,经授权由区块链金融监管委员会对股权交易平台等金融领域应用进行具体监管。① 从监管机构的权限看,立法机关和行政机关通过制定法律和行政法规授权对其权限给出明确,从监管机关的权利和义务两个方面保障监管机关对区块链股权交易实现有效监管。在权利方面,监管机关依法负责区块链股权交易平台运营企业的注册与核准,依法对区块链股权交易平台运营企业进行有效监管;依法监督相关政策法规的落实情况并及时汇总;对区块链股权交易平台运营企业是否及时依法披露有关信息进行监管;对严重不履行自我监管义务造成严重后果的区块链股权交易平台运营企业依法依规进行处理。在履行义务方面,包括监管主体不得滥用权力、徇私舞弊,以保障注册与核准的真实有效;对违法的区块链股权交

---

① 刘瑜恒、周沙骑:《证券区块链的应用探索、问题挑战与监管对策》,《金融监管研究》2017年第4期。

易平台运营企业进行取缔，必须严格依照法律规定和程序，慎重处理，避免侵犯企业的合法权益。

（四）解决股权变动公示在实践中存在的法律问题

1. 区块链股东名册登记与工商登记制度的衔接

就这点而言，中国的立法者也意识到了此问题，而对工商局的角色定位也作出了变更。传统上的工商局集中了若干项原本并无直接关联的职能：公司法人成立的登记机构，也就是像医院给自然人颁发出生证那样给公司法人颁发"出生证"；公司法人开展业务经营的许可者，也就是公司法人在出生后再由工商局准许开展经营活动。在实践中前两者职能合二为一，共同以营业执照作为证明；工商局还类似于房地产登记中心那样的权利登记机构，以其自身的公信力（政府信用）来对公司股权进行登记造册，确认权利的归属，确保公司股权不被"一股两卖"；工商局还要监管公司在业务经营过程中的合规事宜，比如反垄断、反不正当竞争等；如果公司解散，则工商局要负责管它的清算和注销。工商局逐渐在摆脱这种混杂的角色安排，像公司成立和股权变动登记这样的程序性登记事项会被排除在工商局职责之外，工商局将更专注于公司在经营过程中的监管。这从各地工商局纷纷整合其他部门后改名为"市场监督管理局"就可以看出端倪。其中必须提到的就是工商局剔除股权变动登记这一职责，其呼应了公司法的立法精神，之所以这样做就是让公司自己来完成股权的确权工作，而消除在这种事务上继续借出政府信用。[①] 而实际上相比于有限公司，工商局对于非上市股份公司的放权则更为彻底，大部分地区的工商局已经彻底不再登记这些公司的股份。此种方式同发达国家在应对非上市股份公司股权变动时所采取的做法大体上是一致的——在这些国家，非上市股份公司股权变动只需要在那些被股权交易市场信赖的股权托管机构、行业协会等非政府机构登记即可，并不需要去专门的政府部门登记。

---

① 陈雪娇、王继远：《非上市公司立法构造：以股东权和控制权为中心》，知识产权出版社，2014，第521页。

2. 强化股权初始登记识别工作

股权初始登记的识别工作需在坚持下列准则的前提下有序开展，同时并入以后的区块链股权登记体系当中。其一，尊重实际的准则。在股权初始登记识别中，将现行的股权作为主要标准，不要标新立异，以免识别工作给非上市公司股权交易市场带来本可避免的麻烦。其二，保持现状的准则。股东名册登记不能被简单地理解为股权变动问题，这涉及纷杂的利益冲突以及对经济制度、技术因素的考量。因此为了维护广大非上市股份公司及股东的根本权益，必须坚持保持现状的准则。其三，自愿自主的准则。在实现尊重实际以及保持现状这两个先决条件后，股权登记平台在合法合规性下自主运行股权登记的技术和解决方案；同时由市场和企业自愿决定股权是否上链，是否采用区块链条件下的股东名册登记。股权登记转让服务平台要明确股权初始登记识别程序。首先，在股权初始登记识别的过程中，广泛进行推广和宣传，让非上市股份公司和股东明白对股权登记进行识别的意义。其次，非上市股份公司的股东提出股权的识别申请，并自行提供相关证明材料。最后，股权登记转让服务平台对申请内容进行审查，并最终确定初始股权。

3. 明确智能合约的法律属性

智能合约根本不可能实现完全的去中心化，它所谓的"自治"也就只能是一种相对的自治。如果想单独通过智能合约来解决这类问题，在合约中就必须引入类似现行法律条文中关于权力救济的机制，从而自发地使权力受到救济。另外，前文论及区块链技术在股权变动中应用，必须借助智能合约才能实现。智能合约以数字编码的形式定义承诺，交易双方不需要彼此之间的信任，一切都由代码强制执行。目前的问题是，智能合约的合同文本都是以数字编码的形式来体现，这样一种不确切的形式和内容还尚未获得法律和司法的认同。假设技术被广泛应用，智能合约将需要符合传统纸质协议的许多法律标准。[①] 为此，我们应当在相应的法律法规中尽快明确智

---

① 张群辉：《区块链技术在票据市场的应用、风险与规制》，《北方金融》2019 年第 6 期。

能合约的法律属性,在现有的合同规则结构中引入新的规则以适应新技术,明确智能合约码所形成的程序语言,是否可以构成生效合同的要件;明确智能合约这一区块链的法律协议,其运行中相关痕迹是否符合证据的真实性、合法性、有效性而予以采信等相关问题。

4. 加强股权投资人权益保障机制

为避免股权投资人使用区块链进行股东名册登记时合法权益遭受损害,在对区块链股权交易系统进行监管时相关政策应当对股权投资人适当倾斜,从而扭转股权投资人面临的不利局面,增强对区块链股权投资的信心。[①] 对股权交易平台进行相关测试与监管过程中,一是制度上明确保护股权投资者合法权益的意义,同时作出关于区块链股权投资保护的原则性规定。二是要制定保护区块链股权投资人的专门法律条文。区块链股权投资人保护在制度设计上要注意一下细节:首先是投资人知情权的充分保障,区块链股权交易系统运营者要向股权投资人详细告知区块链股权交易面临的风险,充分尊重股权投资人的真实意愿;其次要赋予区块链股权投资人同普通投资人一样的权利,甚至可以稍微增加;最后要保证股权投资人合法权益遭到损害后有权得到补偿或赔偿,可以要求区块链股权交易系统开发者或运营者必须提供相应的担保。

---

① 胡志九、常益:《区块链在商业银行中的应用及其展望》,《新金融》2017年第10期。

第十章

隐名投资导致的股东资格司法认定规则进化[*]

一 问题界定与制度基础

(一) 事实与逻辑

1. 隐名投资行为的内涵

(1) 隐名投资行为的概念

隐名投资行为,从广义上理解,指隐名出资人实际出资但登记在册的显名股东却另有其人的情形。[①] 在实务中,因为这种隐名投资行为的动机多样,隐名投资的方式多元性,从而形成的法律关系各不相同,因此应当适用的法律规范与所具有的法律效力也有不同。此时,只有结合当事人的意思表示,才能够对不同的隐名投资行为加以区分。[②] 根据当事人意思表示的不同,隐名投资行为可划分成两种类型:①意思自治的隐名投资;②非意思自治的隐名投资。在意思自治的隐名投资中,当事人双方达成由一方隐名出资,另一方显

---

[*] 本章合作者孔怡欣。孔怡欣,法律硕士,重庆市南岸区矫正帮教管理服务中心工作人员。

[①] 文中讨论主要围绕有限责任公司中出现的相关情形展开。

[②] 赵旭东、顾东伟:《隐名出资的法律关系及效力认定》,《国家检察官学院学报》2011年第4期。

名登记于相关的公司材料中的共识,并签下契约。意思自治的隐名投资又可以分为两种:①根据其他股东是否默认隐名投资关系的存在,可以分为全隐名投资或半隐名投资;②根据签订契约的原因是不是为了规避法律,意思自治的隐名投资又可以区分为规避法律隐名投资与非规避法律隐名投资。而缺乏双方意思表示的隐名投资行为则属于非意思自治的隐名投资,主要是由于冒用他人名义出资或者登记错误等原因,形成的隐名出资人与登记在册的股东相分离的情形。此种情形下,因为意思表示缺位将会导致法律行为不成立,此时的隐名出资人与公司没有直接形成法律上的关系,双方没有权利义务关系。意思自治的隐名投资行为是文中主要讨论的隐名投资行为,即狭义的隐名投资。

(2)隐名投资行为的特征

根据《最高人民法院关于适用〈中华人民共和国公司法〉若干问题的规定(三)》(2020修正)第二十四条中对于隐名投资的规定,结合其他学者相关论述,我们对隐名投资行为的基本特征总结如下。

①隐名投资行为是隐名投资合同双方在意思自治的基础上做出的合同行为,隐名投资行为中的隐名出资人和显名股东双方签订的合同是非要式合同。基于合同效力,合同双方也就是隐名出资人和显名股东互相承担义务,享有权利。但是又因为合同的相对性,该隐名投资合同仅仅能约束合同的当事人双方,对于合同第三人不能直接产生法律效力。实践中,对于无法探明当事人内心真意的隐名投资行为,将会按照债权债务的关系进行处理。①

---

① 洪辉诉辅仁案:在洪辉国际有限公司(简称洪辉)诉上海辅仁实业(集团)股份有限公司(简称辅仁)等隐名投资案中,原告无证据证明是以投资为目的的出资,故一审判决中驳回原告诉讼请求,认定被告拥有股东资格。原告不服提出上诉,二审法院维持原判。后洪辉认为与辅仁存在债权债务关系,以返还借款并偿付利息为诉讼请求在此提起诉讼,最终二审法院上海市高级人民法院支持了原告诉讼请求,判令被告返还出资款及利息。案例详细情况见上海市高级人民法院(2006)沪高民四(商)终字第13号判决书。

②显名股东不实际出资但是出任公司的股东，记载于相关形式材料。隐名投资的行为将股东所拥有的实质特征和形式特征相分离。

③通过协议约定由隐名出资人对目标公司实际出资。

④通过协议约定隐名出资人享有投资收益。①

2. 隐名投资行为的法律形式

（1）隐名投资的意思表示

正如上文在对隐名投资行为的概念阐述时所说到的，广义的隐名投资行为因为存在不同的动机与多种不同投资方式，所以形成的法律关系与适用的法律规范及产生的法律效力各有不同。因此，当事人的意思表示，是区分不同隐名投资行为的重要因素。意思表示，指的是将企图产生一定私法上的效果之内心意思，表示在外部的行为。② 意思表示的构成要素有二：其一是要有内心的真实意思；其二是将这个内心的真实意思表示出来而形成的外在表达。意思表示是构成法律行为的核心要素，意思表示不同则相应的法律行为之性质也不尽相同，这也就影响了当事人之间的法律关系，在当事人之间构造的法律关系的性质也将会不同。

在隐名投资行为中，当事人的两个核心意思表示至关重要，其一是投资收益应归谁所有；其二是管理权限由谁享有。

（2）隐名投资的相关法律关系

①隐名出资人与显名股东间的法律关系：《最高人民法院关于适用〈中华人民共和国公司法〉若干问题的规定（三）》（2020修正）承认隐名出资人和显名股东间隐名投资合同的效力并将此作为解决隐名出资人和显名股东间权益归属纠纷的依据。对于二者关于权益归属所引发的争议，人民法院应支持隐名出资人以实际出资为由向显名股东主张权利，同时不支持显名股东以登记记载事项来否定隐名出资人权利。

---

① 某些隐名投资关系中，隐名出资人除投资收益即财产性权益外，可能还会通过协议约定某些股东身份权益，如决定投票等。

② 参见王泽鉴《民法概要》，中国政法大学出版社，2009，第104页。

②隐名出资人与公司及其他股东之间的法律关系：《最高人民法院关于适用〈中华人民共和国公司法〉若干问题的规定（三）》（2020修正）虽然承认了隐名出资人和显名股东之间的合同效力。但是因为合同的相对性只能约束当事双方，同时又因为公司具有社团性，当隐名出资人和显名股东的约定只被当事双方知晓时，隐名出资人不与除显名股东外的公司其他主体产生法律关系。隐名出资人想要显名化还需公司其他股东的认可。①

③隐名出资人与债权人、股权受让者等其他第三人的法律关系：《最高人民法院关于适用〈中华人民共和国公司法〉若干问题的规定（三）》（2020修正）中提出了参照善意取得制度处理此类法律关系。

3. 事实与逻辑之间的矛盾

《最高人民法院关于适用〈中华人民共和国公司法〉若干问题的规定（三）》（2020修正）关于隐名投资中股东资格的相关规定，主要思想还是沿袭了折中说。但又与折中说以公司内外部为界严格地区分内外部法律关系有所不同，折中说认为依据私法自治原则，当投资协议没有无效情形时应认定协议有效并据此在公司内部承认隐名出资人的股东资格。《最高人民法院关于适用〈中华人民共和国公司法〉若干问题的规定（三）》（2020修正）则是以隐名出资人与显名股东间的合同为界对协议内外部的法律关系进行区分对待。主要体现在对合同双方内部的纠纷，在合同不存在无效情形时，依据契约自由的原则，按合同约定处理合同双方的纠纷。但是在纠纷涉及合同外其他主体时（如争议股权所涉及的公司及公司其他股东、公司债权人、善意受让股权的第三人等）则以公示主义原则和外观主义原则为基础，侧重维护市场交易秩序与善意第三人的利益。如在第二十四条第三款中规定了经过公司其他股东过半数同意隐名出资人才能显明化，这就使得隐名出资人获得其他股东默认参与公司经营管理并享有股东权益的情形

---

① 胡晓静、崔志伟：《有限责任公司隐名出资法律问题研究——对〈公司法解释（三）〉的解读》，《当代法学》2012年第4期。

被排除在外了,这对于此类隐名出资人明显是不公正的,与此同时也无法防止显名股东滥用权力,损害隐名出资人权益的情形。除此之外,基本没有相关文件明确提及合同无效的情形下标的股权应如何处理。

(二) 隐名投资中股东资格司法认定的相关学说

对于股东资格认定的标准,现在学术界主要有三种学说:"实质要件说""形式要件说""折中说"。这也是在司法实践的判断中造成分歧的主要原因,如我们上文提到的洪辉诉辅仁案中两级法官判决截然不同,根本原因就是两级法官在选用判断股东资格的标准时分别采用了"实质要件说"和"形式要件说"两种学说。

1. 实质要件说

实质要件说着重考察当事人的真实意思表示,认为不应该仅仅局限于外在形式的表现。持此种观点者多认为公司的本质是股东财产[1],在此基础上,股东对于自有财产的拥有和交易所应考察的核心在于股东的意思表示,这样有助于财产更容易地自由转让。此种说法下,如果没有对公司进行出资,而是仅仅在股东名册或登记机关有相关的记载,将不能拥有相应的权利。但是实质要件说又存在如下弊端:(1) 如果只有权益,而没有书面记载作为凭证,自由转让将会发生操作上的困难;(2) 股权转让行为类似于物权转让行为,涉及股东之间的新人只能由股东之间相互制约来完成,而公司此时完全是被动的,对于股东的不当转让缺乏制约的能力。实质标准最大的缺陷在于忽略了公司本身,这是和缺乏公司作为主体的观念相关的。支持实质要件说观点的主要有以下三点理由:(1) 民法中"法无禁止即可为精神",而我国公司法中无明文禁止隐名投资的条文,也就是默许了隐名出资的行为;[2] (2) 司法裁判中的证据证明力不同:形式上的如章程、股东名册及工商登记材料等没有设立权

---

[1] 邓峰:《普通公司法》,中国人民大学出版社,2009,第335页。
[2] 蒋大兴:《公司法的展开与批判——方法·判例·制度》,法律出版社,2001,第470页。

利的能力,只能证明权利存在,而实质证据可以将这些证据推翻;(3)出于维护公司资本稳定及第三人利益的角度,不应否认隐名出资人的股东资格。

2. 形式要件说

形式要件说中确认股东资格的标准主要是股东的名字是否被记载在一系列的形式材料中。如未完成上诉登记则无法被认定具有股东资格。之所以与实质要件说不同,是因为形式要件说以公司合同理论为基础,则强调了股东和公司之间相互信任的关联,认为股东取得的与身份相关的权利都必须得到公司的确认。其理由在于:(1)为了维护交易安全保障交易效率,商事行为应遵守公示公信主义与外观主义。(2)形式证据易获取好判断,司法单位和公司较易对股东资格做出判断,判断的负担与风险也大大降低,有利于维护公司及相关交易的稳定。

3. 折中说

折中说也称区别说,是综合上述两种观点的一种学说。区别说认为在认定股东资格时应该以公司内部外部为界限进行区分,对公司内部与外部法律关系区别对待。在公司内部的股权确认纠纷中认定股东资格时应注意考察实质要件,而在公司外部关系即涉及善意第三人时,要着重考察形式要件。前两种学说相对而言都过于绝对,而折中说在区分公司内外部法律关系的前提下,取两者的优势,也是《最高人民法院关于适用〈中华人民共和国公司法〉若干问题的规定(三)》(2020修正)中主要采用的观点。

(三)隐名投资中股东资格认定的价值取舍与秩序诉求

1. 私法自治与行政监管

公司合同理论最早是由科斯在其于1937年发表的《企业的性质》一文中提出:企业在内部通过一个契约替代一系列必要的契约,这样可以更好地协调内部各方,减少交易成本。[①] 在此基础

[①] 〔英〕科斯:《企业的性质》,《企业、市场与法律》,盛洪、陈郁译校,上海三联书店,1990,第1~23页。

上，詹森和梅克林在1976年发表《所有权、控制权与激励——代理经济学文选》中进一步明确了合同集束理论，并将其在经济学界进行推广。[①]这使得契约自由与意思自治理论在公司法领域得以利用。持公司合同理论者相信公司是通过一系列合同约定而联结形成的组织，公司可以在内部进行制度安排，公司内各方主体可以通过签订合同的方式排除适用公司法、补充适用公司法或者通过合同健全内部制度设计获取效率及其他价值。认为国家强制不能够替代公司内部意思自治。在此理论下，相应地包含了合同自由与公司自治两个核心的理念。基于"法不禁止即可为"的理念，法律没有禁止的事项都应是可以自由进行的，作为一个以营利为目标的主体，公司活动需要一个自由的环境，故而，私法自治所代表的自由价值在公司法中占有重要的地位。具体到隐名投资行为中，隐名投资合同双方的契约行为即是私法自治的一种体现。

与此同时，作为国家经济活动的一个重要主体，公司从未脱离国家的行政监管范畴，公司法也始终是带有政府监管的色彩。公司法人作为法律拟制的主体，从一开始就受到了行政的监管，公司并不自然地享有作为民法主体的"人"所享有的权利，通过立法赋予公司主体地位与自治权本就扩充了最初的"私法自治"的领域，所以从公司法赋予公司法人地位起，其就带有了行政监管的色彩。而我国公司法中的行政监管也随着公司法发展经历了几个阶段，中华人民共和国成立后，国家一度实行计划经济，国家统一组织生产、流通活动，私有产权的意识那个时期并不存在。我国改革开放之后，国家对企业仍然有较大的监管、控制权力。

私法自治和行政监管是公司法律制度中必不可少的两种精神，两者在公司法律制度中相互依存同时又有矛盾。私法自治精神在公司法领域的核心即合同自由与公司自治，是经济社会发展的必然产物。但是自由都应有一定的限度，公司作为在营利目的驱使下，为

---

① 〔美〕迈克尔·詹森、威廉·梅克林：《所有权、控制权与激励——代理经济学文选》，陈郁译，上海三联书店、上海人民出版社，1998，第1~84页。

了获取最大的经济利益时，就会发生一些故意或者非故意的对其他社会主体的损害行为。所以在私法自治的同时行政监管也是必不可少的，自治与监管的结合是公司发展的最佳路径。

2. 平衡社会多元主体利益

在多主体利益出现冲突时在其中进行平衡，不倾向于保护某一方的权益，是正义价值在公司法中的体现。而隐名投资则是公司法中多主体利益碰撞的一个具体的点，对于股东资格的认定将会影响公司内外及公司本身、相关债权人等多方的利益，所以隐名投资的股东资格认定可以在一定程度上体现公司法在多元主体利益相互冲突时所作出的取舍。《最高人民法院关于适用〈中华人民共和国公司法〉若干问题的规定（三）》（2020修正）中对于有限责任公司的股权引入了善意取得制度，股权的善意取得首次在立法中得以确认。善意取得制度在解决利益冲突时通过法律在多个主体中进行选择是公司法平衡多主体利益的一个体现。

3. 交易的安全与秩序

公司的本质目的是追求盈利，公司法的制定主要目的之一就是保障商人交易的安全，因为商事活动的多样性，使得商事交易的安全与交易的秩序需要由法律制度来进行保障。

只有在安全的交易环境中，商人才能够放心交易，而安全的交易市场能够保障商人在交易中的权益。具体到公司的内部而言，公司内部的组织运行也需要有安全的保障，商人才能够放心投入资金寻求合作共赢。而公司法对于交易安全与秩序的追求，则强调了要有强制性的法规进行保障，明文规定某些条款要求公司必须遵守。同时公示公信主义是保障交易安全的另一个重要手段，而公示公信主义的外观主义标准则正是隐名投资的股东资格认定中形式说的重要理论支撑。《最高人民法院关于适用〈中华人民共和国公司法〉若干问题的规定（三）》（2020修正）中引入《民法典·物权编》的善意取得制度，将其应用到股权当中，一个主要的原因就是为了维护交易的安全与秩序。善意取得制度的一个根本宗旨，就在于保护交易相对人的合理利益，在此基础上方便财货交易的进行，以达到增进社会经济整体繁荣的目的。①

隐名投资中股东资格认定的历史沿革，反映了各种价值观之间的冲突与立法者在其中做出的取舍与选择。而《最高人民法院关于适用〈中华人民共和国公司法〉若干问题的规定（三）》（2020修正）主要对一些司法实务中出现的问题给予技术上如何规范操作的答复，没有对法律关系与法律地位进行厘清，这也使得在遭遇隐名投资问题出现时仍然有价值抉择难题。而在隐名投资的股东资格认定的案例与立法的历史沿革中，可以在一定程度上反映出我国公司法的发展完善进程。

二 中国司法对隐名投资中股东资格认定的阶段考察

（一）数据概况

为了全面了解隐名投资所引发的纠纷在司法中的发展情况，主要通过"北大法宝案例数据库"进行相关的案例检索。第一步是以"隐名投资""隐名股东""代持股"为关键词进行全文检索所得到的案例分别有1827件、14640件、8622件，共计25089件。鉴于前述检索条件下数据总量庞大，筛选难度较大，第二步将检索条件从全文改为限制标题，同样以"隐名投资""隐名股东""代持股"为关键词得到检索结果分别有1件、1件、3件，共计5件相关案例。在此基础上，第三步限定案由为与公司有关的纠纷中的"股东出资纠纷"全文检索"隐名"两字得到结果有经典案例类7件、法宝推荐案例类190件、普通案例类133件，共计330件。本文后续分析主要选取第二步和第三步检索中所得到的结果中具有代表性的经典案例和法宝推荐案例以及第一步中所得到的几个公报案例和典型案例，

---

① 善意取得的正当性问题学界争议较大，目前暂无定论。参见朱广新《不动产适用善意取得制度的限度》，《法学研究》2009年第4期。

第十章 隐名投资导致的股东资格司法认定规则进化

在筛除与股东资格认定无关案例后得到 191 个相关案例进行分析（初步检索结果参见表 10-1）。

表 10-1 初步检索结果

单位：件

检索条件	公报案例	典型案例	经典案例	推荐案例	普通案例
全文检索"隐名投资"	0	3	43	958	830
全文检索"隐名股东"	0	6	89	7347	7243
全文检索"代持股"	2	2	27	4161	4460
标题检索"隐名投资"	0	0	1	0	0
标题检索"隐名股东"	0	0	1	0	0
标题检索"代持股"	0	0	0	2	1
检索案由"股东出资纠纷"+全文检索"隐名"	0	0	7	190	133

后文的分析主要时间节点选取了1994年7月1日施行的1994年《公司法》的生效时间、2006年1月1日施行的2006年《公司法》的生效时间、2014年3月1日起施行的2014年《公司法》的生效时间这几个节点，其中还有一个重要影响因素是2011年《最高人民法院关于适用〈中华人民共和国公司法〉若干问题的规定（三）》的生效，但为了寻找隐名投资的股东资格认定沿革与公司法进程的内在关系，我们还是以三次公司法修改的生效时间节点为主要划分依据。故将1994年7月1日前划为第一阶段，1994年7月1日至2006年1月1日为第二阶段，2006年1月1日至2014年3月1日为第三阶段，2014年3月1日至今为第四阶段（见表10-2）。

表 10-2 《公司法》进程中对隐名投资中股东资格认定影响较大的法律及司法解释

序号	颁布时间	生效时间	法律、最高人民法院司法解释	文中简称
1	1993年12月29日	1994年7月1日	《中华人民共和国公司法》	1994年《公司法》

公司的有限责任及其衍生规则进化

续表

序号	颁布时间	生效时间	法律、最高人民法院司法解释	文中简称
2	2005年10月27日	2006年1月1日	《中华人民共和国公司法》	2006年《公司法》
3	2013年12月28日	2014年3月1日	《中华人民共和国公司法》	2014年《公司法》
4	2010年12月6日	2011年2月16日	《最高人民法院关于适用〈中华人民共和国公司法〉若干问题的规定》（三）	公司法解释（三）

将确定用于分析的191件相关案例的发生时间根据公司法历史进程进行分类后，各阶段相关案例分布如图10-1所示。从检索到的案例分布情况可以看出，每个阶段的案例总量呈现逐年上涨的趋势，特别是到2014年以后的第四阶段呈现暴发式上涨。第一阶段、第二阶段、第三阶段、第四阶段的案例总数分别为0件、8件、34件、72件。几个经典案例则是主要分布在第二阶段和第三阶段，这是因为这两个阶段相关纠纷引起的诉讼才刚刚出现，经典的司法裁判可以为后续裁判提供思路。而第一阶段则是隐名投资纠纷的潜伏期，这段时间内我国发生了巨大的经济变动，外商的进入、国企的改革都为后续几个阶段的隐名投资纠纷埋下了伏笔。

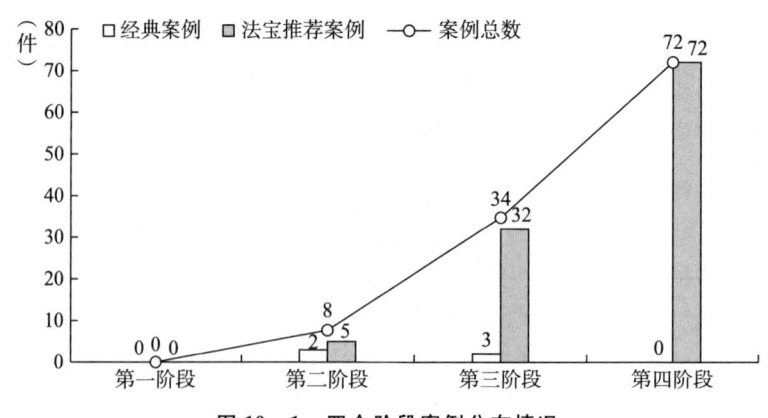

图10-1 四个阶段案例分布情况

第十章 隐名投资导致的股东资格司法认定规则进化

从诉讼纠纷类型看,与股东资格确认相关的纠纷类型主要有六种,一是与股东资格直接相关的隐名出资人请求显名化,这种案件类型有119件,占比最大,高达62%;二是隐名投资合同效力确认,即隐名投资合同的主体请求法院确认隐名投资合同有效或无效,该类案件有15件,占比为8%;三是主张股东权利,如隐名出资人要求行使知情权等,该类案件有23件,占比为12%;四是公司债务承担相关的案件,如公司债权人要求股东承担出资义务,显名股东披露隐名出资人的存在,债权人及隐名投资合同双方三者间的争议,此类案件有15件,占比为8%;五是善意受让人保护的案件,类似于物权的善意保护,显名股东转让股权时隐名出资人主张权利引发的纠纷,此类案件有13件,占比为7%;六是资金性质确认的案件,主要是资金性质为债权类的借款还是股权投资款的争议,此类案件有6件,占比为3%。纠纷类型分布情况详见图10-2。

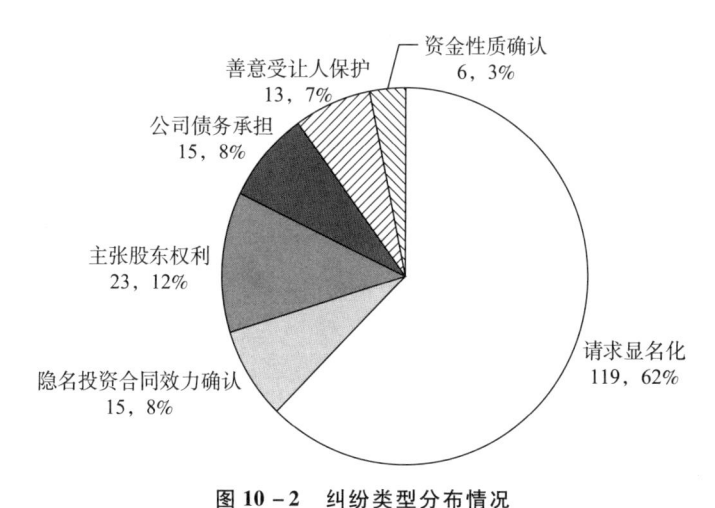

图10-2 纠纷类型分布情况

(二) 隐名投资行为的潜伏期 (1994年前)

1978年十一届三中全会召开后,我国进入改革开放新时期,开始了全面推行对内改革、对外开放的政策。在此背景下,1979年7月8日颁布《中华人民共和国中外合资经营企业法》、1988年4月13日颁布《中华人民共和国中外合作经营企业法》、1986年4月12

日颁布《中华人民共和国外资企业法》这即是被后人合称为"外资三法"的早期与外资相关的三部法律,这为外资进入中国提供了可能性,也正是在此背景下,外商为了逃避相关监管往往采用隐名投资的形式以他人名义到我国进行投资,这就催生了大量的隐名投资行为。而另一方面,20世纪80年代到90年代,随着国有企业逐渐开始尝试改制,20世纪80年代开始尝试的职工持股试点工作在90年代被推行开来,而职工持股往往会突破公司法规定的人数上限,也正是因此,催生了大量的隐名投资行为。

此阶段主要是政策变动从客观方面催生大量隐名投资行为,但并未真正出现相关案例,属于隐名投资现象的潜伏期。

(三)隐名投资股东资格认定相关立法奠基(1994年至2006年)

1. 影响隐名投资行为的立法

在改革开放的有益探索下,1994年《公司法》应运而生。1994年《公司法》在国有企业改革的背景下颁布,肩负着建立现代企业制度的重任。所以,1994年《公司法》有一个最重要的特征就是"防弊",在公司制度上设定了较多的限制,投资者自由受到较大限制,市场竞争并未完全放开,市场活力无法释放。[①]

1994年《公司法》的制定及实践中,主要是围绕交易的安全规制投资人的投资行为,行政监管与国家干预贯穿始终。比如:此阶段设置了严格的出资标准,有较高的最低注册资本、法定的出资方式、对投资人出资要求实缴制。这段时期相关立法采取较为严格的态度,对于隐名投资的股东资格认定在1994年《公司法》中虽然没有相关条文直接调整,但是《公司注册资本登记管理规定》明确规定股东必须以自己名义出资。因为隐名投资逐渐暴露出问题走进司法实践,最高人民法院曾在司法解释的草案中有所提及,虽然草案没能最终生效面世,但是相关的草案为后续立法奠定了基础,如

---

① 王军:《中国公司法》,高等教育出版社,2015,第35页。

第十章　隐名投资导致的股东资格司法认定规则进化

《最高人民法院关于适用〈中华人民共和国公司法〉若干问题的规定（三）》（2020修正）就是承继和改进了2003年公布的《关于审理公司纠纷案件若干规定（一）（征求意见稿）》。为了裁判的统一，苦于没有一定规则可循，一些地区法院在此期间曾制定地区裁判准则，其中包括但不限于上海、北京等地。主要立法情况介绍如下四点。

（1）1994年《公司法》围绕交易的安全规制投资人的投资行为，行政监管与国家干预贯穿始终。设置了严格的出资标准如：有较高的最低注册资本、法定的出资方式、对投资人出资要求实缴制。其中第二十条、第二十三条、第二十五条、第二十六条、第二十七条等都有涉及，主要原则是：第一，有限责任公司由两个以上五十个以下股东共同出资设立；第二，股东实缴出资，同时设定最低限额；第三，股东足额缴纳出资后，经过验资机构验资后，方可向公司登记机关申请登记。

（2）2004年修改的《公司注册资本登记管理规定》在第七条增加规定公司股东或者发起人必须以自己的名义出资。虽然表面看是形式要件说的支撑点，但是公司登记只是针对第三人的一种"证权性"登记，并不由此创设权利。[1]

（3）相关草案中有所提及，但未能最终面世。2003年最高人民法院《关于审理公司纠纷案件若干问题的规定（一）》（征求意见稿）中提出了对隐名投资的规制问题，后来出台的《最高人民法院关于适用〈中华人民共和国公司法〉若干问题的规定（三）》（2020修正）中相关条文很大一部分承继于此。不同的是，此草案中认为人民法院有权直接认定隐名出资人具有股东资格。此草案更多地反映了实质要件说的精神。主要反映在第十九条、第二十条，第一，隐名投资合同不得对抗公司，但公司默认的情形除外；第二，隐名出资人主张股份财产权益，未违反强制性规定的，法院应予支持；第三，合同中对股东资格归属无约定，且隐名出资人未实质性地对

---

[1] 刘凯湘：《以工商登记作为判断股东资格的法定依据》，《法律适用》2018年第22期。

公司行使过股东权利的，隐名出资人对显名股东享有债权；第四，抽逃出资情形，公司债权人可向显名股东主张补足，或将隐名出资人和显名股东列为共同被告。

（4）江苏、上海、北京等高级人民法院也发布了指导意见。其中北京市高级人民法院在确定股东资格归属时侧重考察当事人真实意思表示，上海市高级人民法院倾向于选择形式标准说，并以债权债务关系来认定隐名出资人与显名股东之间的关系。2003年2月北京市高级人民法院出台的《关于审理公司纠纷案件若干问题的指导意见》（试行）第十一条确定了股东资格的确认标准，在审查当事人内心真意的基础上确定。紧接着同年12月和2004年3月上海市高级人民法院出台《关于审理涉及公司诉讼案件若干问题的处理意见（二）》《关于审理涉及公司诉讼案件若干问题的处理意见（三）》共同构建了一套判断规则，第一，隐名出资人享有隐名投资协议所约定的财产权利；不满足隐名投资四个要件时，认定为债权债务；公司可作为第三人参与诉讼。第二，抽逃出资情形，公司债权人可向显名股东主张补足，或将隐名出资人和显名股东列为共同被告，承担连带责任。第三，隐名出资人不得抽回资金，逃避风险和责任。

2. 该阶段案例分析

本阶段主要数据分析如表10-3所示。

表10-3 第二阶段案例分布

单位：件

	实质标准	2
股东资格认定标准	形式标准	2
	一、二审不统一	3

经过第一阶段相关行为在实际操作中悄然发生，隐名投资行为在实践中已有存在并开始暴露出问题，纠纷开始显现出来。随着公司制度的建立，相关案例开始出现，虽然案例并不多，但学术界与司法实务界已有所察觉，学术界的相关讨论在研究现状中已有简要介绍，此处暂不赘述，司法实务界则是在本阶段的末期在总结本阶段案例的基础上开始出台相关的指导意见。因此本阶段前期并无相

第十章　隐名投资导致的股东资格司法认定规则进化

关规范性文件出台，末期才有地方性的指导性文件出现，学界就形式要件说与实质要件说争论不休，法院也未形成统一标准。但是本阶段的案例是阶段末期地方性的指导性文件出台的基础，而这些相关文件更是为后续立法和司法奠定了基础。下面摘选两个具有代表性的案例，从另一个侧面展示此时期的司法态度。

蔡某诉某象公司案：蔡某原是某蚊香厂的股东，后成为某象公司的隐名股东，2000年12月17日经与被告某象公司协商退股，某象公司同意付给蔡某人民币9万元，有某象公司出具的欠条一张为证，经原告多次催讨，被告拒不还款，现蔡某请求某象公司立即还款。

本案中一审认定蔡某是某象公司的隐名股东，且承认退股协议有效，依据当事人意思自治的原则判定某象公司限期内退还9万元。[1] 而二审法院认为，蔡某作为隐名股东，就应履行股东义务，则应遵守《中华人民共和国公司法》第二十六条、第二十七条关于股东出资须经法定验资机构验资和办理工商登记及第三十四条关于股东在公司登记后不得抽回出资的禁止性规定。认定当事人双方之间的退股协议无效。[2]

虽一审、二审都采用实质性标准认定蔡某是隐名股东，但是因为两级法院对隐名股东权利、义务认识不同，一审法院尊重当事人意思自治认定退股协议有效，而二审法院认为隐名股东应遵守公司法对于股东的约束，故认定退股协议无效。

盛某确认股东资格案：盛某作为隐名股东要求确认股东资格一案中，一审法院判决盛某不具备股东资格。判决理由是，盛某虽然出资购买股份，但未办理相应的法律手续，故不具备股东资格。[3] 二审法院同样采纳形式要件说，维持原判。[4]

---

[1] 本案一审判决书见福建省南安市人民法院（2002）"南经初字第525号判决书"，来源于北大法宝案例数据库。
[2] 本案二审判决书见福建省泉州市中级人民法院（2003）"泉经终字第359号判决书"，来源于北大法宝案例数据库。
[3] 本案一审判决书见上海市徐汇区人民法院（1997）"徐经初字第560号判决书"，来源于北大法宝案例数据库。
[4] 本案二审判决书见：上海市第一中级人民法院（1998）"沪一中经终字第546号判决书"，来源于北大法宝案例数据库。

两个摘选的案例中，蔡某诉某象公司案中两级法院都采用实质要件说，而盛某确认股东资格案中两级法院都采用了形式要件说。文章一开始问题的提出一节中洪辉诉辅仁案两级法院分别采用实质要件说和形式要件说做出不同的判决。而洪辉诉辅仁案的两级法院在都采用实质要件说的前提下，对于隐名股东应履行的义务的认识上仍然存在分歧。可见此一阶段对于隐名投资行为中的股东资格认定，以及相关问题的判定都处于混沌阶段，主要是各种价值观念的交锋，如蔡某诉某象公司案，一审法院认为应该遵从当事人意思自治的原则，在不违反公共利益的前提下尊重当事人的自由，这是民法精神在此领域的体现。但是二审法院则认为蔡某被认定为隐名股东后，应当遵循公司法相应制度的调整，接受商法对于商事行为的规制。而盛某确认股东资格案中严格地采用了形式要件的标准，则是对于市场经济秩序的追求的体现。

（四）隐名投资股东资格认定相关立法再造（2006年至2014年）

1. 影响隐名投资行为的相关立法

1994年到2006年，我国对《公司法》少数条款有过几次细小的修改，直到2006年在"随着经济体制改革的不断深化和社会主义市场经济体制的建立与逐步完善，公司法已经不能完全适应新形势的需要"[①]的背景下，十届全国人大常委会第十八次会议通过了《公司法》的较大幅度的修改。此次修改后政府监管力度被明显减弱，公司中股东自治得到了强调，同时降低了投资的门槛，出资制度从1994年《公司法》的一次性全额实缴变为认缴后在法定期限内分期缴纳。

这一阶段主要是最高人民法院在总结前期大量司法实践，结合各地相关规范在实践中的推行情况的基础上先后在2010年和2011年发布《外商投资司解（一）》《最高人民法院关于适用〈中华人民

---

① 曹康泰：《关于中华人民共和国公司法（修订草案）的说明》（2005年2月25日），《全国人民代表大会常务委员会公报》2005年第7期。

共和国公司法〉若干问题的规定（三）》（2020修正）。两部司法解释一部是对外商企业中的隐名投资进行规范，另一部则是一个更为全面的规范。对于这一阶段立法主要情况介绍如下。

（1）2006年《公司法》在适应投资新形势的背景下，放宽行政监管，强调公司自治，如：出资制度不再是一次性全额实缴制。其中第三十三条增加规定股东名册为股东主张股东权利的依据，且公司登记事项未经登记或者变更登记的，不得对抗第三人。可以看出该阶段立法上对隐名投资行为是持否定态度。

（2）最高人民法院在2010年5月17日发布的《外商投资司解（一）》确立了不予支持隐名出资人确认股东资格请求的原则，不支持隐名出资人直接向公司行使权力，但认可没有法律或者行政法规规定的无效情形时合同的效力。第十四条至第二十条对外商投资企业相关的隐名投资行为的规制，第一，隐名者请求确认股东资格或请求变更股东的，原则上不予支持。但同时满足三个条件实际是默认的股东时除外。第二，没有无效情形存在时，应认定隐名投资合同有效，未经过外商投资的相关主管部门审批不能成为阻却合同有效的事由。第三，隐名出资人基于与显名股东的合同要求目标外商投资企业直接分配利润或者直接行使其他股东权利的，人民法院不予支持。

（3）随后在2011年最高人民法院公布的《最高人民法院关于适用〈中华人民共和国公司法〉若干问题的规定（三）》（2020修正）对涉及隐名投资的问题进行了较为全面的规定，确立了较为统一的裁判规则。第二十四条至第二十六条构成了现行的主要规则，第一，隐名出资人与显名股东间基于双方约定形成的关系由合同规则调整。第二，依据私法自治原则，隐名出资人和显名股东双方意思表示一致形成隐名投资合同，隐名出资人可以依据该合同向显名股东提出交付股息等财产性权益的要求。第三，因为有限责任公司是社团组织，具有社团性。有限责任公司的运行需要股东间具有一定相互信赖的基础。因为隐名出资人与显名股东间的协议不能对抗合同第三人即目标公司，隐名出资人想要取得股东资格与外部第三人想要通过股权转让等形式取得股东资格成为股东应一视同仁,故隐名出资人取得股东资格需要经过其他股东的同意。第四,对于显名股东向善意第三人转让股权的行为,参照适用善意取得制度。

2. 该阶段案例分析

这一阶段相关案例逐渐增多,对相关案例做出统计分析如表10-4所示。

表10-4 第三阶段案例分布

单位:件

形成隐名投资原因	外商投资	8
	国企职工持股	11
	其他	15
引发纠纷原因	要求抽回出资	2
	行使优先购买权、知情权等股东人身权益	4
	保障财产性权益	9
	其他	19
股东资格认定标准	实质标准	21
	形式标准	9
	一、二审不统一	4

这一阶段案例数量明显增加,且从形成原因和最终走向纠纷的原因来看都呈现了复杂性与多样性,新的纠纷不断涌现对最基础的隐名投资的股东资格认定做出判断的要求也更加强烈。《最高人民法院关于适用〈中华人民共和国公司法〉若干问题的规定(三)》(2020修正)相关规定虽然仍有矛盾但已具有指导意义,在此基础上,法官倾向于区分隐名投资合同效力认定与隐名投资中股东资格的认定,在区分合同内外关系基础上,探求当事人内心真意做出判断。摘选这一阶段两个代表案例分析如下。

捷安公司确认股东资格案:由于资金原因,友谊集团在收购A公司股份时有一部分并非自己出资,该部分股权由捷安公司实际出资,登记在友谊集团名下。购得股份后,该部分股权的实际股东权益由捷安公司享有。与此同时,在A公司的董事会组建时加入了捷安公司委派的人员，代表捷安公司参与董事会，并且捷安公司也会出席 A 公司股东会，在会议中捷安公司享有并实际行使 9% 的表决权；2005 年 6 月 29 日，捷安公司在 A 公司的股东地位通过股东会决议的形式得到确认；后 A 公司曾制作变更登记申请书，申请捷安公司的股东地位显名化，但因其他纠纷而被搁浅。①

本案中，两审法院均确认了捷安公司对该部分股权享有股东资格，认定捷安公司的股东地位。法院认为根据《公司法》第三十三条第三款的相关规定看"公司应当将股东的姓名或者名称及其出资额向公司登记机关登记；登记事项发生变更的，应当办理变更登记。未经登记或者变更登记的，不得对抗第三人"，工商登记的主要目的是保障交易的安全与秩序，因此主要是在涉及善意第三人时其效力才得以彰显。而对于处理公司内部的事务，如此处公司内部对于股东资格归属产生纠纷时，不应该以工商登记材料的记载为标准。也就是说形式上的工商登记材料没有设立权利的能力，只能证明权利存在。（除了工商登记材料外，我们可以认为其他很多形式上的如章程、股东名册也同理）而实质证据可以将这些证据推翻。因此对于公司内部股东之间对于股东资格产生的纠纷，我们不应该仅仅考察形式材料并以此为标准，更应该侧重审查实质标准，比如：股东实际出资与否、股东是否有成为公司股东的意思表示、是否实际参与公司经营管理、对于股东权利义务是否实际享受和承担、其他股东对于隐名投资行为是否明知或默认。在此基础上做出股东资格的认定。而案例中的事实表明，捷安公司同时满足几个条件：（1）对 A 公司实际出资；（2）实际参与经营管理；（3）其他股东明知且默认隐名投资的事实。综上，根据意思自治原则，确认了捷安公司对该部分股权享有股东资格，认定捷安公司的股东地位。

刘某诉北京某公司出资纠纷案：刘某曾是某国企职工，在国企改制中认购了股份，但因为公司人数限制一直未记载在工商备案章程中。刘某于是诉至法院，认为自己虽然认购股份并实际出资，但

---

① 本案判决书见最高人民法院（2009）"民二终字第 3 号判决书"，来源于北大法宝案例数据库。

是并非工商登记在案的股东，请求法院确认自己不具有股东身份，与公司关系为借贷关系。[①]

本案法院认为刘某的主张涉及了隐名出资人的股东资格认定问题。隐名投资行为中的股东资格归属应该结合工商登记的效力进行确认。与捷安公司确认股东资格案相同，本案中同样认为工商登记的主要目的是保障交易的安全与秩序，因此主要是在涉及善意第三人时其效力才得以彰显。而对于处理公司内部的事务如此处公司内部对于股东资格归属产生纠纷时，不应该以工商登记材料的记载为标准。也就是说形式上的工商登记材料没有设立权利的能力，只能证明权利存在。（除了工商登记材料外，我们可以认为其他很多形式上的如章程、股东名册也同理）而工商登记材料中记载与否并不影响权利人实体权利的存在。

就本案而言，刘某虽然并非工商登记材料中记载在册的股东，但是刘某对公司有实际出资的行为，且公司其他书面材料可以佐证刘某的股东地位被公司知悉并认可，公司成立至今的多份章程修正案中都有明确的记载，且公司内部有内部文件《中科恒业中自公司自然人股权管理暂行办法》，其中明确表明将自然人股东纳入工商登记的相关材料中。因此刘某是该公司的股东。

捷安公司确认股东资格案和刘某诉北京某公司出资纠纷案都注重探求当事人内心真实意思表示，根据意思自治原则直接认定当事人的股东资格。两个案例都是在《最高人民法院关于适用〈中华人民共和国公司法〉若干问题的规定（三）》（2020修正）颁布前发生，但是捷安公司确认股东资格案根据隐名投资合同双方的内心真意认定隐名出资人具有股东资格，忽略了公司法上成为股东的程序。而《最高人民法院关于适用〈中华人民共和国公司法〉若干问题的规定（三）》（2020修正）则在对多方当事人的平衡中，考量了其他股东的权益，增加了"经其他股东过半数同意"的显名程序。

[①] 本案判决书见"刘桂苓诉北京中科恒业中自技术有限公司出资纠纷案"，来源于北大法宝案例数据库。

（五）隐名投资股东资格认定立法的十字路口（2014年至今）

1. 影响隐名投资行为的相关立法

2013年12月28日由全国人大常委会表决通过的《公司法》修正决议案对公司法中的资本制度有了较大突破，我国公司法的资本制度虽然仍然采用法定资本制，但是选用了完全的、无任何限制的认缴制，取消了最低注册资本额和首次出资额的限制。与此同时，此次修改公司法在用认缴制替代实缴制的同时也取消了对货币出资比例的限制。这在隐名投资的股东资格认定中也引起了一系列的连锁反应，如果实际出资并不是设立公司的必要条件，那么是否实际出资在认定股东资格时的重要性该如何判定。在公司法有重大修改的同时，对于隐名投资中的股东资格认定问题并没有相配套的规范性文件出台。

2. 该阶段案例分析

在上述的相关规范与公司法的修改不同步的背景下，司法实践当中此阶段相关案例呈现爆炸式增长（见表10-5），对相关案例做出统计分析如下。

表10-5 第四阶段案例分布

单位：件

形成隐名投资原因	外商投资	11
	国企职工持股	9
	其他	52
引发纠纷原因	要求抽回出资	7
	行使优先购买权、知情权等股东人身权益	3
	保障财产性权益	33
	其他	29
股东资格认定标准	实质标准	62
	形式标准	7
	一、二审不统一	3

隐名投资中股东认定标准在《最高人民法院关于适用〈中华人民共和国公司法〉若干问题的规定（三）》颁布后逐渐以实质标准为主并对隐名投资合同内外的法律关系区别对待，但是2013年《公司法》取消了公司实缴资本制后逐渐又有争议，实际出资是否认定股东资格的重要因素有待考量。隐名股东认定标准是否应该与《公司法》修改相适应。

悦爱公司诉杨某娣案：杨某娣代持杨某山在悦爱公司的股份，悦爱公司就杨某娣到期未出资到位向其要求补足出资，杨某山此时应承担何种责任？①

杨某山虽非悦爱公司工商登记在册的股东，但从案涉《股权代持协议书》《退股协议》可知，杨某山系悦爱公司的隐名出资人，且杨某山在一审过程中亦明确由杨某娣代持股份对应的出资由其承担。最终法院认定杨某山为悦爱公司的隐名股东，与杨某娣二人共同承担出资义务。

债权人A诉某公司案：隐名出资人关某定将其隐名持有的股权拿出抵债，后以自己不是股东拒绝承担债务，债权人要求公司返还出资款给隐名出资人用于偿债。②

此案中一审法院与二审法院均认可关某定隐名股东身份，但如果隐名股东要求显名或其他股东权利则需要另寻法律途径，故对于与关某定所投资的股权相对价的投资款将不予返还。

悦爱公司诉杨某娣案和债权人A诉某公司案两个案件都是围绕出资款的纠纷，在认定隐名出资人是隐名股东的基础上，悦爱公司诉杨某娣案要求隐名股东与显名股东共同承担出资义务，而债权人A诉某公司案中也是将投资款认定为出资款而非对显名股东的借款。两个案例明显都是从维持公司经营秩序的角度做出的判定。

在《最高人民法院关于适用〈中华人民共和国公司法〉若干问

---

① 本案件判决见杭州市上城区人民法院（2017）"浙0102民初842号判决书"、浙江省杭州市中级人民法院（2017）"浙01民终6210号判决书"，来源于中国裁判文书网。
② 本案例判决详见广东省珠海市中级人民法院（2017）"粤04民终2699号判决书"，来源于北大法宝案例数据库。

题的规定（三）》（2020 修正）明确提出实际投资者的概念的背景下，上述悦爱公司诉杨某娣案、债权人 A 诉某公司案中法院在判决时对实际投资者仍然做出了隐名股东的认定。在判决中出现的隐名股东应该如何理解呢？根据相关判决对此处隐名股东理解为一种具有特殊含义的身份，即享有股东权利并同时承担股东责任，只需经过公司法的股东资格程序就可以成为真正的股东。此处享有的股东权利和责任是部分还是全部有待商榷。如果不是完全的权利和责任相对人，是否需要程序性以外的其他实体权利、责任交接。如果是完全的权利、责任相对人则可以只经过程序性事项即成为正式股东，但是实际案例中很多情况是隐名投资者和显名股东各自承担部分责任、享受部分权力。除此之外，此阶段大量案件是依据实质标准作出的判决，如悦爱公司诉杨某娣案和债权人 A 诉某公司案中从维持公司经营秩序的角度思考做出了"隐名股东"的认定。但是公司法的修改中一步步放松监管，放开注册资本的相关限制，那么股东资格认定的形式标准与实质标准的天平是否不再向实质标准这一方倾斜。

三 隐名投资中股东资格司法认定的发展探讨

随着社会进步市场活跃，法律适用在适应社会发展的过程中逐渐发展，法律文本不是机械地理解和适用，而是在结合具体的矛盾焦点的情况下，争取化解问题，避免矛盾的扩大与恶化。所以随着社会的发展，法律并不是一成不变的。

市场经济的发展，使得对社会整体经济秩序的要求更高。市场经济区别于计划经济的最基本特征就是它的基本调节机制，即市场调节机制。但是市场调节机制也是具有局限性的，即市场缺陷。随着市场经济的发展，条件变化，市场缺陷开始显露出来，并且造成严重后果，这就是"市场失灵"。19 世纪末期，产业革命背景下诞生了很多垄断企业，市场调节开始失灵，社会经济秩序需要其他不同的办法进行维持。此时，国家作为最权威有力的机构，为了社会利益开始介入社会经济。这种介入主要是为了满足社会整体经济秩序的更高要求，维护和促进社会经济结构和运行的协调、稳定和发展。

社会管理的不断发展，创新社会治理体系。党的十八届三中全会第一次用"社会治理"的表述替代"社会管理"[①]，而党的十九大提出"共建共治共享的社会治理格局"[②]，社会治理理念成功进入共建共治共享阶段。随着社会不断发展，我国的社会治理理念也在不断推进，改革开放以来总共经历了三个阶段：第一阶段是管控为主的社会管理阶段，此阶段经济活动都依赖于政府的管控调节，政府直接干预经济与社会的调节，社会主体缺乏活力；第二阶段是以党政为中心的社会管理开始建立现代化的社会管理体制，让公众参与进社会管理过程当中；第三即现阶段是"共建共治共享"社会治理阶段，此阶段社会治理不断地完善，构建党委领导、政府负责、社会协同、公众参与、法治保障的社会治理体制。

社会信用管理体系发展，个人征信体系的管理不断完善。随着互联网技术和大数据的飞速发展和在实践中的应用，个人征信体系的完善也迫在眉睫。现今的征信业务缺乏法律的保护和监管，使得公民信用缺失时有发生。在个人征信体系制度中技术发展突飞猛进而法律相关监管滞后，也会使得信息泄露侵犯隐私权等情况的出现。

根据近 30 年隐名投资股东资格司法认定实证案例的研究，随着社会进步市场活跃，关于隐名投资股东资格的相关司法认定的价值倾向在不断变化，其中《最高人民法院关于适用〈中华人民共和国公司法〉若干问题的规定（三）》的出台是一个阶段性成果的集中体现，但是司法实践中的案例表明相关纠纷仍然在大量出现并且呈现愈演愈烈的趋势。隐名投资中股东资格的司法认定在未来发展中，应结合具体的矛盾焦点，争取案结事了，避免矛盾的扩大与恶化。结合上述分析，得出以下几点认识。

---

① 参见《中共中央关于全面深化改革若干重大问题的决定》，人民出版社，2013。
② 习近平：《决胜全面建成小康社会　夺取新时代中国特色社会主义伟大胜利——在中国共产党第十九次全国代表大会上的报告》，人民出版社，2017，第 49 页。

第十章　隐名投资导致的股东资格司法认定规则进化

（一）隐名投资中股东资格司法认定的价值取舍

1. 保障社会经济秩序

出于维护交易安全与社会经济秩序的目的，对于隐名投资行为应以不鼓励为原则。商法的维护交易安全的基本原则衍生出了公示主义和外观主义两种基本表现形式。商法上的公示主义要求交易当事人对于涉及交易相关人利益的事实承担公示告知义务。公司的信息登记即公示主义的一种直观体现。而外观主义则是要求当事人交易效果由交易外观决定。对于不实登记的责任和表见代理等都是外观主义的体现。而隐名投资的法律关系中，隐名投资合同外其他有利害关系的第三人并不知道股东资格的真实归属情况，所做出的决定都是基于公示的登记信息。此种情况下，隐名投资合同双方当事人不如实登记的行为极有可能损害不知情第三人或者社会公共对登记的信赖利益。除此之外，为了维护交易的安全与秩序，商法在对公司行为进行规制时，还会倾向于维护公司的稳定，即维持公司内外部各种已有的法律关系，在尊重公司社员性的基础之上维持一个稳定运行的公司，从维持公司稳定性的角度出发，承认显名股东的股东资格是一个很好的路径。

与此同时，由于商人逐利本性，隐名投资行为的出发点以及最终相关方对于股东资格认定的纠纷基本是出于对利益的追逐。如刘某诉北京某公司出资纠纷案中公司效益不好时隐名出资人刘某提出当初所出款项为借款，要求返还借款及利息。而更多案例中则是隐名出资人担心权益受到侵害想要显名化受阻，请求确认股东资格。如悦爱公司诉杨某娣案、债权人A诉某公司案的出资款债务由显名股东和隐名出资人共同承担；洪辉诉辅仁案中隐名出资人最终无法得到法律认可。而在这种权责不稳定的状态下，当事人的一个简单行为就会引发复杂的争议，如显名股东处分股权、隐名出资人抵押股权等。因为没有一个明确的名分，要么有名无实要么有实无名，在公司法没有规定的情况下当事人会选择订立一个又一个的合同去补充这种关系，这样会让关系越来越复杂，漏洞越来越多。而在利益发生变化时一旦有一方贪图利益不守信用就会导致纠纷的产生。

现阶段隐名投资中股东资格司法认定是在社会公共的信赖利益保护与具体债权债务人之间利益进行平衡，出于维护交易安全与社会经济秩序的目的，为防止隐名投资合同当事人逃避债务或其他责任，对于隐名投资行为应以不鼓励为原则。

2. 平衡多元主体利益

哈耶克在《自由秩序原理》中赞同萨维尼的"每个个人的存在和活动，若要获致安全且自由的领域，须确立某种看不见的界限，然而此一界限的确立又须依凭某种规则，这种规则就是法律"①。法律与自由不可分离，哪里没有法律哪里就没有自由。当各方正当行使权力的过程中产生冲突时，司法工作者所需要做的就是从中进行平衡，化解冲突。对于权力冲突的解决，科斯曾经提出法律要在配置权利时以损害最小化为目的。②

隐名投资行为就是在"法无禁止即自由"的契约自由背景下所产生的，认为当事人有订立合同的自由，隐名出资人和显名股东根据自己的意愿对股权做出了安排。这些安排涉及了：隐名出资人选择代持股的方式对公司进行投资；隐名出资人和显名股东通过合同约定投资的收益和风险的分配方式等。但是，根据哈耶克的观点，任何的自由都应当是被限制的，否则当一方的自由无限扩大时必将损害其他人的自由或利益。所以在对隐名投资的股东资格做出司法认定时，应当综合考虑多方利益，如果对隐名投资合同的双方不加以适当的限制，合同双方的契约自由超过一定限度时，必将损害其他利害关系人的利益，这是毋庸置疑的。

所以应当对合同内外法律关系区分对待，这是《最高人民法院关于适用〈中华人民共和国公司法〉若干问题的规定（三）》（2020修正）的核心所在。隐名投资合同的效力按照合同规则的规定进行衡量，如果没有《民法典》中的无效情形则以私法自治的精神认定

---

① 〔英〕哈耶克：《自由秩序原理》，邓正来译，上海三联书店，1997，第183页。
② 〔英〕科斯：《社会成本问题》，《企业、市场与法律》，盛洪、陈郁译校，上海三联书店，1990，第78~123页。

合同有效，但是合同的效力仅仅及于隐名出资人和显名股东，不能及于合同外第三方。而《最高人民法院关于适用〈中华人民共和国公司法〉若干问题的规定（三）》（2020修正）对于合同外关系却没有坚持由公司法进行调整，这个问题是引发矛盾的根本所在。

首先是像司法实践中出现的悦爱公司诉杨某娣案、债权人A诉某公司案中的情况，即司法实践中认定隐名出资人为隐名股东让其承担出资义务，但如果没有其他股东过半数同意的话，该隐名股东始终无法成为名正言顺的股东。那么司法实践中的"隐名股东"就成了一种具有特殊含义的身份，即享有股东权利并同时承担如出资等股东责任，但需要经过公司法的程序才能成为真正的股东。既然此处的隐名股东并非真正的股东，那么又凭借什么来享有股东权利并同时承担如出资等股东责任呢。这个问题可以参照公司法中"刺破公司面纱"的相关规定来解决，根据上文的相关论述，未经公司法的相关程序隐名出资人不能成为股东，自然也不能取得股东资格，现阶段的司法判决直接称呼其为"隐名股东"明显是不合理的。此时隐名出资人是躲在隐名出资这层面纱背后的实际利益享有者，该份股权存有瑕疵或者相关债权人要求股权享有者承担相关责任时，隐名出资人自然不能躲在隐名出资的面纱后面只享权益而不承担相应责任。

其次就是在《最高人民法院关于适用〈中华人民共和国公司法〉若干问题的规定（三）》（2020修正）中关于参照适用善意取得的规定，如果适用善意取得的规定，即认为显名股东对登记于他名下的股权的处分行为应该是无权处分。然而该司法解释的逻辑又认为虽然违反双方意思自治的内容，但是显名股东仍是法律上的股东，其处分股权的行为是有权处分，那么如此理解就不具备善意取得的基础条件，无法适用善意取得的规定。如果按照上文逻辑，承认了显名股东的合法地位，就无须善意取得制度即可合理获得股权。而此时隐名出资人与显名股东之间的纠纷，可以依据合同规则进行解决，隐名出资人可以对显名股东进行索赔。

因此隐名投资中的股东资格认定对于合同外法律关系时不应该犹豫不定，犹豫只会制造矛盾，应该坚持由《公司法》进行调整，即遵循商法的原则,认为显名股东就是合法股东,由其对外承担责任,享受权利。而与此同时,隐名出资人作为实际受益人也应承担相应的责任。

(二) 隐名投资中股东资格司法认定考量因素

在对隐名投资股东资格进行司法认定的过程中,应建立民法、商法、经济法和行政法相互协调的法律调整体系。公司法从"防弊"的注重监管的法律,一步步改革公司注册资本,放松市场的准入条件,提升行政监管的能力,逐步放大市场主体创造活力的空间,也正是隐名出资相关的规范性文件与判决的历史前进的逻辑曲线。这些历史发展都是各价值观之间的较量,这些价值观正是代表着我国民法、商法、经济法、行政法在历史发展中的较量,隐名投资行为中的相关法律问题并不是简单的民法调整,而需要与商法、经济法形成法律调整的立体体系。

社会主义法律体系中民法、商法、经济法、行政法是四股无法分割的力量,四者之间应该取长补短,协调发展。民法注重个体权利保障和个体交易安全的维护,在经济关系的法律调整中的基础性地位是不容置疑的,但是私权的泛滥又会产生诸多外部性,反而会对市场产生破坏,这就需要国家对个体经济行为进行矫正和规制。而政府对市场的干预又会带来政府失灵,这就需要经济法、行政法予以补救。经济法和行政法都体现了国家对经济社会生活的干预和管理,二者调整的纵向社会关系都有隶属性,但二者作用的方式不同。行政法通过明确界定主体的一般权限、程序、责任做出界定,一般不深入社会生产的过程。而经济法则是对包括行政主体在内的多元调控主体的权限、程序作出规定,是授权与控权的统一,且渗透到社会生产过程的各个环节,在平衡协调市场经济运行中纠正政府失灵行为。而规范平等主体间商事行为的商法在其私法本质基础上同时体现了一定的公法性[1],最重要的两个基本原则就是意思自治

---

[1] 参见范健《中德商法研究》,法律出版社,1999,第30~35页。

原则与维护交易安全原则。

民法的调整侧重于投资权利的确认和保护。民法以个人本位为出发点，有着较强的权力观念。现有法律体系中，隐名投资中的隐名投资合同双方关系主要靠《民法典》进行调整，这是尊重个人权利和私法自治的一个体现。但是单纯尊重私法自治强调投资权利的确认与保护的民法思维有一定的局限性，这体现在个人利益与公共领域之间的碰撞摩擦中，当过分强调个人权利保护时对秩序、效率、交易安全等价值将产生一定的负面影响。商法的调整侧重于商事行为的规范性。作为市场经济发展的产物，商法更像一种规则法、技术法。虽然我国采用民商合一的立法模式，但对于此种模式的争议也是一直存在的，对于商法与民法调整的侧重点不同也是不可忽略的。在隐名投资中的股东资格认定问题的发展过程中，不可忽视商事行为对于交易安全、交易秩序等的要求。经济法的调整侧重于政府对经济行为的公共管理。经济法的调整范围主要有维护交易和其他流转关系，保障债权人和债务人的利益、市场管理、企业制度。经济法具有平衡协调、维护公平竞争和责权利相统一这三大基本原则。[①]

虽然我国一直采用民商合一的立法形式，但民法与商法的调整领域各有不同。民法作为司法领域的一般法，在对隐名投资行为调整时侧重于投资权利的确认和保护。商法作为公、私法交叉领域中以企业为对象、围绕着企业关系的法律规范，在对隐名投资行为调整时侧重于商事行为的规范性。民法、商法、经济法共同作用，在三者之间找到一个平衡点，构建立体的法律调整体系是隐名投资行为立法和司法的方向所在。

（三）相关司法解释条文建议

条文建议1：隐名出资人和显名股东就股东资格归属发生争议时，以工商登记中记载的股东为准。

[①] 参见史际春、邓峰《经济法总论》，法律出版社，2008，第157~164页。

理由：《最高人民法院关于适用〈中华人民共和国公司法〉若干问题的规定（三）》（2020修正）肯定了隐名出资人的部分权利的同时也肯定了显名股东的股东地位，这实际上允许了两者的同时存在，具体体现为：（1）可以按照隐名投资合同约定获得投资权益；（2）显名股东处分股权引入善意取得制度，根据善意取得的逻辑，此处显名股东做出的处分是无权处分，且显名股东应赔偿由此对隐名出资人所造成的损失；（3）瑕疵股权的担保责任由显名股东首先对债权人承担。这种裁判规则主要是出于公司是股东财产的延伸的观点下以股东为中心所产生的裁判思路，认为显名股东不能对抗隐名出资人，隐名出资人可以获得股权的实质性权益，但是显名化需求需要经过程序性事项才能实现。对于显名股东处分股权的行为适用善意取得，认为其是无权处分。

可以见到此种裁判方法试图通过严格责任，减少隐名投资行为的产生。但是这种规则并不能防止隐名投资行为产生，在司法实践中相关案例更是呈现愈演愈烈趋势，而在公司法逐步放松对于出资的限制的背景下，要想防止此类案件产生应树立以公司为中心而非以股东为中心的思想，按照上文提出的不鼓励为原则、区分合同内外关系，坚持公司相关的问题由《公司法》进行调整，遵循商法的原则，认为显名股东就是合法股东，由其对外承担责任，享受权利。而与此同时，隐名出资人作为实际受益人若有某些特定的情形时也应承担相应的责任。在此处，以公司为中心的思想最重要的体现就是坚持公司登记为认定股东资格的重要依据，只在特定阶段为了保护和平衡其中的利益，司法以个案的形式保护投资权益。

条文建议2：隐名出资人与显名股东之间签订的隐名投资合同的效力依据合同规则进行认定，合同无效不影响显名股东的股东资格。合同有效时，合同效力及于隐名出资人和显名股东，不及于公司及其他第三人。

理由：隐名投资合同双方关系由合同规则进行调整，合同的效力根据合同规则进行认定。隐名投资中的股东资格认定对于合同外法律关系时不应该犹豫不定，犹豫只会制造矛盾，应该坚持由《公

《司法》进行调整，即遵循商法的原则，认为显名股东就是合法股东，由其对外承担责任，享受权利。严格区分合同内外关系，合同内关系由合同规则调整，公司关系由公司法调整的原则下，合同的无效不影响显名股东在公司中的股东地位。合同有效时合同只在签订合同的当事人之间产生效力，隐名出资人做出的要求得到股东资格的要求已经突破合同当事人涉及公司和其他第三人的利益，故该针对股东资格的约定不能实现。合同双方做出的其他关于收益等财产归属的约定，可以依合同约定作出相应安排。

基于此，显名股东对外处分股权的行为应当直接认定为有权处分，而不应是以无权处分为基础引用善意取得制度，该处分对隐名投资人所造成的损失是否应该进行补偿应按照隐名投资合同中的相关约定进行处理。

条文建议3：隐名出资人通过隐名投资行为滥用公司独立人格故意损害公司及债权人利益时，参照公司法中"刺破公司面纱"的相关规定承担连带责任。

理由：在司法实践中会出现的悦爱公司诉杨某娣案、债权人A诉某公司案中的情况，即司法实践中认定隐名出资人为隐名股东让其承担相应义务，但如果没有其他股东过半数同意的话，该隐名股东始终无法成为名正言顺的股东。那么司法实践中的"隐名股东"就成了一种具有特殊含义的身份，即享有股东权利并同时承担如出资等股东责任，但需要经过公司法的程序才能成为真正的股东。既然此处的隐名股东并非真正的股东，那么又凭借什么来享有股东权利并同时承担如出资等股东责任呢。这个问题可以参照公司法中"刺破公司面纱"的相关规定来解决，根据上文的相关论述，未经公司法的相关程序隐名出资人不能成为股东，自然也不能取得股东资格，现阶段的司法判决直接称呼其为"隐名股东"明显是不合理的。此时隐名出资人是躲在隐名出资这层面纱背后的实际利益享有者，该份股权存有瑕疵或者相关债权人要求股权享有者承担相关责任时，隐名出资人自然不能躲在隐名出资的面纱后面只享权益而不承担相应责任。

隐名投资的股东资格判定的历史发展与我国公司法的发展进程息息相关。隐名投资中股东资格认定的历史沿革，反映了各种价值观之间的冲突与立法者在其中做出的取舍与选择。权力之间的冲突与平衡是这一隐名投资中股东资格司法认定问题从产生到现在及于将来的发展路径上的永恒的课题。而《最高人民法院关于适用〈中华人民共和国公司法〉若干问题的规定（三）》（2020修正）主要对一些司法实务中出现的问题给予技术上如何规范操作的答复，但是没有对法律关系与法律地位进行厘清，这也使得在遭遇隐名投资问题出现时仍然有无穷无尽的价值抉择难题。随着公司法的发展，隐名投资中的股东资格认定标准必定也将有进一步的发展。对于隐名投资的发展路径，应在不鼓励隐名投资行为的大原则下，坚持现有的区分合同内外关系的大方向以平衡多元主体间的利益，并构建一个民法、商法、经济法相协调的法律调整体系。

第十一章

优化营商环境推动的中小股东权益保护规则进化[*]

公司是市场经济社会的核心主体,中小股东是公司制度赖以生存发展的重要力量,对于提高公司的运行效率,促进公司健康发展起着重要的推动作用。实践中,中小股东难以对控股股东进行有效的制约,中小股东的权利救济很容易被忽略,尤其是在资本市场中,中小股东往往难以对公司治理施加影响力。虽然中小股东投资额有限,但是数量众多,正是广大中小股东投资者的积极参与投资,才使公司得以"集腋成裘,聚沙成塔"。只有保护中小股东的合法权益,为他们树立投资信心,激发广大中小股东参与投资的积极性,才能促进资本市场的繁荣发展。

世界银行全球营商环境评估报告对世界各国都产生着深远的影响力,如穆迪、标普等世界主要评级公司,都以世行营商环境排名,作为投资建议的重要参考。为了提升中小股东的投资信心,保护"大众创业,万众创新"的投资热情,世界银行将"保护中小投资者"指标作为衡量全球营商环境的评价指标体系之一,优化营商环境,需要重视提升中小股东权益指标得分,重视对中小股东权益的法律保护。

市场经济是最具优势的现代经济运行模式,能够推动资源实现合理配置、降低生产消耗,促进经济高效运行。但市场作为资源配

---

[*] 本章合作者朱佳佳。朱佳佳,法学硕士,深圳市福田区园岭街道办事处企业服务岗。

置的方式和手段并不是万能的，市场机制自身的缺陷会导致市场失灵。市场失灵则主要表现为经济总量的失衡，公共产品供给不足，市场机制无法消除经济活动给其他人造成的消极影响以及经济活动不能实现社会公平等现象。①市场经济的发展历史已经证明市场因其内在的缺陷，不能保证经济的安全、协调、可持续发展，市场经济要健康发展离不开国家对市场经济的协调、规制和指导。②现行公司运行机制下，由于受"资本多数决"的影响，中小股东的财产性权益、参与公司治理的权益以及司法救济权经常会受到控股股东的侵害。保护中小股东的合法权益成为市场经济在发展和完善中必须解决的难题之一，也是优化营商环境的必然主题之一。

一 优化营商环境推动的中小股东权益保护指标量化

（一）中小股东概念界定及保护价值

1. 中小股东的概念界定

中小股东是与控股股东相对立的概念。控股股东持股比例高，不仅参与公司的日常经营管理，还会对公司的日常决策产生重大的影响。《公司法》第二百六十五条将控股股东界定为持股比例高于50%或出资额占50%以上，或能够对公司的经营决策起到控制作用的股东。可见，公司法在界定控股股东时，除了以出资额为标准以外，还兼顾股东对公司的实际控股情况。也就是说，即使股东的资本没有达到持股比例为50%以上，但只要能够直接或者间接地控制公司，对公司的经营决策起到直接的控制作用，也就可以称之为控股股东。

反之，我们把中小股东界定为出资比例或持股比例较低，并且

---

① 卢代富：《经济法中的国家干预解读》，《现代法学》2019年第4期。
② 李昌麒：《经济法学》（第三版），法律出版社，2016，第78页。

第十一章　优化营商环境推动的中小股东权益保护规则进化

对公司的实际经营管理不能产生实际影响的股东。中小股东持股比例低，无法参与到公司的经营管理中，很难将自己的意志上升为公司的意志，很难对公司经营管理中的经营决策和方案造成实质影响。加上公司治理结构的原因，中小股东对公司的经营管理参与度不够，公司的股东会和董事会往往都由大股东控制。因此，中小股东参与公司经营管理并获取公司利益的权利常常受到大股东的侵害。

世界银行发布的《2019年营商环境报告》中使用"少数投资者"这一概念，少数投资者与主要投资者相对应，主要指中小股权投资者。本书将研究对象界定为已经在公司中取得股东资格的中小投资者。

2. 保护中小股东的价值

"资本多数决"原则是公司治理中最为重要的原则之一，对提高公司决策效率、平衡股东之间的利益起着重要的作用。该制度强调公司的经营要以多数股东的利益为中心，不可避免地忽略中小股东的合法利益。司法实践中，我国中小股东的合法权益常常受到控股股东的侵害。公司法的改革一直在尝试如何保护中小股东的利益，但收效甚微。[①]《最高人民法院关于适用〈中华人民共和国公司法〉若干问题的规定（四）》及《最高人民法院关于适用〈中华人民共和国公司法〉若干问题的规定（五）》的出台，对中小股东的查阅权、累积投票制度、股东代表诉讼制度等方面都作出进一步的规定。总体来说，我国对于中小股东权益保护的相关规定过于宽泛，不能完全保障中小股东的合法权益。市场经济是法治经济，只有让中小股东在市场经济竞争中感受到公平正义才能激发中小股东的投资热情。因此，保护中小股东，不仅有利于维护中小股东的权益，更是公司长远发展不可忽视的内容，是改善我国营商环境、吸引外资进入的重要战略。

从投资者个人角度出发，保护中小股东有利于协调中小股东与

---

① 邹海林：《关于公司法修改的几点思考》，《法律适用》2020年第1期。

大股东之间的利益冲突。自利是人的天性,大股东往往会利用自己的优势地位,采用关联交易等方式损害中小股东的权益,以实现短期内快速获利。但是一旦被发现,不仅损害公司的社会信誉,其长远发展会受到影响,大股东未来的权益也会因此受到影响。保护中小股东是提高中小股东投资积极性、防止大股东滥用股东权利的必然要求。

从公司角度出发,保护中小股东是提高公司公信力的重要手段。虽然中小股东单个投资额比重较低,但是中小股东数量众多,其资本总量不容小觑,中小股东是公司进行融资时不可忽略的重要力量。加强中小股东的社会保护,能够降低公司的融资成本,提高融资效率。

从社会整体角度出发,保护中小股东有利于维护投资公平,促进我国资本市场的繁荣,改善我国的营商环境,提升我国的国际市场竞争地位。中小股东在公司治理缺乏话语权,其投资权益很容易受到侵害。重视对中小股东权利的保护,有利于充分调动国内中小股东的投资热情,发挥中小股东在资本市场中的作用。

从社会本位的角度来看,保护股东的权利才能体现法律所追求的公平、正义。我们所追求的社会总体公平并不是要求所有个体和团体的绝对公平,从社会总体公平的角度考虑,当某些个体和团体间存在适当的"不公平"也应得到法律的允许。①只有通过法律制约大股东滥用股东权利才能保护中小股东投资者的合法权益,从实质上体现法律所追求的公平、正义价值。

(二)"优化营商环境"的内涵

1. "优化营商环境"的概念

营商环境主要指市场主体进入市场、在市场经济运行中参与生产经营活动以及退出市场主体等过程的综合环境,主要涉及政务环境、法治环境以及人文环境等多个方面。营商环境贯穿于企业

---

① 魏增产、段祥伟:《论经济法的利益平衡原则》,《河北法学》2010年第1期。

活动的整个过程，既对企业的发展和市场经济的繁荣起着至关重要的作用，也会对一定区域内的经济发展状况、就业及财税收入情况产生重大影响。营商环境是外商投资的重要考量标准之一，国家经济的健康、稳定以及持续性发展都有赖于良好的营商环境。"水深则鱼悦，城强则贾兴"，优化营商环境是提升国家竞争力的必要手段之一。

优化营商环境的核心就在于优化法治营商环境。法治是市场经济运行的有效保障，良好的法治营商环境是一个国家、一个地区综合实力的体现，是经济发展的吸引力和驱动力。公司良法善治不仅是提升我国民族经济竞争力的必要条件，而且是衡量营商环境优劣的试金石。[①]只有通过法律的手段才能规范公权力的运行、保证市场主体的平等竞争，让市场经济迸发活力。

优化营商法治环境需要完善的法律制度。法乃治国之重器，良法乃善治之前提。市场经济是优胜劣汰的竞争游戏，制定完善的游戏规则能够为企业公平竞争提供有力保障。优化营商环境就要不断完善社会主义市场经济法律制度，这是有法可依的前提，能够为企业进行公平的市场竞争提供制度保障。同时，司法作为维护社会正义的最后一道防线，良好的营商环境要求有法必依，司法机关严格依法办案，才能让投资者感受到公平正义。

2."优化营商环境"对保护中小股东的要求

世界银行于2004年开始进行营商环境评估，以一套科学的、合理的指标体系作为依托，通过对指标体系进行准确有效的系统性评估，从而衡量一个国家或者一个地区的企业发展环境情况，其核心目的就是评价该地区的商业发展现状，通过不同地区之间数据的对比，找到优化营商法治环境的出路。世界银行将"保护中小投资者指标"作为评估世界各国营商环境的重要指标。优化营商法治环境需要从提升"保护少数投资者"指标入手，重视完善中小股东权益保护的法律制度。

---

① 刘俊海：《推动公司法现代化，优化营商环境》，《法律适用》2020年第1期。

保护中小投资者权益是我国公司法重要的立法目的之一，为充分发挥法院的司法职能，平等保护各方的权益，我国不仅在《公司法》中不断完善有关中小股东的法律保护制度，而且在现有法律框架内出台了司法解释对中小股东权益保护相关制度进行完善，尤其是《最高人民法院关于适用〈中华人民共和国公司法〉若干问题的规定（四）》和《最高人民法院关于适用〈中华人民共和国公司法〉若干问题的规定（五）》加大了对中小股东权益保护的力度。我国法律对中小股东权益保护有了较大的改善，逐步建立起对中小股东的保护框架。实践中，控股股东"一股独大"，操控公司、排除中小股东利益的情况依然司空见惯，加上相关法律规定不够全面、缺乏可操作性，目前我国关于中小股东合法权益法律保护方面还存在诸多不足。

法治是最好的营商环境。优化营商环境，提升我国全球排名，应当成为公司法此次修订的一个重要维度。① 优化营商环境要求我们从公司内部治理的角度探讨中小股东权益保护存在的法律问题，重视从中小股东财产权益保护、参与公司治理的权利以及股东权利救济方面分析我国在中小股东法律保护方面存在的不足。同时，优化营商环境要求我们从世界银行评估的方法论入手，仔细研读世界银行关于"保护中小投资者"的评估指标，吸收借鉴有利的制度安排，对我国的公司法及相关司法解释做出合理的修订。②

（三）中小股东权益保护在"优化营商环境"下的新释义

1. "保护中小投资者"指标体系的构建

世界营商环境评估体系针对中小股东权益的保护制定了一套"保护少数投资者"指标体系，如表 11-1 所示。

---

① 罗培新、张逸凡：《世行营商环境评估之"保护中小投资者"指标解析及我国修法建议》，《华东政法大学学报》2020 年第 2 期。
② 罗培新：《世行营商环境评估之"保护少数投资者"指标解析——兼论我国公司法的修订》，《清华法学》2019 年第 1 期。

第十一章　优化营商环境推动的中小股东权益保护规则进化

表 11-1　世行营商环境评估之"保护中小投资者"指标体系

二级指标	三级指标	指数范围	最差水平	前沿水平
纠纷调解指数	披露程度指数	0~10	0	10
	董事责任程度指数	0~10	0	10
	股东诉讼便利度指数	0~10	0	10
股东治理指数	股东权利指数	0~10	0	10
	所有权和管理控制指数	0~10	0	10
	公司透明度指数	0~10	0	10

"保护中小投资者"指标主要包括"纠纷调解指数"和"股东治理指数"这两个二级指标。"纠纷调解指数"下设"披露程度指数""董事责任程度指数""股东诉讼便利度指数"三个子指标。"股东治理指数"下设"股东权利指数""所有权和管理控制指数""公司透明度指数"三个子指标。每一个子指标都有相应的问题来评判得分，三个子指标一共有 48 个问题，得分越高，全球营商环境排名越靠前，说明投资环境越完善。

近年来，我国的营商环境排名大幅度攀升，我国连续两年被评选为全球营商环境改善最快、提升幅度最大的国家之一。其中，"保护中小投资者"指标是改革幅度最大，也是提升幅度最大的指标。在《2018 年营商环境排名》中，我国排名在百名之外，排名为第 119 名。之后，我国重视研读"保护中小投资者"指标体系，从世界银行评估的方法入手，学习有利的制度经验，对有关中小股东投资者相关的法律进行了修改和完善。《2019 年营商环境报告》显示，我国的营商环境排名已由第 119 名上升至第 64 名。2020 年，中国营商环境的全球排名持续上升，已经位居全球第 31 名。其中，我国"保护中小投资者"指标排名已经上升到第 28 名，极大地提升了我国在公司治理领域的国际影响力。①

---

① 世界银行：《2020 年营商环境报告》，网址：https://chinese.doingbusiness.org/zh/data/exploreeconomies/china，最后访问日期：2019 年 12 月 15 日。

我国营商环境排名大幅度提升与我国重视提升"保护中小投资者"指标得分密切相关。虽然我国对于中小投资者法律保护的制度在不断完善，但与一些发达国家相比，我国营商环境排名仍有较大的上升空间。我们需要立足于世界银行发布的营商环境评价指标体系，重视提升"保护中小投资者"指标得分，学习和借鉴有利的制度经验，持续优化营商环境。

2."保护中小投资者"指标的得分情况及原因分析

随着对"保护中小投资者"指标体系的重视，我国近几年的指标体系有了较大幅度的上升，如图11-1所示。

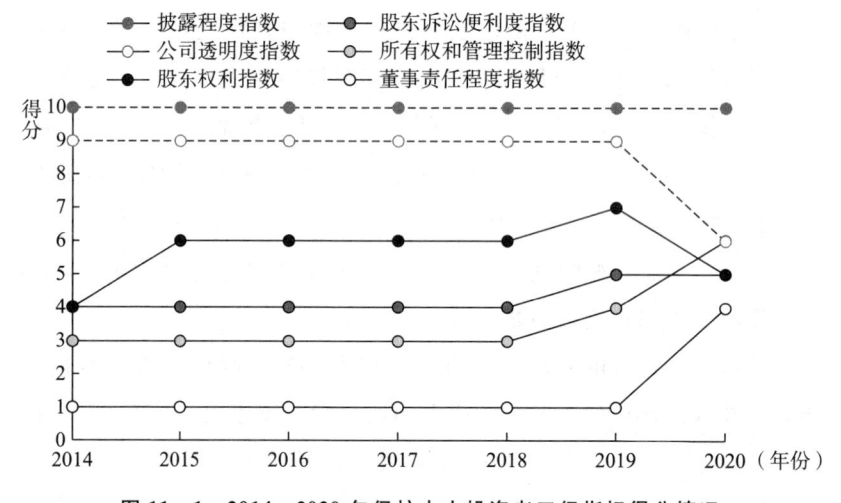

图 11-1 2014~2020年保护中小投资者三级指标得分情况

资料来源：世界银行历年营商环境报告。

近几年，我国营商环境的大幅度提升，增强了国内中小股东的投资信心，提升了国内资本市场的活力。尤其是"保护中小投资者"指标得分的大幅度提升，不仅提高了我国的国际地位，树立了良好的国际形象，也向世界各国释放了一个积极信号，吸引各国投资者进入我国投资。我国"保护中小投资者"指标得分的快速提升，从侧面反映出我国重视完善有关中小股东权益保护的法律制度，如《最高人民法院关于适用〈中华人民共和国公司法〉若干问题的规定（五）》（2020修正）对进行关联交易股东的赔偿责任做出明确规

第十一章　优化营商环境推动的中小股东权益保护规则进化

定,只要董事在经营管理中进行关联交易,股东就有权要求董事赔偿因关联交易造成的损害。除此之外,"保护中小投资者"指标得分大幅度上升,还有以下三方面的原因。

第一,国家对优化营商环境越来越重视。国务院将营商环境定义为"软环境",与环境保护、基础设施的建设等"硬环境"具有同等重要的地位,主张政府与市场结合发展社会主义市场经济。同时,国务院围绕优化营商环境出台了一系列的政策,各地政府也响应政策的号召,纷纷出台一系列有关优化营商环境的条例。

第二,国家重视通过修改法律完善中小投资者保护指标体系。尤其是《最高人民法院关于适用〈中华人民共和国公司法〉若干问题的规定(五)》的出台,为保护中小投资者的指标体系提供了法律支撑。例如《最高人民法院关于适用〈中华人民共和国公司法〉若干问题的规定(五)》第一条和第二条对关联交易的具体处理方式作出明确规定,第一条明确规定,进行关联交易的董事需要对受损害的中小投资者承担赔偿责任,司法解释的这一规定使得董事责任程度指数从2019年的1分增加为2020年的3分。《最高人民法院关于适用〈中华人民共和国公司法〉若干问题的规定(五)》第四条规定了公司在股东会决议之后的一年之内要完成分红,这一规定使得"股东治理指数"中的"所有权和管理控制指数"从2018年的3分增长到2020年的6分。

第三,我国重视与世界银行及时、主动地进行沟通,针对误判部分消除了误解。例如世界银行的评估专家基于《公司法》规定,认定我国公司对外转让资产是否需要经过股东会决议属于公司章程可以决定的范围。因此,对于这一问题,在2018年,我国"股东权利指数"这一指标并未得分。事实上这一误判忽略了《公司法》第一百三十五条对上市公司的规定,由于世界银行假设的买方公司是上市公司,基于我国"特殊法优于普通法"的法律适用原则,出售买方51%以上的资产是需要经过股东同意的,该条属于对我国"股东权利指数"的误判。通过向世行专家解释我国的法律体系,该项指标在2019年的指标体系中获得分数。

二 中小股东权益保护审判数据所呈现的营商环境短板

（一）中小股东权益保护的实证研究思路

1. 法学实证研究概述

法律实证研究方法主要指立足于现有的法律现象，通过观察、访谈、问卷调查等方法发现法律事实，然后通过对法律事实进行归纳，分析事实之间的因果关系，从而针对现有法律现象的不足提出有效的改造方法。白建军教授认为法律实证研究并不同于主流的法学研究方法，实证研究在研究法律规范的过程中偏向于借鉴事实学的研究方法，是从形式理性探寻实质理性的必经阶段。[①]法学实证研究的主要作用是弥补因法律移植造成的制度缺陷，有利于更好地将优秀的法律经验与中国特色法治环境相结合，发挥制度的优势，有利于促进现有的法治理念与市场经济相适应，促进市场经济的繁荣发展。法律实证研究可以分为定性研究和定量研究两大类，定性研究重视探索社会现象及事物所具有的内在属性，强调立足于一定的理论和经验去抓事物的主要特征，将大量的历史事实和普遍性公理作为分析基础，从事物的矛盾性出发去阐释所研究的对象。定性研究趋向于运用访问、观察和文献阅读的方法搜集资料，并结合主观的认识和理解来进行研究。因此，定性研究并不追求研究结论的精确性。定量研究则重视数据的收集和分析，立足于特定理论假设，结合搜集的资料对数据进行量化处理、检验和分析，最终得出结论。为了便于向读者展现客观事实，定量研究经常运用田野调查的方法开展研究工作，善于借助适当的统计工具或模型对搜集的相关数据进行分析。[②]我国有学者认为，定量研究得出的结论相较于定性研究

---

① 白建军：《法律实证研究方法》，北京大学出版社，2014，第3页。
② 钱弘道、崔鹤：《中国法学实证研究客观性难题求解——韦伯社会科学方法论的启示》，《浙江大学学报》（人文社会科学版）2014年第5期。

第十一章　优化营商环境推动的中小股东权益保护规则进化

的结论更加精确。①

在中国传统法学研究中，法学学者更倾向于运用定性分析的方法研究法律问题，侧重从法律问题的本质入手分析，运用归纳和演绎推理的方法认识事物的本质，意在阐明法律现象的内在规律性。法学实证研究重视对法律实际运行的研究，只有保证实证研究结果的客观性才能使实证研究充分发挥价值，客观性的实证研究要求重视文献的积累、理解的逻辑和实践经验。法学实证研究与主流的规范研究并不是相互排斥和矛盾的研究方法，两者应当互相补充，互相完善。我国学者在对法律现象进行法学实证研究的过程中，经常会把司法判例作为分析单位。在我国社会主义市场经济法律体系形成以前，法学研究通常以立法为中心，主要采用逻辑推理和比较研究的方法。随着社会主义法律体系的建立，法学研究越来越注重对司法实践中存在的具体问题进行研究，探寻法律实施的情况。

2. 研究样本的采集

为了能够更加直观、清晰地了解我国司法实践中侵害中小股东合法权益的基本情况，本书主要采取案例研究的方式进行研究。将部分涉及我国中小股东合法权益保护的司法判例作为分析单位，主要研究内容是中小股东权益受侵害的具体情况。案例研究作为一种重要的实证研究方法，通过对案例的统计分析，既能对法律的实施情况进行评估，还能总结司法实践中的裁判经验，发现存在的问题，为法律适用及立法的完善提出建议。司法裁判文书将案件事实与法律规范相结合，记录了原被告双方利益的冲突点，涵盖了法院对双方所争议案件事实的认定，进行法律适用以及法律推理的过程。

数据来源的客观和准确是进行实证研究的必要前提条件。本书选择以 Alpha 数据库②作为审判数据的来源，将检索条件设置为"全文检索"，时间跨度选择为"2011～2019年"，检索在全国范围内涉

---

① 宋英辉、李哲、向燕等：《法律实证研究本土化探索》，北京大学出版社，2012，第11页。
② Alpha 数据库不仅会从中国裁判文书网上抓取数据，还会从其他渠道抓取，其获取的数据更全面。

及中小股东权益保护的案例,案件涉及一审、二审和审判监督程序,结案方式包括"调解"和"判决"。

将关键词设置为"中小股东"和"分红权",共检索出84份裁判文书;将关键词设置为"中小股东"和"股权回购请求权",共检索出11份裁判文书;将"中小股东"和"知情权"作为关键词,共检索出523份裁判文书;将"中小股东"和"表决权"作为关键词,共检索出309份裁判文书;将"公司关联交易损害责任纠纷"作为关键词,共检索出226份裁判文书;将"中小股东"和"决议瑕疵诉讼"作为关键词,共检索出585份裁判文书;将"中小股东"和"股东代表诉讼"作为关键词,共检索出45份裁判文书;将"中小股东"和"公司解散诉讼"作为关键词,共检索出28份裁判文书。

裁判理由是裁判文书的重要组成部分,是揭露公平正义是否得以实现,个人利益与社会利益是否得以平衡的重要依据,既能实现审判正义,也能体现司法的权威。裁判理由一方面是支撑裁判结果正当性的依据,另一方面也能有效约束法官的自由裁量权。[①]检验一项法律制度运行情况好坏的最好方式就是研究相关的司法判例,研究法官的裁判理由是否能体现公平、正义,是否能够平衡协调个人利益与社会利益的矛盾。本书重视对裁判理由的研究,通过对司法判例进行筛选,选出具有代表性的司法判例,对裁判文书进行分类分析,整理出案件的争议点,重点分析法官的裁判理由,依据裁判理由对案件进行分类统计,得出我国司法实践中中小股东权益保护制度运行存在的问题。

(二)侵害中小股东权益保护的审判数据分析

1. 侵害中小股东财产性权益的审判数据分析

通过以"中小股东"和"分红权"、"股权回购请求权"作为关键词进行检索,自2011年至2019年,我国共有95件中小股东财产权益纠纷案件。如表11-2所示。

---

① 范凯文、钱弘道:《论裁判理由的独立价值——中国法治实践学派的一个研究角度》,《浙江社会科学》2014年第4期。

第十一章　优化营商环境推动的中小股东权益保护规则进化

表 11-2　侵害中小股东财产性权益的案件数量统计

单位：件

		权利类别		
		分红权	股权回购请求权	合计
年份	2011	1	0	1
	2012	0	1	1
	2013	0	0	0
	2014	2	3	5
	2015	1	3	4
	2016	1	1	2
	2017	7	0	7
	2018	10	2	12
	2019	62	1	63
	2011~2019年总案件量	84	11	95
程序	一审 全部/部分支持	58	1	59
	一审 全部驳回	3	1	4
	一审 驳回起诉	1	0	1
	一审 不予受理	5	0	5
	一审 撤回起诉	0	0	0
	二审 利于中小股东	10	3	13
	二审 不利于中小股东	7	4	11
	再审 利于中小股东	0	2	2
	再审 不利于中小股东	0	0	0

通过对中小股东财产性权益纠纷的案件裁判结果进行分析发现，在一审程序中，全部/部分支持中小股东诉讼请求的有59件，占比为85.5%。全部驳回中小股东诉讼请求的有4件，占比为5.8%。在二审程序中，法院作出利于中小股东判决的数量有13件，占比为54.17%。

通过对中小股东分红权的裁判文书进行分析，我国涉及分红权纠纷的案件共有84件，占比为88.4%，且结果显示分红权纠纷案件呈逐年上升的趋势，其中2019年案件数量为62件。涉及中小股东分红权的案例主要集中在北京市、广东省、安徽省这些经济较为发达的地区，分别占54.76%、13.10%、9.52%。其中北京市的案件量最多，达到46件。通过对一审裁判结果的分析可以看到，全部/部分支持中小股东诉讼请求的有58件，占比为86.57%，全部驳回的有3件，占比为4.48%。在二审程序中，法院做出利于中小股东判决的数量有10件，占比为58.82%。法院做出不利于中小股东判决的数量有7件，占比为41.18%。

从涉及中小股东的股权回购请求权的案件数量情况可以得知，我国司法实践中涉及股权回购请求权的案件数量相对较少。一审案件有2件，二审案件有7件，再审案件有2件。通过对裁判结果的分析可以看到，一审全部/部分支持中小股东诉讼请求的有1件，占比50.00%。法院在二审做出有利于中小股东判决的有3件，占比为42.86%，做出不利于中小股东判决的有57.14%。

虽然《公司法》及司法解释重视对中小股东的财产性权益的保护，《最高人民法院关于适用〈中华人民共和国公司法〉若干问题的规定（四）》（2020修正），《最高人民法院关于适用〈中华人民共和国公司法〉若干问题的规定（五）》（2020修正）对公司分配利润的时限做出规定，但通过对裁判文书的分析可知，实践中有关中小股东权益保护的问题尚未得到有效改善，大股东滥用股东权利阻碍公司分红的情况时常发生，加上股权回购制度的适用条件非常严格，在实践中并未达到理想的适用效果，中小股东想要通过回购股权维护自己的分红权实属困难。因此，我国对于中小股东财产性权益的保护还存在一些制度性缺陷。

2. 侵害中小股东参与公司治理的审判数据分析

通过对涉及中小股东参与公司治理的裁判文书进行分析，2011~2019年，我国涉及中小股东参与公司治理侵权纠纷的案件共有1058件。如表11-3所示。

表11-3 侵害中小股东参与公司治理的案件数量统计

单位：件

		知情权	表决权	关联交易	合计
年份	2011	0	0	0	0
	2012	14	7	0	21

第十一章 优化营商环境推动的中小股东权益保护规则进化

续表

			知情权	表决权	关联交易	合计
年份		2013	14	12	6	32
		2014	43	37	15	95
		2015	56	21	17	94
		2016	65	25	46	136
		2017	88	57	33	178
		2018	97	56	52	205
		2019	146	94	57	297
	2011~2019年总案件量		523	309	226	1058
程序	一审	全部/部分支持	231	91	23	345
		全部驳回	25	31	23	79
		驳回起诉	1	4	22	27
		不予受理	1	1	5	7
		撤回起诉	0	0	43	43
	二审	利于中小股东	224	110	64	398
		不利于中小股东	23	53	27	103
	再审	利于中小股东	12	12	14	38
		不利于中小股东	6	7	5	18

其中，涉及股东知情权的案件共有523件，占比为49.43%，关于表决权的有309件，占比为29.20%，关联交易的有226件，占比为21.36%。通过对中小股东参与公司治理的案件裁判结果进行分析发现，一审案件有501件，全部/部分支持中小股东诉讼请求的有345件，占比为68.86%。全部驳回中小股东诉讼请求的有79件，占比为15.77%。在二审程序中，共有案件501件，法院做出利于中小股东判决的案件有398件，占比为79.44%，法院做出不利于中小股东判决的案件有103件，占比为20.56%。再审案件有56件，法院做出利于中小股东判决的案件有38件，占比为67.86%，法院做出不利于中小股东判决的案件有18件，占比为32.14%。

通过对侵害中小股东知情权的裁判文书进行分析，侵害中小股东知情权纠纷案件主要集中在江苏省、浙江省、四川省、广东省及上海市等省市。国家统计局官网历年发布的各省区市 GDP 数据显示，以上各省市的历年 GDP 总量排名均比较靠前。从总体上看，自 2011 年以来我国中小股东知情权纠纷案件数量逐年递增。

在一审程序中共有裁判文书 258 份，法院做出支持或部分支持中小股东诉讼请求和不支持中小股东知情权的裁判文书数量分别为 231 份和 25 份，在一审裁判文书中占比分别约为 89.53% 和 9.70%。在二审程序中，法院做出支持和不支持中小股东知情权诉讼请求的裁判文书数量分别为 224 份和 23 件，在二审文书中占比分别为 90.69% 和 9.31%。在再审程序中，法院做出支持和不支持中小股东知情权诉讼请求的裁判文书数量分别为 12 份和 6 份，在再审文书中占比分别为 66.67% 和 33.33%。

通过对侵害中小股东表决权的裁判文书进行分析，一审案件有 127 件，二审案件有 163 件，再审案件有 19 件。一审法院在审理过程中，做出全部/部分支持和全部驳回中小股东诉讼请求的案件分别有 91 件和 31 件，占比分别为 71.65% 和 24.41%。法院在二审做出有利于中小股东判决的有 110 件，占比为 67.48%，做出不利于中小股东判决的有 53 件，占比为 32.52%。在再审程序中，法院做出利于中小股东的案件数量为 12 件，占比为 63.16%，做出不利于中小股东判决的有 7 件，占比为 36.84%。

通过对涉及公司关联交易相关的案例进行分析，一审案件有 116 件，二审案件有 91 件，再审案件有 19 件。通过对一审裁判结果分析可以看到，一审法院做出全部/部分支持中小股东诉讼请求的以及全部驳回中小股东诉讼请求的各有 23 件，占比都是 19.83%，中小股东撤回起诉的有 43 件，占比较大，达到 37.07%，在司法实践中，股东在针对公司内部关联交易事项提起诉讼以后，关联交易行为人经常会通过改变自己的不当行为而说服股东撤诉。在二审裁判中，法院做出利于中小股东和不利于中小股东的案件分别为 64 件和 27 件，占比分别为 70.33% 和 29.67%。在再审程序中，法院做出利于中小股东和不利于中小股东的案件分别为 14 件和 5 件，占比分别为 73.68% 和 26.32%。

通过对案件的分析可知，中小股东权益主要受到大股东和董事、监事、经理等公司管理层的侵害。大股东对中小股东的侵害主要表现为大股东滥用表决权，大股东通过设置不合理的条件阻碍股东出席股东大会，趁机在股东会上做出严重损害中小股东合法权益的决议；大股东恶意阻止中小股东担任高级管理职务或者通过不正当手段罢免中小股东的高级管理职务；大股东通过关联交易来增加大股东收益或者减低大股东的风险和损失等。虽然《最高人民法院关于适用〈中华人民共和国公司法〉若干问题的规定（四）》（2020修正）对股东知情权的完善做出规定，《最高人民法院关于适用〈中华人民共和国公司法〉若干问题的规定（五）》主要对履行法定程序不能豁免关联交易赔偿责任、关联交易合同的无效与撤销等方面的问题做出规定，但我国关于中小股东参与公司治理的相关法律规定还存在缺陷。

3. 侵害中小股东权利救济的审判数据分析

通过对涉及中小股东权利救济的裁判文书进行分析，2011~2019年，我国涉及中小股东权利救济的案件共有658件。如表11-4所示。

表11-4 侵害中小股东权利救济的案件数量统计

单位：件

		决议瑕疵诉讼	股东代表诉讼	司法解散诉讼	合计
年份	2011	0	0	0	0
	2012	11	1	1	13
	2013	12	1	0	13
	2014	46	4	1	51
	2015	52	1	3	56
	2016	64	3	2	69
	2017	84	8	4	96
	2018	132	17	9	158
	2019	184	10	8	202
	2011~2019年总案件量	585	45	28	658

公司的有限责任及其衍生规则进化

续表

程序			决议瑕疵诉讼	股东代表诉讼	司法解散诉讼	合计
	一审	全部/部分支持	187	6	2	195
		全部驳回	64	4	10	78
		驳回起诉	6	3	0	9
		不予受理	2	2	1	5
		撤回起诉	43	1	1	45
	二审	利于中小股东	160	10	5	175
		不利于中小股东	93	9	9	111
	再审	利于中小股东	21	5	0	26
		不利于中小股东	9	5	0	14

其中，涉及股东决议瑕疵诉讼的案件共有 585 件，占比为 88.90%。关于股东代表诉讼的案件有 45 件，占比为 6.84%。司法解散的案件有 28 件，占比为 4.26%。在涉及中小股东权利救济的裁判文书中，一审有 332 件，全部/部分支持的有 195 件，占比为 58.73%，全部驳回的有 78 件，占比为 23.46%。二审法院做出有利于中小股东判决的案件有 175 件，占比为 61.19%，不利于中小股东判决的有 111 件，占比为 38.81%。再审案件有 40 件，利于中小股东判决的和不利于中小股东判决的分别有 26 件和 14 件，占比分别为 65% 和 35%。

通过对侵害中小股东决议瑕疵诉讼的裁判文书进行分析，一审案件有 302 件，二审案件有 253 件，再审案件有 30 件。一审裁判案件中，法院对于中小股东的诉讼请求，全部/部分支持的有 187 件，占比为 61.92%，全部驳回的有 64 件，占比为 21.19%；在二审程序中，法院做出有利于中小股东判决的有 160 件，占比为 63.24%。法院做出不利于中小股东判决的有 93 件，占比为 36.76%；再审程序中，法院做出有利于中小股东和不利于中小股东的判决分别为 21 件和 9 件，占比分别为 70% 和 30%。

通过对侵害中小股东代表诉讼的裁判文书进行分析，其中，一审案件有 16 件，二审案件有 19 件，再审案件有 10 件。其中，一审全部/部分支持中小股东诉讼请求的有 6 件，占比为 37.50%；全部驳回中小股东诉讼请求的有 4 件，占比为 25%；在二审程序中，法院做出利于中小股东判决的案件有 10 件，占比为 52.63%，法院做出不利于中小股东的案件有 9 件，占比为 47.37%；再审程序中，法院做出有利于中小股东和不利于中小股东的判决分别为 5 件，占比都是 50%。

通过对侵害中小股东司法解散诉讼的裁判文书进行分析，2011~2019 年我国有关中小股东司法解散诉讼的案件较少，总数为 28 件。一审案件有 14 件，二审案件有 14 件。其中，法院全部/部分支持中小股东诉讼请求的有 2 件，占比为 14.29%，全部驳回的有 10 件，占比为 71.43%。二审案件中法院做出有利于中小股东和不利于中小股东的案件分别为 5 件和 9 件，占比分别为 35.71% 和 64.29%。

通过对案件的分析可知，《公司法》及相关司法解释对于中小股东司法救济权规定得过于笼统、缺乏可操作性，无论是决议瑕疵诉讼、股东代表诉讼还是司法解散诉讼均存在一定的制度性缺陷。

（三）我国中小股东权益保护存在的问题

1. 中小股东财产性权益的营商环境短板

（1）中小股东的分红权不健全

首先，股利分配救济制度不完善。《公司法》明确规定，只要公司五年不分配利润，对股东会决议投反对票的股东可以要求公司进行股权收购。《公司法》第八十九条第一款虽然规定了股东拥有股权回购请求权的条件，但"五年不分红"的条件过于严格。如果公司抓住法律漏洞，在连续盈利的第五年向股东分配少量红利，这将是对"五年不分红"这一条件的有效规避，使得该项制度在大多数情况下形同虚设。

其次，法律未明确规定司法干预公司分红决策的情况。我国法院一直以来对于公司内部分红决策持审慎的态度，尽量做到"商业的归商人，法律的归法官"。《最高人民法院关于适用〈中华人民共和国公司法〉若干问题的规定（四）》第十五条但书部分规定了司法干预分红的情况，股东在违反法律规定、滥用权力导致公司不给其他股东分配利润导致重大损失的情况下，股东可以直接向法院提起利润分配请求之诉。最高院审理的"庆阳市太一热力有限公司、李昕军公司盈余分配纠纷案"中，法院认为该案中存在部分股东变相分配利润、隐瞒或转移公司利润的情况，会损害公司其他股东的实体利益，在公司已经不能自治解决的情况下，为保证司法正义，应由法院进行强制分配。①这一规定无疑是对中小股东分红权保护的重大进步，也是对中小股东分红权消极救济措施的一种弥补，不足的是，公司法及司法解释中并未具体阐释如何对但书中的内容进行理解。

最后，我国对于侵害中小股东权益的侵权者惩戒制度不够完善。《公司法》第二十一条明确规定了股东的赔偿责任，控股股东和公司的董监高人员不能滥用权利进行关联交易，损害其他股东的合法权益，否则要对受侵害的股东承担赔偿责任。法律只是对关联交易的赔偿责任作出了原则性的规定，如何具体承担相应的赔偿责任并未作出具体、可操作的规定。此外，《公司法》在第一百九十条规定，股东有权就董事、高级管理人员违反公司章程规定以及违反法律规定的行为提起诉讼，但是法条对于惩戒的具体程序并未作出具体说明，缺乏实际的可操作性。

（2）中小股东的股权回购请求权不健全

首先，《公司法》规定的有权行使股权回购请求权的主体资格过于严格。法律明确规定必须是参加过股东会且投了反对票的主体才能行使股权回购请求权，这对于未能参会但对会议内容依然持反对意见的股东或无权投反对票的股东来说是不公平的。

其次，《公司法》第八十九条规定，对股东会决议投反对票的股东可以请求公司收购其股权，但法条只列举了中小股东可以行使股权回购请求权的三种情况。《公司法》只规定三种退股事由，一方面范围过于狭窄，另一方面来说，很容易被恶意规避。

最后，我国《公司法》对于股权回购请求权的整套规定不全面。

---

① 参见中华人民共和国最高人民法院作出的（2016）"最高法民终528号民事判决书"。

公司法只规定了股东享有股权回购请求权,并未对退股以后股票交割和价款交付的时间以及回购价款的定价等方面作出规定。

2. 中小股东参与公司治理的营商环境短板

(1) 中小股东的知情权不完善

我国股东知情权,既包括公司决议查阅权、质询权以及财务会计报告查阅权,也包括其他的关联性权利。[1]中小股东的知情权影响股东诉讼便利度的得分情况,知情权保护程度越好,股东诉讼便利度指数得分越高,我国对于中小股东知情权的保护还存在一些制度缺陷。

首先,查阅权的主体资格不明确。在所研究的案例中,涉及股东查阅权资格的案件争议点是隐名股东以及出资瑕疵的股东是否享有知情权。《公司法》规定,取得股东资格的股东才能行使知情权,实际发生的案例中,原告在起诉时具有股东资格,在案件审判中丧失股东资格的情况不在少数。如"张珩诉上海东银投资有限公司案"中,法院最终就以原告张珩在诉讼过程中丧失股东资格为由判定其无法继续行使知情权。[2]法官做出这一判决的理由是前股东已经丧失了股东资格,一旦允许他有权提起知情权诉讼,会造成权力的滥用。法院准许前股东查阅公司会计账簿能够帮助他们对明显不公平的股权转让合同行使撤销权,利于公司的治理。[3]为达到前股东利益与公司治理的平衡,《最高人民法院关于适用〈中华人民共和国公司法〉若干问题的规定(四)》第七条第二款但书中明确规定,原告能够拿出初步证据证明其合法权益受到他人损害,则有权向公司申请查阅权。但《公司法》和相关司法解释并未规定出资瑕疵股东和隐名股东能否通过诉讼去实现自己的知情权。

《最高人民法院关于适用〈中华人民共和国公司法〉若干问题的规定(三)》(2020修正)肯定了代持股协议的有效性,但对隐名

---

[1] 朴永春、金河禄:《股东知情权保护的法律问题研究——分析〈公司法司法解释四〉的相关规定》,《延边大学学报》(社会科学版)2019年第4期。
[2] 参见上海第一中级人民法院作出的(2016)"沪01民终9026号民事判决书"。
[3] 刘俊海:《公司自治与司法干预的平衡艺术:〈公司法解释四〉的创新、缺憾与再解释》,《法学杂志》2017年第12期。

股东和名义股东与公司之间的关系却未做出明确规定。在所研究的案例中,主流的裁判观点都认为名义股东才是法律意义上的股东,因此名义股东享有知情权。如"北京争创崇维房地产开发有限公司与訾金龙股东知情权纠纷案"中,法院在二审裁判中认为訾金龙是争创公司工商登记股东,即使公司及其他股东认可其与王成洋之间的股权代持关系,也无法否认訾金龙是争创公司股东的事实,所以二审法院维持了一审法院认定訾金龙享有股东知情权的裁判观点。①

目前来说,隐名股东不能直接向公司行使查阅权,只有通过"显名化"或者通过与显名股东签订协议及其他文件要求显名股东代为行使。在极为特殊的情况下,持有能够证明其与公司之间特殊关联性的权利文件才能行使查阅权。在"徐凤飞、陈静等与奉化市公路运输有限公司股东知情权纠纷案"中,两位原告股东徐凤飞、陈静持有被告签发的股权证并出具入股款项收据等证明了其合法的身份,才使法院支持其查阅权。②

其次,查阅权的范围不够明确。司法实践中关于查阅权最核心的争议点是会计凭证是否属于查阅范围。然而,法院面对同一诉讼请求的裁判结果各不相同,如表 11-5 所示。

所选取有关知情权的案例中,有 40 个案例涉及中小股东查阅范围和查阅方式。《公司法》允许股东查阅的文件主要有四类:第一类文件主要是公司的章程规定、财务会计报告、股东会、董事会和监事会的会议记录;第二类是公司的会计账簿,股东须履行前置程序,即向公司书面提交查阅申请并说明查阅目的才可查阅;第三类是会计凭证,但《公司法》中并未明确规定会计凭证是否可以查阅,因此涉及会计凭证的查阅也是实践中当事人争议最多的一类案件;第四类是公司的其他文件,大部分涉及对外签订的合同、银行的流水、对账单以及利益分配方案等。

---

① 参见北京市第一中级人民法院作出的(2015)"一中民(商)终字第 5478 号民事判决书"。
② 参见宁波市奉化区人民法院作出的(2017)"浙 0213 民初 3476 号民事判决书"。

第十一章 优化营商环境推动的中小股东权益保护规则进化

表11-5 中小股东查阅范围及查阅方式纠纷统计表

序号	案号	审理程序	中小股东是否为原告/上诉人/再审申请人	法院裁判			当时实体法适用依据	当时程序法适用依据
				是否支持全部行为履行	是否支持部分行为履行	裁判理由		
1	(2015)浙甬商终字第1442号	二审	否	否	是	法院不支持复制公司会计账簿且认为原始凭证不能查阅	《中华人民共和国公司法》第三十四条	《中华人民共和国民事诉讼法》第六十四条
2	(2013)深中法商终字第2184号	二审	否	否	是	公司法并未赋予股东对公司会计凭证及原始凭证的查阅权,故只允许查阅其他文件	《中华人民共和国公司法》第三十四条;《中华人民共和国会计法》第十五条	《中华人民共和国民事诉讼法》第六十四条
3	(2016)鲁1427民初1311号	一审	是	否	是	准予查阅会计凭证,可委托专业人士查阅	《中华人民共和国公司法》第三十三条;《民法通则》第十条、第十五条;《山东省高级人民法院关于审理公司纠纷案件若干问题的意见》第六十三条	《中华人民共和国民事诉讼法》第六十四条
4	(2015)深福法民二初字第15402号	一审	是	是	否	查阅范围包括会计账簿及会计凭证	《中华人民共和国公司法》第三十三条	《中华人民共和国民事诉讼法》第一百四十二条

171

公司的有限责任及其衍生规则进化

续表

序号	案号	审理程序	中小股东是否为原告/上诉人/再审申请人	法院裁判			当时实体法适用依据	当时程序法适用依据
				是否支持行为全部履行	是否支持行为部分履行	裁判理由		
5	(2015)鸡商终字第122号	二审	否	是	否	会计原始凭证是记录会计账簿的依据,原始凭证才能反映公司最真实的经营情况,支持查阅	《中华人民共和国公司法》第三十三条、第三十四条;《中华人民共和国会计法》第十四条、第十五条	《中华人民共和国民事诉讼法》第一百七十条
6	(2018)京03民终10990号	二审	是	否	否	股份有限公司会计账簿、会计凭证不在股份有限公司股东知情权的法定范围之内	《中华人民共和国公司法》第三十三条、第九十七条;第一百零二条	《中华人民共和国民事诉讼法》第一百七十条
7	(2009)舟普商初字第510号	一审	是	否	是	股东未履行查阅会计账簿的前置程序,不支持查阅账簿的请求	《中华人民共和国公司法》第三十三条	《中华人民共和国民事诉讼法》第六十四条
8	(2008)闵民二(商)初字第1659号	一审	是	否	是	从字面解释,财务记录应不包括财务原始凭证	《中华人民共和国公司法》第三十四条	《中华人民共和国民事诉讼法》第六十四条
9	(2013)一中民终字第9866号	二审	否	否	是	公司会计复制会计账簿只可查阅,不支持复制会计账簿的诉讼请求;法院支持查阅会计凭证	《中华人民共和国公司法》第三十四条;《中华人民共和国会计法》第十四条	《中华人民共和国民事诉讼法》第一百七十一条

第十一章 优化营商环境推动的中小股东权益保护规则进化

续表

序号	案号	审理程序	中小股东是否为原告/上诉人/再审申请人	法院裁判			当时实体法适用依据	当时程序法适用依据
				是否支持全部行为履行	是否支持部分行为履行	裁判理由		
10	（2009）崇民二（商）初字第251号	一审	是	否	是	原始凭证涉及公司的秘密，不能查阅	《中华人民共和国公司法》第三十四条	《中华人民共和国民事诉讼法》第六十四条
11	（2018）津02民终1221号	二审	否	是	否	支持查阅会计凭证	《中华人民共和国公司法》第三十三条；《中华人民共和国会计法》第十四条	《中华人民共和国民事诉讼法》第一百六十九条
12	（2016）沪0118民初7889号	一审	是	否	是	支持查阅会计凭证，但不支持复制会计账簿	《中华人民共和国公司法》第三十三条；《中华人民共和国会计法》第九条、第十条	《中华人民共和国民事诉讼法》第一百六十九条
13	（2018）鄂05民终2417号	二审	否	否	是	股东在场的情况下，才可以由专业人士（会计人员等）辅助查阅资料	《中华人民共和国公司法》第三十三条；《中华人民共和国会计法》第九条、第十条；《最高人民法院关于适用〈中华人民共和国公司法〉若干问题的规定（四）》第十条	《中华人民共和国民事诉讼法》第六十四条

173

续表

序号	案号	审理程序	中小股东是否为原告/上诉人/再审申请人	是否支持全部行为履行	是否支持部分行为履行	法院裁判 裁判理由	当时实体法适用依据	当时程序法适用依据
14	（2014）锡商终字第0529号	二审	否	否	是	原始凭证可以查阅	《中华人民共和国公司法》第三十四条	《中华人民共和国民事诉讼法》第一百七十条第一款
15	（2017）沪0112民初11738号	一审	是	否	是	不支持复制会计账簿及会计原始凭证	《中华人民共和国公司法》第三十四条；《最高人民法院关于适用〈中华人民共和国公司法〉若干问题的规定（四）》第十条	《中华人民共和国民事诉讼法》第六十四条
16	（2014）通中商终字第0105号	二审	是	是	否	支持小股东查阅会计凭证以及委托注册会计师、律师等专业人士查阅的请求	《中华人民共和国公司法》第三十四条；《中华人民共和国会计法》第九条、第十四条、第十五条	
17	（2015）沪二中民四（商）终字第685号	二审	是	否	是	二审撤销了一审会计凭证不能查阅的规定	《中华人民共和国公司法》第三十三条	《中华人民共和国民事诉讼法》第一百七十条
18	（2015）通中商终字第00494号	二审	是	否	是	认为会计凭证涉及商业秘密，不应被查询，支持一审不予以查阅会计凭证的判决	《中华人民共和国公司法》第三十三条	《中华人民共和国民事诉讼法》第一百七十条

第十一章 优化营商环境推动的中小股东权益保护规则进化

续表

序号	案号	审理程序	中小股东是否为原告/上诉人/再审申请人	法院裁判 是否支持全部行为履行	法院裁判 是否支持部分行为履行	裁判理由	当时实体法适用依据	当时程序法适用依据
19	（2007）衢中民二终字第28号	二审	是	否	是	支持小股东查阅会计账簿及原始凭证的诉讼请求，复制会计账簿的请求不予以支持	《中华人民共和国公司法》第三十四条	《中华人民共和国民事诉讼法》第一百五十三条
20	（2016）陕06民终296号	二审	是	是	否	二审支持了小股东查阅会计凭证以及委托注册会计师、律师查阅的请求	《中华人民共和国公司法》第三十四条、《中华人民共和国会计法》第十四条、第十五条	《中华人民共和国民事诉讼法》第一百七十条
21	（2015）呼商终字第00036号	二审	否	否	是	会计凭证可以查阅	《中华人民共和国公司法》第三十三条；《中华人民共和国会计法》第九条、第十五条；《中华人民共和国民事诉讼法》第六十四条	《中华人民共和国民事诉讼法》第一百七十条
22	（2015）羌中民二终字第00020号	二审	否	是	否	二审维持一审判决，会计账簿可以查阅，可以委托专业人士查阅	《中华人民共和国公司法》第三十四条、《中华人民共和国会计法》第十四条、第十五条	《中华人民共和国民事诉讼法》第一百六十九条
23	（2015）一中民二终字第0619号	二审	是	否	是	二审法院支持查阅会计凭证不予以支持查阅会计凭证且委托专业人士查阅的要求	《中华人民共和国公司法》第三十三条；《中华人民共和国会计法》第九条、第十五条	《中华人民共和国民事诉讼法》第一百六十九条、第一百七十条

续表

序号	案号	审理程序	中小股东是否为原告/上诉人/再审申请人	是否支持全部行为履行	是否支持部分行为履行	法院裁判 裁判理由	当时实体法适用依据	当时程序法适用依据
24	(2015)杭富商初字第3966号	一审	是	否	是	只设执行董事,原告申请查阅董事会会议记录不予支持;会计凭证予以查阅	《中华人民共和国公司法》第三十三条;《中华人民共和国会计法》第九条、第十四条、第十五条	《中华人民共和国民事诉讼法》第六十四条
25	(2017)云04民终461号	二审	否	否	是	允许查阅会计凭证	《中华人民共和国公司法》第三十三条	《中华人民共和国民事诉讼法》第一百七十条
26	(2016)赣01民终262号	二审	否	否	是	委托专业人士查询予以支持	《中华人民共和国公司法》第三十三条	《中华人民共和国民事诉讼法》第一百七十条
27	(2018)苏04民终822号	二审	否	否	是	公司财务会计报告支持查阅,会计账簿只支持查阅,不能复制	《中华人民共和国公司法》第三十三条	《中华人民共和国民事诉讼法》第一百七十条
28	(2013)沙民二初字第534号	一审	是	是	否	会计凭证可以查阅	《中华人民共和国公司法》第三十四条;《中华人民共和国会计法》第九条、第十四条、第十五条	《中华人民共和国民事诉讼法》第六十四条

第十一章 优化营商环境推动的中小股东权益保护规则进化

续表

序号	案号	审理程序	中小股东是否为原告人/上诉人/再审申请人	法院裁判			当时实体法适用依据	当时程序法适用依据
				是否支持全部行为履行	是否支持部分行为履行	裁判理由		
29	（2017）京03民终4372号	二审	否	否	是	股东知情权是股东持续性的权利，不受诉讼时效的限制；会计凭证属于查阅范围	《中华人民共和国公司法》第三十三条；《中华人民共和国会计法》第十四条、第十五条	《中华人民共和国民事诉讼法》第一百四十四条
30	（2016）粤0304民初20585号	一审	是	否	是		《中华人民共和国公司法》第三十三条；《中华人民共和国会计法》第十五条、第二十条	《中华人民共和国民事诉讼法》第一百四十二条
31	（2015）东中法民二终字第797号	二审	否	否	是	会计账簿只可查阅不可复制	《中华人民共和国公司法》第三十三条、第五十三条	《中华人民共和国民事诉讼法》第一百四十四条
32	（2017）沪0114民初10160号	一审	是	否	是	会计账簿未履行前置程序，不予以支持	《中华人民共和国公司法》第三十三条	《〈民事诉讼法〉解释》第九十条
33	（2015）吉中民二终字第34号	二审	是	否	是	二审改判，支持查阅原始凭证	《中华人民共和国公司法》第三十四条	《中华人民共和国民事诉讼法》第一百七十条

续表

序号	案号	审理程序	中小股东是否为原告/上诉人/再审申请人	法院裁判			当时实体法适用依据	当时程序法适用依据
				是否支持全部行为履行	是否支持部分行为履行	裁判理由		
34	（2016）云0114民初1023号	一审	是	否	是	会计账簿只能查阅不能复制	《中华人民共和国公司法》第三十三条	
35	（2014）锡商终字第0528号	二审	否	否	是	原始凭证可以查阅	《中华人民共和国公司法》第三十四条	《中华人民共和国民事诉讼法》第一百七十条
36	（2016）鲁01民终2942号	二审	否	否	是	二审撤销一审准予复制会计账簿的判决，查阅不可复制	《中华人民共和国公司法》第三十三条	《中华人民共和国民事诉讼法》第六十四条
37	（2018）鲁01民终2150号	二审	是	否	是	会计账簿只能查阅不能复制	《中华人民共和国公司法》第三十三条；《中华人民共和国会计法》第九条、第十五条	《中华人民共和国民事诉讼法》第六十四条
38	（2018）川民再666号	再审	否	否	是	再审维持一审、二审法院保护中小股东权益的判决，会计凭证可以查阅	《中华人民共和国公司法》第三十三条	《中华人民共和国民事诉讼法》第一百七十条、第二百零七条

第十一章 优化营商环境推动的中小股东权益保护规则进化

续表

序号	案号	审理程序	中小股东是否为原告/上诉人/再审申请人	法院裁判			当时实体法适用依据	当时程序法适用依据
				是否支持全部行为履行	是否支持部分行为履行	裁判理由		
39	（2018）苏02民终5326号	二审	是	否	是	二审法院认为会计凭证可以查阅，但由于无查阅的必要性，故维持一审法院只可查阅会计账簿不可查阅原始凭证的判决	《中华人民共和国公司法》第三十三条；《最高人民法院关于适用〈中华人民共和国公司法〉若干问题的规定（四）》第七条、第八条	《中华人民共和国民事诉讼法》第一百七十条
40	（2019）冀09民终859号	二审	是	否	是	二审支持查阅会计账簿，但未支持查阅原始凭证	《中华人民共和国公司法》第三十三条；《民事诉讼法》司法解释第九十条	《中华人民共和国民事诉讼法》第一百七十条

179

通过对司法裁判文书进行研究可知，法院对于其他文件大多持消极态度，不支持查阅，如"李小磊与北京长川医用技术有限责任公司股东知情权纠纷案"中，裁判理由认为，《公司法》已经对查阅权的行使范围做出明确规定，长川医用技术有限公司的银行账户流水信息不在上述文件范围内，因此，李小磊主张查阅该账户流水信息的请求，于法无据。①

在40个案例中，最核心的争议点主要集中在会计凭证能否查阅以及是否可以委托专业人士进行查阅，股东要求查阅会计凭证的有30个案例，在30例要求查阅会计凭证的案例中，法院支持查阅的有22例，如"宋继红与上海圆融典当有限公司股东知情权纠纷案"。②有7个案例股东要求委托专业人士查阅，法院支持查阅的有6个案例，其中对于"宜昌市猇亭区福银小额贷款有限公司、郑剑化股东知情权纠纷案件"，法院判决股东在场的情形下才能准予委托专业人士查阅。③《公司法》需要进一步对股东查账权的具体程序、具体查账范围和步骤做出规定。对于查账所需要的中介机构，查账的开销谁来承担以及对查账结果反馈时间的期限也应做出明确规定。

最后，查询目的是否正当的标准不明。公司对股东查阅会计账簿最主要的抗辩理由就是目的不正当，如"朱正元诉张家港市皇冠鞋帽有限公司股东知情权纠纷"一案，被告皇冠鞋帽有限公司认为原告朱正元在与皇冠鞋帽有限公司生产同类产品的单位工作，查阅公司的财务凭证、股东会决议显然会泄露皇冠鞋帽有限公司的商业秘密，不具有查询目的的正当性，法院未支持被告的抗辩意见。④而在"壮杰诉南京君讯通讯技术有限公司股东知情权纠纷一案"二审程序中，法院认为壮杰另行成立的讯行公司与君讯通讯技术有限公司之间存在竞业关系和竞业事实，壮杰要求行使该项知情权存在不正当目的、有损害君讯通讯技术有限公司利益的可能。虽然讯行公

---

① 参见北京市房山区人民法院作出的（2018）"京0111民初17188号民事判决书"。
② 参见上海市第二中级人民法院作出的（2015）"沪二中民四（商）终字第685号民事判决书"。
③ 参见湖北省宜昌市中级人民法院作出的（2018）"鄂05民终2417号民事判决书"。
④ 参见张家港市人民法院作出的（2015）"张商初字第01272号判决书"。

司对其工商登记信息进行了变更,但壮杰未能提供其向案外人转让股权的证据材料,仅凭工商登记信息变更的事实,不足以证明壮杰与讯行公司已无关联,亦不足以证明一审判决据以认定壮杰存在不正当目的的事由业已消除。原告供职于生产同类产品单位,但张家港市人民法院未认定原告具有不正当目的,而在工商登记已经不显示原告与存在竞争关系单位有关联的情况下,江苏省南京市中级人民法院仍然认定股东具有不正当目的。

以上两个案件中形成巨大反差,反映出我国《公司法》判断股东是否存在"不正当目的"的标准过于模糊。《最高人民法院关于适用〈中华人民共和国公司法〉若干问题的规定(四)》第八条从反面列举了认定股东具有"不正当目的"的几种情形,但无法依据该条内容准确判断所有股东行使知情权是否出于"不正当目的"的情形,法院在判断时享有过大的自由裁量权,这会导致司法实践中法律实施不统一。

(2)中小股东的表决权不完善

首先,对于出资瑕疵股东的表决权限制不明确。我国《公司法》并未明确规定在公司内部表决中是按照股东"认缴"比例还是"实缴"比例进行计算,这使股东在行使表决权时,经常产生争执。实践中股东没有出资、出资不完全、出资后又抽逃资金的情况实属多见。《最高人民法院关于适用〈中华人民共和国公司法〉若干问题的规定(三)》(2020修正)虽然规定股东会决议可以对出资瑕疵股东的权利进行限制,司法解释并未规定对出资瑕疵股东的表决权进行限制。

其次,我国累积投票制度存在诸多不足。累积投票制度主要运用于股东大会选举两名以上董事或监事的情况,该项制度将每个股东持有的表决权股份数额与被选举人数相乘得到的票数视为股东享有的选举权利,中小股东可以将手上所有的投票权集中投给一个人,也可以分散投给多个人,最终按照票数多少决定董事或者监事入选。该制度增加了中小股东代表进入董事会或者监事会的可能性,能够优化公司的权力结构,更利于保护中小股东的合法权益。我国公司法第一百一十七条规定了累积投票制度，但累积投票制度的适用范围比较单一。我国的累积投票制度只适用于股份有限公司，法律并未规定有限责任公司也可以适用累积投票制度，这无疑是立法上的一大缺失。同时，我国目前对于累积投票制度的规定是"可以"适用，并不是必须适用，公司可以将累积投票制度看作一种权利而非义务，即使公司不适用这项制度，也不用承担相应的法律责任。基于此，不排除有些大股东为了维护自己的权益，通过操纵股东会排除适用该项制度，使得该项制度形同虚设。

最后，公司法有关表决权排除制度也亟待完善。股东的表决权排除制度也称为表决权回避制度，当股东与股东大会讨论的决议事项存在利益冲突关系时，该股东或其代理人不能就股东所持有的股权进行投票。该项制度有利于防止控股股东对其表决权滥用，防止侵害中小股东决议的形成。我国《公司法》对表决权制度做出具体规定，但是有关表决权回避的范围较为狭窄，表决权的排除只针对公司对外投资或为他人提供担保的情况，且只是对有公司担保的股东限制表决权，并不排除没有被公司担保却与表决事项有利害关系股东的存在。目前《公司法》只是针对上市公司具有关联关系的情况进行限制，对于非上市公司董事会和监事会决议事项所涉及的企业有关联关系的情况，法律并未排除其表决权。

3. 中小股东权利救济的营商环境短板

（1）中小股东的决议瑕疵诉讼不畅通

首先，决议瑕疵诉讼范围不明确。《公司法》只规定了股东会决议内容违反法律的决议无效之诉和决议的程序违法的可撤销决议之诉。《最高人民法院关于适用〈中华人民共和国公司法〉若干问题的规定（四）》第一条规定决议不成立的情况下也可以提起诉讼，这无疑是弥补立法漏洞的创新之举，但对于决议存在问题之诉是否予以确认并无明文规定。同时，《公司法》第二十六条规定的程序瑕疵范围是列举式的规定，所包括的范围非常有限，当股东的知情权受到侵害，中小股东要想以程序瑕疵为由撤销股东会的决议缺乏法律依据。

第十一章　优化营商环境推动的中小股东权益保护规则进化

其次,决议瑕疵诉讼制度缺少非诉方式的救济。虽然司法救济能够保障救济的有效性,但烦琐的程序和较长的诉讼时间以及高额的诉讼成本不利于中小股东高效维护自己的合法权益,相比诉讼程序而言,非诉程序有着更经济、更高效的优点,因此立法中应当增加非诉程序的救济模式。

再次,权利保护覆盖的主体不够全面。公司法中只规定有权提起决议效力之诉的原告为公司的股东、董事、监事,但由于股东大会的决议不仅涉及股东的利益,更关系到其他利害关系人的利益,《最高人民法院关于适用〈中华人民共和国公司法〉若干问题的规定(三)》(2020修正)第三条也只是规定对于决议涉及的其他利害关系人,可以依法列为第三人。公司决议效力之诉原告的界定,直接涉及《公司法》上的公司治理与利益平衡问题。[①]因此,为了保护除股东以外的利害关系人的权利,司法解释应当扩大有权提起决议瑕疵之诉的主体范围。

最后,《公司法》缺乏决议瑕疵引起的损害赔偿的规定。从保护中小股东合法权益的角度来说,即使是股东会的决议被认定为无效或者被撤销,中小股东因此受到的损害仍然未得到补偿,因此需要在立法中明确公司对中小股东受到的损害进行赔偿的相关规定。

(2) 中小股东的股东代表诉讼不畅通

首先,《公司法》对于股东代表诉讼的原告资格过于严格,而对于被告的范围界定却不够明确。一方面,法律要求股份有限公司的股东要在提起诉讼前连续持股180日才具有原告资格,对于这条规定来说,立法者的目的是防止股东代表诉讼权利的滥用,但从一定程度上来说,还是限制了中小股东的诉权。中小股东都是短线投资,要求连续持股180天才具有原告资格,期限太长,对于小股东来说设置了屏障;另一方面,法律还要求股份有限公司的股东必须单独或者合计持有1%的股份才能提起诉讼,法律对于持股比例的要求过高,就连中国石化、联通公司这些国有企业的最大流通股股东都无

---

① 石少侠:《对〈公司法〉司法解释(四)若干规定的理解与评析》,《当代法学》2017年第6期。

法满足这一持股比例要求。因此，法律有关持股比例的要求在实践中是缺乏可操作性的。此外，《公司法》第一百五十一条规定的被告有两类，一类是公司内部"董监高"，另一类是公司外部的"他人"，但并未明确界定"他人"的范围，这会导致实务中法院对于被告的认定不一，裁判结果不同。

其次，法律规定提起股东代表诉讼的前置程序缺乏可操作性。法律规定了股东可以跳过董事会和监事会直接提起诉讼的原因是"情况紧急"。实践中，并没有具体的法条来界定何为情况紧急，该法条在实践中缺乏可操作性。同时，股东只有在书面请求董事会或者监事会提起诉讼"未果"的情况下才能以自己的名义提起诉讼，但怎么证明"未果"也是需要法律予以明确的。

再次，目前我国《公司法》对于中小股东提起代表诉讼的举证责任分配和诉讼管辖适用存在问题。股东代表诉讼属于侵权责任纠纷，中小股东在提起诉讼之前要拿出证据证明履行过前置程序，然后在诉讼中还要证明提出诉讼请求的事实证据，实务中由于中小股东举证不足而败诉的情况实属常见。此外，法律也没有对该类案件的诉讼管辖原则作出明确规定，侵权纠纷的一般性原则是"原告就被告"，《民事诉讼法》对侵权案件的地域管辖做出规定，但对于股东派生诉讼的管辖未能给予明确的指引。

最后，我国的股东代表诉讼制度缺乏激励机制。在股东代表诉讼中，诉讼费和高额的律师费需要由小股东先行承担，使得小股东不堪重负，加上败诉的结果由小股东承担，这对小股东来说是一种很大的风险，会打击中小股东提起股东代表诉讼的积极性。

（3）中小股东的司法解散诉讼不畅通

股东的公司解散请求权主要指股东作为投资者，当其合法权益受损害时，股东有权依法请求公司解散，股东解散公司的权利属于请求权。在实践中，经常出现公司僵局或公司目的不合法、欺诈小股东的情况，当出现控股股东利用股东地位恶意操纵公司或者公司陷入僵局导致股东利益和公司利益受损的情形，股东为了维护其合法利益，可依照法律规定的程序提起司法解散之诉。《最高人民法院关于适用〈中华人民共和国公司法〉若干问题的规定（二）》（2020修正）第一条也对中小股东的解散事由做出明确规定，但概括性的列举还是不能完全概括中小股东权益受侵害的全部内容。在实践中，中小股东的司法解散之诉还存在很多缺陷。

首先，法律对有权提起公司解散诉讼的主体表述不够明确。司法解散之诉的被告是公司，《公司法》第二百三十一条也明确了占公司股东表决权10%以上的股东，当公司出现经营管理严重困难的情形时，股东具备提起司法解散之诉的资格。但法条对于原告股东的持股时间和持股状态未做出具体规定，这会导致某些股东利用该缺陷进行恶意诉讼。

其次，法条未明确规定司法解散的法定事由。我国《公司法》规定了只有通过其他途径不能解决纠纷的情况下才可以适用司法解散之诉，从实践的经验来看，概括式的法律规定往往比较抽象、笼统，可操作性较差。而列举式更加明确具体，可操作性也更强，因此需要以列举的方式完善股东有权提起司法解散诉讼的法定事由。

最后，司法解散制度缺乏合理的前置程序。《公司法》设立司法解散程序的初衷在于维护股东的利益，股东只有通过其他途径不能保障自己合法权益的情况下才会提起司法解散诉讼。因此解散公司并不是中小股东的最终目的，应当在解散公司之前设置一个前置程序，给予公司一定的缓冲期。

三 以"优化营商环境"为导向的中小股东权益保护的制度进化

（一）明确中小股东权益保护的主要目标

1. 促进中小股东与大股东之间权益的平衡

中小股东持股比例较低，在公司的日常经营决策中几乎没有发言权，加上他们在面临关联交易和重大决策的时候缺乏话语权，中小股东想在公司日常经营管理中获取应有的利益存在困难。在公司治理中，只有通过平衡中小股东与大股东之间的利益，才能保障中小股东的财产性权益免受控股股东的侵害。

"股东权利指数"指标重视平衡中小股东与大股东之间的利益。为了让中小股东有更多的机会参与公司重大决策，公司应当为参与公司重大决策的股东提供物质保障，充分调动中小股东参与公司决策的积极性。公司日常经营管理中，平衡股东和公司管理者之间的利益能够有效避免控股股东滥用股权，保障中小股东的合法权益。为了防止公司的资金和其他资产被公司管理人员不正当利用，在公司日常经营中，必须形成真实的财务记录，公司的每一个重大决策都必须经过股东大会的批准才能实施。同时，要重视对中小股东优先购买权、表决权等权利的保护。通过修改《公司法》，提升"股东权利指数"的得分，切实保障中小股东的权利。

2. 疏通中小股东参与公司治理的渠道

公司是所有权与经营权分离的主体，良好的公司治理渠道有利于提升公司的运行效率，提高中小股东的投资信赖度。实践中，完善公司治理是改善投资环境、吸引投资的重要手段。为了保障中小股东的合法权益，需要疏通中小股东参与公司治理的渠道。

"所有权和控制程度指数"重视公司治理渠道的完善。公司和董事之间的关系其实是一种委托关系，董事在任职的过程中是基于委托关系取得对公司日常经营事务的管理权和业务执行权。实践中，公司的董事、监事及其他高级管理人员身份竞合的情形实属常见，但一人任多职的情形会严重扰乱公司正常的经营管理，降低公司的运行效率，对公司治理造成不良影响。

在现代公司治理结构中，只有通过将公司不同人员的职责进行分离，才能降低公司职权代理行为在职权行使过程中的风险。同时，为了降低职权代理风险，应当借鉴"所有权和控制程度指数"的制度经验，在立法中明确规定，公司应当保证股权结构清晰，增加禁止一人担任数职的规定，将公司中的不同职责进行合理分离。

3. 提升中小股东司法救济的效率

"司法是维护社会正义的最后一道防线司法。"为了防止大股东

第十一章 优化营商环境推动的中小股东权益保护规则进化

利用股权优势,利用不合法手段侵害公司的利益,完善中小股东维护其合法权益的途径显得非常重要。通过完善中小股东的诉讼救济渠道,能够从一定程度上激励大股东守法,减少中小股东权益受损害的情况。

"股东诉讼便利度指数"重视提升中小股东司法救济的效率。诉讼是维护中小股东合法权益的最权威、最有效手段,在司法实践中,只有让中小股东便利地获得公司经营相关信息,才能证明公司"董监高"在公司经营管理中的不当行为,有效维护其合法权益。

提升中小股东司法救济效率,一方面要畅通中小股东获取公司信息、收集证据的渠道,重视对中小股东知情权的保护。另一方面,由于目前我国对于司法救济的具体程序,以及股东在诉讼中的举证责任、证明标准程度、诉讼费用的支付等规定还不够明确。提升中小股东司法救济的效率,需要借鉴"股东诉讼便利度指数"有利的制度安排,结合司法实践中的不足,进一步对《公司法》进行适当修改和完善。

(二) 优化中小股东权益保护的主要路径

1. 加强中小股东财产性权益的保护

(1) 加强中小股东的分红权保护

首先,法律应当强调股权转让中的"同等条件",同时对股权转让的时间做出具体规定。其次,明确《最高人民法院关于适用〈中华人民共和国公司法〉若干问题的规定(四)》第十五条但书的内容,合理界定司法干预分红的情形。建议在司法解释中明确规定,当出现股东采取隐瞒、转移公司盈利等手段变相分配公司利润,损害中小股东实体利益,使公司无法通过内部自治进行有效管理,股东会无法就分配方案做出有效决议时就应当由司法进行强制盈余分配,以此保障中小股东的合法权益。最后,应当健全对侵权股东的惩戒制度,对《公司法》第二十一条原则性的规定进行具体解释,合理界定大股东滥用权利侵害小股东合法权益的具体行为,进而明确大股东应当对其滥用权力的行为承担赔偿责任。

（2）加强中小股东的股权回购请求权保护

首先，应当拓宽可以行使股权回购请求权的主体，将未能参会但对会议内容依然持反对意见的股东也列为主体范围。其次，应对中小股东行使股权回购请求权事由"5年不分红"的时间调整为"3年不分红"。再次，为防止公司恶意规避不分红的时间，建议在司法解释中阐明，公司每次分红需要达到法律规定的比例。最后，建议《公司法》对股权回购制度中的"合理价格"进行界定，允许引入第三方专门机构对股东持有的股权价格进行评估，这样既利于中小股东权益的保护，亦能平衡双方的利益，提高效率。

2. 完善中小股东参与公司治理的途径

（1）完善中小股东的知情权

首先，明确知情权的主体资格。根据《最高人民法院关于适用〈中华人民共和国公司法〉若干问题的规定（三）》（2020修正）第二十四条的规定，隐名股东是公司的实际出资人，在得到公司过半数股东同意的情况下，其行使查阅权的主张就可以得到法院的支持。为了保护名义股东的查阅权，建议司法解释规定，如果公司不知晓代持股协议的存在，隐名股东只有在获得公司过半数股东同意后，才能变更股东身份。实际出资人未取得股东身份之前，对应的查阅权归属于名义股东。对于股东出资瑕疵是否具有查阅权的问题，建议司法解释规定，股东存在未实际出资、未全面出资或抽逃出资等出资瑕疵的问题并不影响股东行使其查阅权。

其次，注重股东查阅权与公司权益的平衡。从《会计法》第十三条、第十五条的角度分析，会计账簿与会计凭证并列，会计账簿并不包含会计凭证，会计凭证才是会计账簿最真实的反映，只有通过查阅会计凭证，才能准确全面地把握公司经营状况的来龙去脉。建议在《公司法》中明确股东查阅会计凭证的合法性，考虑到保护公司的商业秘密，同时也要对这一权利进行限制，让法官结合具体的案件考虑查阅的正当性和必要性。同时，建议在《公司法》中就对外签订的合同、银行的流水、对账单以及利益分配方案等文件是否可以查阅也做出相应规定。

第十一章 优化营商环境推动的中小股东权益保护规则进化

再次,完善正当目的审查标准。为了明确"正当目的"的判断标准,建议在司法解释中将"正当目的"具体化,比如,可以将了解公司财务状况和经营策略、公司重大决定的可行性等列为中小股东查阅权具有"正当目的"的认定。同时,《公司法》应当明确"不正当目的"的举证责任分配制度,建议由中小股东承担查阅目的具有真实性和合理性的初步证明责任,在股东提出证据证明查阅权存在正当性的前提下,应当适当加重公司的举证责任,由公司提出充分的证据证明股东行使查阅权的"不正当目的"。

最后,设立检查人选任制度。检查人制度是在股东向公司申请行使查阅权或质询权不能实现时的一项救济制度,股东行使知情权遭到公司的拒绝以后,股东可以向法院或者相关行政部门申请选任财会、审计等专业人士担任检查人,对公司相关经营状况以及财会情况进行审查。[①]通过由法院授权中立或者专门的律师、审计师等专业人员作为检查人对公司的相关文件在特定范围内进行检查,一方面能够满足股东的查阅权,另一方面能够有效防止公司的商业秘密被泄露。

(2)完善中小股东的表决权

首先,法律应对瑕疵出资股东的表决权进行限制,建议对《最高人民法院关于适用〈中华人民共和国公司法〉若干问题的规定(三)》(2020修正)第十六条进行修改,当股东存在出资瑕疵的情况,法律对股东权利的限制应当将表决权限制也包括在里面。建议立法从认缴期内和超过认缴期两个角度来讨论瑕疵出资股东的表决权限制。如果股东是在认缴期内存在出资瑕疵,依据《公司法》第四条的规定,股东以认缴的出资行使股东权利,在认缴期内给予股东一段时间的缓冲期补足出资额是合理的,利于减轻股东的经济负担和出资压力,这种情况下可以认定股东是基于认缴的资本额实行表决权。对于超过认缴期存在出资瑕疵的股东应当对表决权进行约束,应当按照实缴的数额来行使表决权。

---

① 朴永春、金河禄:《股东知情权保护的法律问题研究——分析〈公司法司法解释四〉的相关规定》,《延边大学学报》(社会科学版)2019年第4期。

其次,《公司法》应当扩大累积投票制度适用范围。规定累积投票制度同样适用于有限责任公司,有限责任公司的中小股东也能通过累积投票制度行使参与权。同时,建议在《公司法》中明确规定,公司在选举董事、监事时应当采取强制性累积投票制度的情形。在《公司法》第一百一十七条中明确规定,股东大会选举董事、监事,只要占公司持股比例10%以上的股东提议实行累积投票制,公司就应当采用累积投票制度进行选举。

最后,应当拓宽排除表决权适用的范围。将排除表决权制度的适用范围扩展到有限责任公司和股份有限公司,只要公司股东与董事会所决议的事项具有关联关系,就应当将其表决权排除。表决权排除制度不只是适用于公司对外投资或者为股东提供担保的情况,而是只要涉及中小股东权益的重点决策都可以适用该项制度。

3. 健全中小股东权利救济的方式

(1) 健全中小股东决议瑕疵诉讼

首先,明确决议撤销和决议不成立的界限。我国法律将决议程序存在瑕疵的情形同时规定在撤销之诉和决议不成立之诉中,这会给法官在审判两类诉讼时造成法律适用的困难。为了防止法官滥用自由裁量权,造成公司决议的不稳定,建议《公司法》规定,法官在司法实践中对"导致决议不成立的其他情形"应当做严格的限缩解释。[①]为了避免裁判的不确定性,建议在立法中明示只有比司法解释中提到的四类程序瑕疵更为严重的情况才适用决议不成立之诉,将其余有关股东会召集程序、表决方式的程序瑕疵界定为决议撤销之诉。

其次,将瑕疵范围扩展至股东知情权瑕疵。通过分析裁判文书,我国司法实务中有关中小股东知情权的诉讼大多是针对股东查阅权的诉讼,即"股东查阅权之诉"。《公司法》并未规定股东质询权遭到损害时的救济途径。根据《公司法》第一百八十七条的规定,股东有权在股东大会上对出席会议的"董监高"人员提出质询并要求

---

① 刘俊海:《公司自治与司法干预的平衡艺术:〈公司法解释四〉的创新、缺憾与再解释》,《法学杂志》2017年第12期。

第十一章　优化营商环境推动的中小股东权益保护规则进化

其对所质询的问题作出回答，但法条并未提及质询的方式、范围、"董监高"的回答标准以及权利的救济途径。虽然公司董事、监事以及高级管理人员拒绝在股东大会上回答股东的质询不属于公司决议内容的瑕疵，但从程序上来说，侵害中小股东质询权的行为已经在程序上造成了瑕疵。《公司法》第二十六条采取列举式的方式对程序瑕疵的范围进行了明确，但相关法条并未将股东知情权瑕疵包含在股东可提起的决议瑕疵诉讼中，如此一来，股东质询权就处于诉讼救济的"真空地带"。[①] 为了加强对中小股东质询权的保护，建议从立法上将决议瑕疵的范围扩展至股东知情权瑕疵。

最后，将决议瑕疵诉讼担保制度的相关规定进行修改。诉讼担保制度能有效防止股东滥诉，但原告需要为其主张的事实提供担保。决议瑕疵诉讼担保制度加重了原告股东的诉讼负担，担保制度的存在可能会成为很多小股东提起诉讼的障碍。建议《公司法》在法条中明确，法院只能在被告的申请下才能适用担保制度，不得依职权主动适用。为了防止中小股东进行恶意诉讼，《公司法》应当赋予被告承担原告进行恶意诉讼的证明责任。

（2）健全中小股东派生诉讼

首先，完善起诉条件的规定。对于原告的资格，建议将持股比例降低，对于股份有限公司的股东来说，只要连续持股时间达到180天以上且单独或者合计持股比例达到1‰以上的股东就具备提起股东派生诉讼的资格。对于被告的范围，根据《公司法》第一百八十九条的规定，公司内部人员以外的其他人侵害公司合法利益时，股东也可以提起派生诉讼维护公司的合法权益。被告为"他人"的情况，如果将"他人"理解为公司外部的第三人，这将会导致司法对于公司内部治理的不合理干预。因此，立法中对"他人"不应该一概而论，要给予法官自由裁量的标准，只有被告对公司存在控制能力，会对公司的权利配置造成影响，才能将"他人"考虑在被告的范围内。

[①] 丁勇：《公司决议瑕疵诉讼中的股东知情权瑕疵研究》，《东方法学》2014年第3期。

其次，完善举证责任分配制度。股东派生诉讼制度为股东维护公司及自身合法利益提供了有效的救济方式，为了防止股东滥用诉权进行恶意诉讼，需要对派生诉讼中原被告双方的举证责任进行合理分配。中小股东在诉讼中是原告的角色，被告则可能是"董监高"人员或者公司外部第三人，两类被告对原告举证能力的影响是不同的。因此，法律应当对不同类型的被告分配不同程度的举证责任。当被告是公司的"董监高"时，双方实力悬殊，中小股东作为原告的合法权益容易受到作为被告的大股东侵害，对被告的证明责任应采取过错推定责任。将侵权行为和损害结果之间不存在因果关系以及主观过错不存在的责任赋予被告。当外部第三人作为被告时，由于外部人不容易对公司进行控制，这时候原告的举证能力不易受到侵害，可以根据民事诉讼中"谁主张，谁举证"的理论分配原告、被告双方的举证责任。

最后，构建中小股东派生诉讼激励制度。实践中，如果股东在派生诉讼中胜诉，其胜诉结果由公司享有。如果股东未能在派生诉讼中获胜，不但公司及股东的利益得不到有效的维护，而且股东自身投入的时间、精力以及金钱都将失去意义，这会严重打击股东提起派生诉讼的积极性。为了规范公司治理结构，制止公司内部"董监高"人员滥用权利，建议《公司法》对于股东胜诉后的利益分配做出明确规定，只要股东胜诉，对于参与股东派生诉讼的股东，应当结合实际情况多分配诉讼利益。

（3）健全中小股东司法解散诉讼

首先，完善提起司法解散的主体范围，《公司法》明确规定只有持股比例达到10%的股东才有权提起司法解散之诉，法律并未对股东的持股时间和持股状态作出明确规定。为了防止股东滥用司法解散权，建议在《公司法》第二百三十一条中规定，有权提起司法解散的主体除了持股比例达到10%以外，还应连续持股6个月。

其次，完善司法解散的适用条件。建议采用列举式和概括式的方式界定股东提起司法解散的条件，在法条中具体列举《公司法》第二百三十一条规定的"公司继续存续会严重损害股东利益，且难

第十一章　优化营商环境推动的中小股东权益保护规则进化

以通过其他途径解决"情形,例如可以将控股股东通过不法手段,恶意操纵公司,损害公司及股东合法权益,并且通过其他途径不能解决的情况在法条中列举出来。

最后,完善司法强制解散之诉的程序。根据《公司法》第二百三十一条规定,在其他途径不能解决的情况下,才可以提起司法解散。但《公司法》并未对"其他程序"做出明确的解释,立法中应当进一步明确股东享有公司解散请求权的具体条件和程序,这样才能切实保障中小股东的利益。同时,应当在法律中明确,在解散公司之前设置一个前置程序,给予公司90天的缓冲期,缓冲期结束,公司仍不能解决问题时,法院才能判决强制解散公司。

"保护中小投资者"指标是世界银行营商法律环境评价项目之一,我们亟须学习世界银行评估"保护中小投资者"指标得分的方法论,立足于我国司法实践中存在的问题,仔细研究"保护中小投资者"指标,借鉴有利的制度经验,对我国《公司法》及相关法律做出适当修改。

通过分析中小股东权益保护的审判数据,发现我国现行《公司法》在中小股东权益保护方面仍存在一些不足,存在的主要缺陷为:第一,法律条文的规定不够明确,而且存在较多原则性的规定,这不仅容易在法律适用的过程中造成分歧,而且还缺乏可操作性,有待《公司法》进一步完善;第二,法律制度的规定不够全面,不能最大化地保障中小股东的合法权益。在市场经济立法中,既要尊重市场经济规律,也要重视衡平社会本位与个人本位的关系,要合理界定公司自治与司法干预的界限,运用法治来规范股东之间、股东与公司的边界,实现经济的良性发展,以更好地保护中小股东合法权益。

第十二章

优化债权保护推动的中小企业信贷融资规则进化[*]

一 概念界定与理论基础

(一) 中小企业的法律概念及分类

1. 中小企业概念

在经济学领域,中小企业是指在我国境内生产经营规模属于中、小型的各种所有制企业且符合国家产业政策的企业。国务院相关部门在规模划分时主要根据企业总资产额、营业额和企业员工的人数等因素。中小企业虽然个体规模较小,但在我国市场经济中占据重要地位。根据2018年国务院数据统计,我国中小企业数量占全国企业数量的90%以上,贡献税收占全国总税额的50%以上,提供了全国80%以上的劳动就业机会。发展中小企业与当前"大众创业、万众创新"发展理念非常相符,在促进社会和谐、科技创新、经济增长与促进就业等方面有着重要的作用,对社会发展与国民经济有着非常重要的意义。[①]

在法学领域,2011年颁布的《中小企业划型标准规定》第二条规定:"企业职工人数、营业额、资产总额是划分企业规模的主

---

[*] 本章合作者王漾曼。王漾曼,法律硕士,上海荣正企业咨询服务(集团)股份有限公司法务职员。

[①] 马毅、左小明、李迟芳:《高新技术中小企业知识产权集群互助担保融资研究——基于集群创新网络与融资创新视角》,《金融理论与实践》2016年第3期。

要指标。"① 我国2017年修订的《中小企业促进法》第二条规定的:"中小企业是指经营规模、人员规模相对较小的企业,包括中型企业、小型企业和微型企业。"②

2. 企业法律形态

企业的法律形态是企业形态法定化的结果③,是国家以法律的形式确认企业形态,是企业作为社会经济主体得到法律认可和保障的体现。国家通过立法确定企业的法律形态,并根据不同法律形态的企业特点,设立其权利和义务。一个国家在不同时期,企业的法律形态也是不同的,现阶段在我国现行商事法律制度下企业的法律形态主要有三种:个人独资企业、合伙企业和公司。④

(二) 中小企业信贷融资的法律概念

信贷市场是金融市场最重要的组成部分,信贷融资成了中小企业的首选融资方式。⑤ 信贷融资属于间接融资的其中一种方式,是指借款人为满足生产经营需要与贷款人达成合意并签订协议,借入资金的融资方式。企业融资方式的分类在此不做过多阐述,参照后文的结构图(见图12-1)。以民间借贷、企业发行股票债券等为代表的直接融资方式均不适合中小企业,原因一是民间借贷的融资方式借贷利息过高;二是发行债券、股票的融资方式门槛较高,多数中小企业不能达到发行标准。相比起来,以银行信贷融资为代表的间接融资方式,其贷款利息比民间借贷低,并且在"优化营商环境"倡议之下,中小企业信贷融资门槛不断降低,因而信贷融资成了中小企业的首选融资方式。目前常见的有以下几种融资模式。

1. 担保贷款

根据《商业银行法》有关规定,企业向银行申请贷款必须提供

---

① 《中小企业划型标准规定》,2011年6月18日发布。
② 《中小企业促进法》(2017年修订)第2条第2款。
③ 李昌麒主编《经济法学》(第4版),中国政法大学出版社,2013,第117页。
④ 史际春主编《经济法》(第3版),中国人民大学出版社,2015,第114页。
⑤ 杜金富、徐洁勤、徐晓飞:《如何有效防范化解信贷市场风险?——研究综述与展望》,《金融监管研究》2019年第8期。

抵押、质押等担保。① 有担保能力的自然人或企业可以其所有的房产、土地使用权、交通工具、存单等作为担保，金融机构以抵押、质押或保证方式向借款人发放的流动资金贷款。② 假如借款人未能按期偿还贷款本息或发生其他违约事项，由担保人承担相应的担保责任。

2. 信用担保贷款

依法注册并经有关部门批准设立的中小企业信用担保专门机构，可以与金融机构（债权人）签订合同，当企业或个人（债务人）无法按期履行债务时，由担保机构按照合同约定承担履约责任。③ 信用担保机构作为保证人，借款人无力偿付贷款时，由担保机构承担还款责任。信用担保机构为中小企业提供担保，在解决中小企业信用低、缺乏抵押物而被银行拒绝放贷的困境的同时，也降低了银行信贷风险，保障银行信贷资金能按期收回。

3. 综合授信

综合授信是银行等金融机构综合企业的信用等级、财务状况、需求及偿债能力等要素，从而核定企业相应的授信额度，并且提供对应的信贷产品。商业银行与企业建立了特殊的契约关系，以此提高信息披露程度，进而增强银行信贷风险管理水平。综合授信具有强化商业银行统一管理、增强商业银行抗风险能力、保障社会大众和商业银行合法利益的特点。④

（三）优化营商环境的"债权人权力"理论和"信息决定性"理论

世界银行营商环境评估的 10 项指标中，每一项都有一篇论文作为理论支撑。"获得信贷"指标的方法论依据是《129 个国家的私人信贷》⑤，文中的"债权人权力"理论和"信息决定性"理论共同作

---

① 《商业银行法》第三十六条。
② 《担保法》第三十四条、第六十三条、第七十五条。
③ 《关于建立中小企业信用担保体系试点的指导意见》第 1 条，1999 年 6 月 14 日发布。
④ 《商业银行授权、授信管理暂行办法》第 1 条，1996 年 11 月 11 日发布。
⑤ 〔美〕詹科夫、麦克利什、施莱弗：《129 个国家的私人信贷》，《金融经济学杂志》2007 年第 1 期。

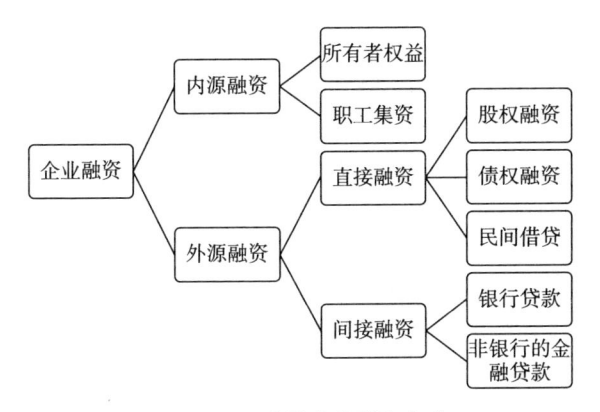

第十二章 优化债权保护推动的中小企业信贷融资规则进化

图 12 – 1　我国企业融资方式

为"获得信贷"指标的理论支撑。① 该文指出"债权人权力"与"信息决定性"（指信息充分程度）是影响金融机构向企业或个人提供贷款资金的两项最主要因素。

"债权人权力"理论和"信息决定性"理论共同作为本文探索中小企业信贷融资营商环境的理论依据。"债权人权力"② 理论，指债权人群体的权力对信贷市场的影响。如果银行能顺利收回贷款本息、通过抵押物获得救济，甚至得到借款企业的控制权时，银行会增强放贷意愿。"信息决定性"理论，是指银行对信息的掌握程度是影响贷款的最主要因素。当企业（借款人）提供的信息数据越全面，银行（贷款人）越能客观充分地评估企业，银行放贷的概率也会增加。"债权人权力"理论和"信息决定性"理论相辅相成，并不完全对立。有的国家侧重于贷款前充分交换信息数据，有些国家则看重在贷款后用法律保障债权人权益。在多数的发展中国家，由于法律体系不完善、事后救济不足以保障债权人权益等因素，发展中国家更依赖于利用贷款前的信息数据共享来降低风险。多数的发达国家或是地区，法律体系和信息数据共享平台都比较完善，两者相比较发达国家更加重视贷款后的债权人权益保护。

---

① 罗培新：《世界银行"获得信贷"指标的法理分析及我国修法建议》，《环球法律评论》2019 年第 2 期。
② "债权人权力"（而非"债权人权利"），指债权人群体的权力影响着私人信贷市场的发展程度。

二 调研问卷与案例分析

(一) 中小企业获得银行贷款的情况

根据我国银行保险监督管理委员会发布的《2018 年银行业金融机构用于中小微企业贷款情况表》①，可以看出 2018 年四个季度银行业金融机构②发放贷款数相对保持平稳。2018 年度整个银行业金融机构向中小微企业合计发放贷款 1306535 亿元，其中商业银行向中小微企业合计发放贷款 982610 亿元，商业银行贷款发放数额占银行业金融机构发放数额的 75.2%（约为 3/4）。（见表 12-1）从商业银行的发放贷款额反映出来，商业银行对中小微企业的贷款支持力度之大；从侧面也能看出，商业银行为中小微企业提供了有效可行的融资方式。对于中小微企业来说向商业银行信贷融资至关重要，这也符合本文选取中小企业信贷融资作为研究对象的初衷。

表 12-1 银行业监管统计指标季度情况表（2018 年）

单位：亿元

项目	一季度	二季度	三季度	四季度
银行业金融机构合计	317645	323522	330445	334923
其中：商业银行合计	239671	242873	247899	252167
大型商业银行	74590	73134	72339	71022
股份制商业银行	43657	44007	44817	45652
城市商业银行	55590	57240	60221	62622
农村商业银行	63130	65538	67452	69619
外资银行	2407	2490	2532	2562

资料来源：中国银行保险监督管理委员会《2018 年银行业用于中小微企业贷款情况表》，2019 年 2 月。

---

① 《2018 年银行业用于中小微企业贷款情况表》，银行保险监督管理委员会网站，2019 年 2 月 5 日，http://www.cbrc.gov.cn/chinese/home/docView/6D93BC8543FF4253ADB6F0CDE1294AE5.html。

② 银行业金融机构包括商业银行、政策性银行、外资银行、城市农村信用社、信托公司、金融租赁公司等金融机构。

（二）中小企业融资情况调查及分析

1. 我国中小企业融资案例分析

福建一家中小型农产品加工企业无缘商业银行贷款，该企业负责人认为："涉农行业客观存在的自然风险、市场不可预测等因素，导致商业银行对涉农中小企业贷款很谨慎。"① 当地某商业银行的工作人员提出："商业银行主观上支持涉农中小企业贷款，但是商业银行谨慎发放贷款的最主要原因是中小企业缺少银行认可的抵押物以及抵押物难以评估和保管。"事实上，我国中小企业以厂房、土地、农产品等物权进行贷款抵押担保时，抵押物范围有限、抵押难以评估和保管，所以才造成了"银行主观上支持中小企业贷款，但在实务中顾虑重重"的情形。

国家统计局数据显示，2018 年企业数量最多的行业前三名依次是：批发零售业（29%）、制造业（15%）、租赁服务业（111.7%）。② 2018 年中小企业制造业数量（按行业划分）占比最多的前三名依次是：非金属矿物制品业（10%）、农副食品加工业（7.1%）及通用设备制造业（6.8%）和金属制品业（6.8%）并列第三。（见图 12-2）通过这两组数据可以看出制造业企业数量多，也是我国企业的主流行业；中小企业在涉农制造业具有明显的数量优势，也具有普遍代表性。

做好"三农"工作是现今经济建设重要环节，也是社会的焦点所在。由于农业的脆弱性和风险，中小涉农企业长期存在融资难题。涉农企业拥有的土地多为集体土地，流动资产多为存货、机器设备和应收账款，难以作为有效抵押物。《担保法》③《民法典》中规定除法律另有规定外，集体土地使用权不得抵押。《中小企业促进法》

---

① 《涉农企业贷款难：企业越大，死得越快？》，新华网，2019 年 11 月 8 日，http://www.xinhuanet.com/fortune/2019-11/08/c_1125207643.htm。
② 载国家统计局网，2019 年 11 月 12 日，http://data.stats.gov.cn/easyquery.htm?cn=C01&zb=A010302&sj=2019。
③ 《担保法》第三十七条。

规定企业可以应收账款、存货等担保融资①,但是实务中企业的机械设备折旧率高容易贬值、农产品(鲜活易腐物)不易储存和保管,银行不愿意以此类动产作为抵押担保物。以这类价值不高的动产抵押,对于企业小额抵押贷款的需求暂且可以满足,但是企业大额抵押贷款的需求银行就会慎之又慎了。此外,涉农企业缺乏健全的产权交易市场,多数资产评估难、流转难、变现难,不利于发挥缓释金融机构贷款风险的功能。②

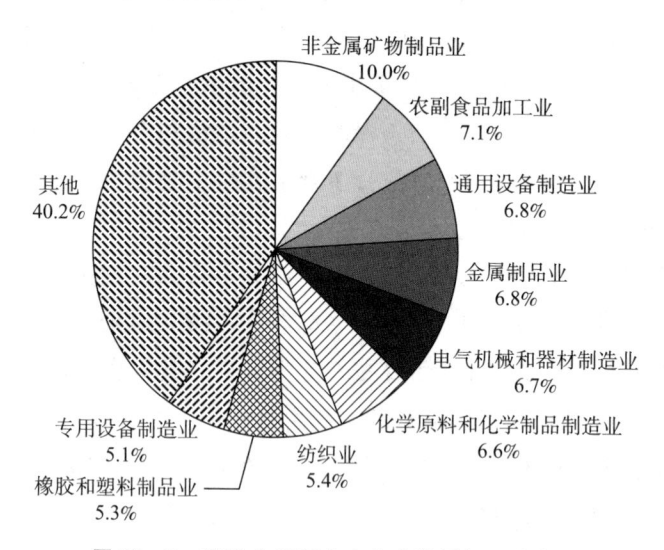

图 12-2 2018 年我国中小企业数量行业分布图

资料来源:华经情报网《2018 年中国中小企业数量及经营情况分析》,2019 年 7 月。

2. 中小企业调查问卷及情况分析

为深入了解我国中小企业的融资困难,面向全国的中小企业发放网上问卷,在有效时间内收回有效问卷 116 份。通过问卷能进一步了解我国中小企业的融资情况和中小企业的心声,从调查的数据中分析其存在普遍的问题,从而让本文更具有针对性和现实意义。

---

① 《中小企业促进法》(2017 年修订)第十九条。
② 董宁:《金融支持现代农业发展中的法律体系建设研究》,《金融理论与实践》2014 年第 6 期。

第十二章 优化债权保护推动的中小企业信贷融资规则进化

在设计问卷时,包含以下三个方面的内容:第一,企业的基本情况。收回有效问卷中几乎涵盖所有行业(见图12-3)。第二,企业融资的具体情况。考察的变量有6个:企业的主要融资方式、融资渠道偏好、对资金期限的需求、获得贷款的方式、银行贷款困难的原因、担保机构的缺点。第三,融资政策。变量有1个:对政府的期盼。从问卷中反映了以下现状。

您企业所属行业[单选题]		
A.计算机/互联网/通信/电子	31	26.72%
B.贸易/消费/制造/营运	30	25.86%
C.制药/医疗	7	6.03%
D.广告/媒体	14	12.07%
E.房地产/建筑	6	5.17%
F.专业服务/教育/培训	7	6.03%
G.服务业	11	9.48%
H.物流/运输	4	3.45%
I.能源/原材料	1	0.86%
J.其他(请列出)	5	4.31%
本题有效填写人次	116	

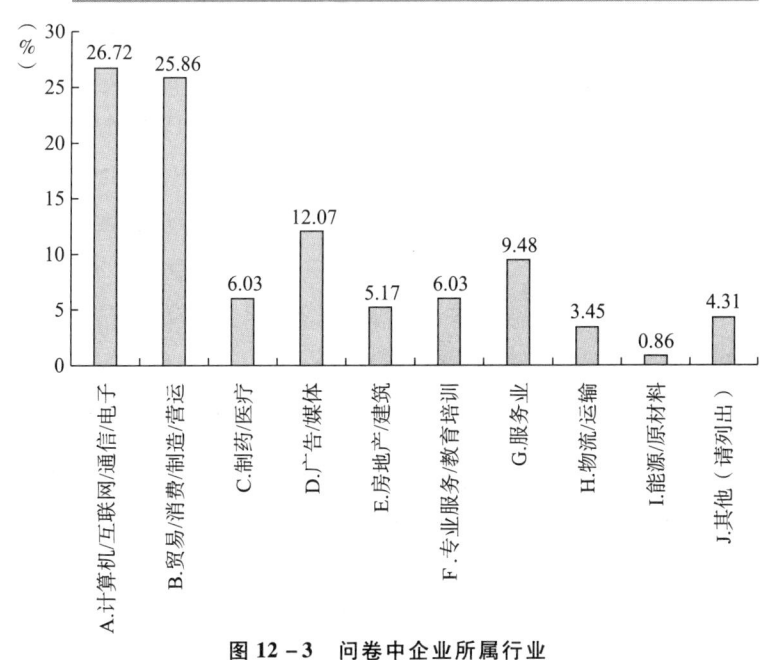

图12-3 问卷中企业所属行业

资料来源:问卷星《中小企业融资调查问卷》,2019年4月。

（1）企业融资需求大

调查问卷显示，我国32%的中小企业出现资金紧张，57%的企业认为资金稍微紧张，表示资金宽裕的企业只占调查企业总数的11%。（见表12-2）

表12-2　企业目前的资金状况

	人数	比例
A. 紧张	37	32%
B. 稍微紧张	66	57%
C. 宽裕	13	11%

资料来源：问卷星《中小企业融资调查问卷》，2019年4月。

（2）企业融资以银行贷款为主

根据本次调查显示，在融资方式选择上35%的企业选择向银行贷款，28%的企业选择民间借贷，21%的企业选择向员工内部集资，16%的企业选择风险投资，可以看出向银行贷款成为解决中小企业资金运转障碍的首选渠道（见表12-3）。前面章节也提及《2018年银行业用于中小微企业贷款情况表》数据显示，2018年全国商业银行发放的贷款数额占金融机构发放贷款总额的75.2%，商业银行发放贷款数额约占金融机构发放贷款总额的3/4。银行信贷融资作为间接融资的其中一种重要途径，优点在于银行贷款利息比民间借贷低，对于达不到发行股票债券要求的企业，选择银行信贷融资是较好的融资选择。但是其弊端在于商业银行对中小企业道德风险、信用风险有顾虑，这使得许多商业银行不愿意给中小企业提供廉价的融资产品。

表12-3　企业的主要融资方式

	人数	比例
A. 银行贷款	41	35%
B. 民间借贷	32	28%
C. 员工内部集资	24	21%
D. 风险投资	18	16%

资料来源：问卷星《中小企业融资调查问卷》，2019年4月。

第十二章 优化债权保护推动的中小企业信贷融资规则进化

问卷显示出的另一个问题是，中小企业从银行所获得的贷款多为短期贷款，并不能完全满足企业需求。调查中发现中小企业对短期流动资金需求占所调查的总企业数的34%，而对长期投资资金的需求占所调查的企业数的66%（见表12－4）。

表12－4　资金使用时间的长短需求

	人数	比例
A. 长期资金	77	66%
B. 短期资金	39	34%

资料来源：问卷星《中小企业融资调查问卷》，2019年4月。

在"对当前银行信贷产品不满意的原因"这一问题中（多选题），"额度少""期限短""利率高"是选择最多的三项（由表12－5）。由此可见，中小企业即使能取得银行的贷款资金，但贷款期限较短、额度少又让企业面临新的困境。

表12－5　对当前银行信贷产品不满意的原因（多选题）

	人数	比例（该选项与总人数之比）
A. 种类少	25	22%
B. 额度少	56	48%
C. 期限短	56	48%
D. 利率高	43	37%

资料来源：问卷星《中小企业融资调查问卷》，2019年4月。

（3）可供担保的抵押物种类少

调查问卷显示34%的企业通过信用担保机构贷款，29%的企业选择以房屋、土地抵押向银行贷款，7%的企业选择以机器设备抵押贷款，16%的企业以股东私有财产作抵押，14%的企业通过他人担保向银行贷款（见表12－6）。银行喜闻乐见的抵押担保模式，还需要中小企业支付资产评估等相关费用，无形中加大了中小企业融资的成本和难度。

公司的有限责任及其衍生规则进化

表 12-6 获取银行贷款的方式

	人数	比例
A. 股东私有财产抵押	18	16%
B. 企业房屋、土地抵押	34	29%
C. 设备抵押	8	7%
D. 通过信用担保机构	40	34%
E. 通过他人担保	16	14%

资料来源：问卷星《中小企业融资调查问卷》，2019 年 4 月。

在"融资过程中遇到的主要困难"这一提问（多选题）中，"缺乏第三方保证""信用评级不达标""缺乏银行愿意接收的抵押财产"为选择最多的前三项（见表 12-7）。目前，缺乏有效的抵押物、抵押物种类少是制约中小企业银行融资的最主要因素。

表 12-7 融资过程中遇到的主要困难（多选题）

	人数	比例（该选项与总人数之比）
A. 缺乏银行愿意接收的抵押财产	55	47%
B. 缺乏第三方保证	70	60%
C. 信用评级不达标	61	53%
D. 利率太高	40	34%
E. 政策不支持	22	19%

资料来源：问卷星《中小企业融资调查问卷》，2019 年 4 月。

（4）信用担保机构作用有限

调查问卷显示 40% 的企业认为担保机构承保品的种少，28% 的企业认为信用担保机构提供的信息不透明，18% 的企业认为信用担保机构资质低，14% 的企业认为信用担保机构专业性不够（见表 12-8）。综合分析，我国信用担保机构没有充分发挥作用，信用担保机构设立的初衷就在于通过信用担保机构，撬动金融机构对中小企业的信贷投放力度，做大融资担保业务规模，着力破解中小企业融资难题，但是实际运行和其宗旨还有一定差距。

第十二章　优化债权保护推动的中小企业信贷融资规则进化

表 12-8　担保机构的缺点

	人数	比例
A. 担保机构承保的品种少	46	40%
B. 机构提供的信息不透明	32	28%
C. 机构资质低	21	18%
D. 机构专业性不够	17	14%

资料来源：问卷星《中小企业融资调查问卷》，2019年4月。

（5）政策期许

在"对政府的政策期许"这一选项中，34%的企业建议完善金融体系，46%的企业提议加大对信用担保机构的支持力度，20%的企业建议政府出台鼓励全民创业的政策（见表12-9）。

表 12-9　对政府的政策期许

	人数	比例
A 完善金融体系	39	34%
B 加大对信用担保机构的支持力度	53	46%
C 鼓励全民创业	24	20%

资料来源：问卷星《中小企业融资调查问卷》，2019年4月。

三　融资便利与风险防控

（一）信贷融资与系统性金融风险的平衡

受国际影响或国家宏观微观等因素诱发，致使实体经济遭受损失的金融风险称为系统性金融风险[①]，与金融产品创新、信息不对称、金融监管等问题相关联。2008年爆发了全球金融危机，近年国内经济形势又受中美贸易摩擦等不确定性因素影响，我国中小企业受到冲击，企业融资情形也不乐观。党中央多次强调要守住

---

① 张维：《系统性金融风险的历史考察与防范对策》，《南京审计大学学报》2018年第2期。

系统性金融风险的底线,我国重视防范系统性金融风险,维护金融稳定。(1)我国在稳健的货币政策刺激下,当前银行的贷款扩张能力增强①,商业银行作为盈利法人,赚取利润是其特征之一,商业银行存在为获利而不合理发放贷款的可能性,诱发系统性金融风险。(2)金融科技不断创新发展,互联网借贷、众筹等创新产品层出不穷,日益复杂的金融产品可能引发信息不对称,间接导致道德风险和逆向选择。②此外,金融产品混乱也暴露出监管重叠、监管真空等诸多问题。③(3)地方政府债务多产生于地方行政开支和基础设施,加之债务周期和收益不对称等因素,容易导致地方债务的信用风险。(4)投资者非理性的投机行为容易诱发系统性金融风险。金融市场投资者对金融市场盲目乐观并缺少分析能力,对即将发生的危机缺乏心理准备,所有参与者都成为套利者。

(二)信用担保体系与财产担保体系的均衡

1. 财产担保体系问题

担保物权制度与金融发展关系最为密切,也是中小企业信贷融资的媒介,担保法律环境直接影响着金融环境。

(1)中小企业缺乏有效的抵押担保物。中小企业资产规模小、经营稳定性差、信贷资产风险较高,商业银行和担保机构往往要求中小企业以厂房、房屋等不动产抵押作为发放贷款的前提条件。我国中小企业多是县城、乡镇企业,厂房用地多为集体土地或宅基地,其中涉及集体土地所有权流转的制度性障碍问题。④

(2)中小企业的抵押物缺乏统一的评估规范。当前我国银行界缺乏统一的抵押品评估机构、评估准则,抵押担保物的价值评估规

---

① 《2019年第四季度中国货币政策执行报告》,中国人民银行网站,2020年2月19日,http://www.pbc.gov.cn/goutongjiaoliu/113456/113469/3974306/index.html。
② 滑冬玲:《系统性金融风险隐患及其防范——基于新时代金融安全观分析》,《中国特色社会主义研究》2019年第6期。
③ 唐波、李秦:《系统性金融风险监管主体制度改革的国际实践与借鉴》,《湖南社会科学》2019年第6期。
④ 《担保法》第三十六条。

则会直接影响到信贷担保物的价值,严重则影响到抵押效力。

(3) 我国担保登记机构不统一。我国目前存在约 10 个动产担保登记机构,当事人需要分别进行登记确权。① 生产设备、船舶、航空器等动产担保物权登记职责分散于不同的政府部门中,登记机构星散分布。例如生产设备、原材料的抵押权登记机关是工商部门;② 船舶抵押权登记机关是海事局;③ 民用航空器抵押权登记机关是国务院民用航空部门。④

(4) 担保物权设定理念缺乏合理性。我国《民法典》规定以知识产权中的财产权出质、应收账款出质应采取登记生效主义。世界银行《营商环境报告》提及最佳实践效果是设定动产担保一般采取登记对抗主义,以及双方当事人对抵押物可选择概括描述或具体描述,在可合理识别的前提下,抵押登记时可以仅做概括性描述,登记机构仅进行形式审查。

2. 信用担保体系问题

(1) 我国信用担保立法缺位。虽然我国信用担保法律体系框架已经基本成形,《公司法》《商业银行法》《担保法》等一系列法律解决了我国信用担保领域无法可依的问题。但这些部门法的调整范围有自身局限性,不能完全适用于当前的专业性担保机构,因为这些部门法法条是针对民商事担保行为,并不专门针对信用担保机构。其次,《中小企业促进法》的内容规定多为"鼓励、加强、促进"等概括性指导词,并无详细的实施细则以及相应的保障、救济措施。《关于建立中小信用担保体系试点的指导意见》⑤《关于鼓励和促进中小企业发展若干政策意见》⑥ 也都停留在原则性的规定、宏观要求,未对建设中小企业信用担保体系作出具体的规定。

(2) 信用担保机构担保杠杆率偏小。国内担保总金额平均为其

---

① 张韶华:《动产担保、营商环境与信贷市场》,《北方金融》2019 年第 1 期。
② 《动产抵押登记办法》(工商总局令第 88 号),2007 年 10 月 17 日发布,第二条。
③ 《船舶登记办法》(交通运输部令第 85 号),2016 年 12 月 13 日发布,第四条。
④ 《民用航空法》(2018 年修订)第十一条第四款。
⑤ 《关于建立中小信用担保体系试点的指导意见》,1999 年 6 月 12 日国家经贸委发布。
⑥ 《关于鼓励和促进中小企业发展若干政策意见》,2000 年 7 月 6 日国家经贸委发布。

资本的 2 至 4 倍，相较于日本等发达国家杠杆倍数差距较大。① 低杠杆一方面映射出信用担保机构的风险控制能力不足的问题；另一方面反映了信用担保机构运营能力有待提高。信用担保机构的资金只能用于储蓄或者购买国债，反映了信用担保机构倾向于审慎经营，缺乏强有力的风控能力。信用担保机构作为经营风险的专业性机构，应具备比商业银行更强的风险识别能力、风险控制能力、风险救济能力。

（3）信用担保机构承担责任过重。按照国际惯例，担保机构一般承担 70% 的责任，其余部分由合作的商业银行承担，例如法国信用担保机构承担的责任为 50%、美国承担 80% 的责任、加拿大承担 85% 的责任。② 相比较，我国商业银行几乎要求信用担保机构承担全部风险，并且是无条件的连带责任。

（三）企业自身能力缺陷

1. 企业偿债责任机制不完善

债权难以有效行使使得我国更加重视贷款责任的认定，故而需要权责对等、公正分明的追责制度。目前，我国中小企业主要有个人独资企业、合伙企业和公司（多为有限责任公司），这三种企业偿债责任主体也是不同的。

个人独资企业和有限责任公司责任承担主体范围清晰。个人独资企业无法偿还银行贷款时，企业的所有者要对整个企业的债务承担无限连带责任。③ 我国中小企业多为有限责任公司，有限责任公司以公司名义向银行贷款，到期不能归还借款由法人自行承担责任。但是有限责任公司的实际控制人或是股东以自己的名义向银行贷款，则由该实际控制人或是股东承担责任。此处参照的是《最高人民法院关于适用〈中华人民共和国公司法〉若干问题的规定（三）》

---

① 梁军峰、赵亮：《我国中小企业信用担保体系的发展现状及国外经验借鉴》，《改革与战略》2017 年第 5 期。
② 《世界各国中小企业信用担保体系发展情况》，国家诚信工商企业信息化服务平台，2019 年 1 月 2 日，http://cxgs.aqspw.org/front/article/44743.html。
③ 《个人独资企业法》第二十八条、第三十一条。

第十二章　优化债权保护推动的中小企业信贷融资规则进化

（2020修正）规定的发起人为设立公司以自己的名义对外签订合同的效力，成立后的公司、发起人都是责任承担主体。① 由于设立中的公司适用该规定，那么可以合理推定成立后的公司也应当适用该规定。

合伙企业偿债责任主体存在歧义。在合伙企业中（本文仅指普通合伙企业）企业债务应由全部合伙人承担无限连带清偿之责。② 合伙人为执行企业事务向银行借款，当企业的资金无法偿还贷款时，应由全体合伙人承担连带责任是没有争议的③，但若是合伙人超越权限或违反《合伙企业法》对合伙人执行合伙企业事务的限制，以合伙企业的名义向银行贷款，到期时无法偿还的，责任承担主体应该分情况讨论：这里是依据《合伙企业法》规定"合伙企业对合伙人执行合伙事务……不得对抗善意第三人"④，可以推导出如果第三人为善意的，那么应当由全体合伙人承担；如果第三人为非善意的，那么其行为的后果应由合伙人个人承担。

2. 企业与商业银行和担保机构之间信息传递存在障碍

企业、商业银行与担保机构之间信息共享存在障碍，无法有效地传递信贷信息。我国现有的信贷信息资料库有中国人民银行的信贷资料库和各个商业银行依据自己的客户群体而建立的信贷资料库。我国中小企业同商业银行、担保机构之间信息不联通的问题已存在多年。中国人民银行的信贷资料库已经成立多年，但是和各个金融机构信息互递方面，效果不尽如人意。因为一方面各个金融机构顾及信息的安全性和保密性，同时也考虑到行业间的核心竞争；另一方面中国人民银行没有扮演好信贷信息共享的组织者的角色。

3. 不规范的企业行为带来信用风险

中小企业为获取信贷支持，存在隐匿企业真实信息的可能性。表现有：第一，企业粉饰财务报表；第二，规模较小的不具备独立

---

① 《公司法司法解释（三）》第二条。
② 《合伙企业法》（2006年修订）第三十九条、第九十一条。
③ 《合伙企业法》（2006年修订）第二十七条。
④ 《合伙企业法》（2006年修订）第三十七条。

的财务、审计部门的中小企业,存在伙同第三方机构进行财务报表造假的可能性,这些行为都会加大商业银行对企业信贷资质审查的难度。实务中大部分银行仅仅对中小企业的财务报告、贷款资料做形式审查,难以精准地评估企业的财务状况、偿还能力,抬高了银行审计中小企业真实状况的难度。银行无法充分了解企业的实际规模和收入情况等信息,进而加大了银行评估风险。

4. 企业缺乏风险控制意识

中小企业在我国多为个人独资企业、合伙企业、公司(以有限责任公司为主),企业主既是投资者,又是管理者,在企业中享有绝对的管理权、控制权。企业主自身素质不高,加之企业缺少专业的管理人(职业经理),企业整体缺乏必要的风险防范意识,风险控制能力薄弱。

(四) 商业银行信贷管理机制亟须优化

1. 现行商业银行信贷规定法律存在空缺

我国《商业银行法》关于银行信贷业务的大部分条款只是做了原则性规定。[①] 例如《商业银行法》(2015 年修正)第三十六条第二款规定:"经商业银行审查、评估,确认借款人资信良好,确能偿还贷款的,可以不提供担保。"可是商业银行对贷款审查的范围、方式、标准等均没有具体明确的规定,存在立法上的空白与缺失。法条规定过于概括,给予商业银行过多的自由裁量空间,反而不便于各个银行实务操作,也不利于银行业界形成统一的"无担保贷款"标准。《商业银行法》(2015 年修正)第五十条规定:"商业银行收取手续费,收费项目和标准由银保监会、央行分别会同国务院价格主管部门制定。"对于操作中的细节如银保监会和央行的内容分工、定价标准均没有明确规定。

2. 商业银行消极的信贷偏好

(1) 商业银行偏爱抵押、质押贷款。无抵押贷款在商业银行贷

---

① 高雄伟:《农村信贷风险研究》,经济管理出版社,2014,第 27 页。

款产品中具有高风险,相反抵押、质押贷款,如果出现不良贷款,商业银行能够通过抵押物、质押物获得救济,企业的违约风险小,贷款安全性有保障。

(2)商业银行偏好实力雄厚的大型企业客户群体。商业银行以"扶大收小"作为向企业放贷的准则,在信贷合规的前提下,银行都偏向给实力雄厚的大型企业放贷。① 其次,地方性银行、中小型银行"羊群效应"明显,地方性银行、中小银行主观上对中小企业有偏见,与大型银行竞争大型客户群体,客观上也减少了对中小企业的信贷融资供给。

3. 商业银行权益保护空缺

(1)商业银行知情权保障空白。我国《公司法》中规定债权人知情权范围限于公司的合并、分立以及减少注册资本。对涉及公司或企业的生产经营状况、财务状况等方面的信息,法律没有规定债权人享有充分的知情权。② 在大多数情况下,相关法律对债权人的保障明显弱于股东。保障知情权对商业银行同样具有重要意义,商业银行作为贷款企业的债权人,一定程度上承担了更多的风险。

(2)商业银行诉权存在空缺。商业银行作为债权人时,其权益往往不能得到保障。我国《公司法》虽然赋予股东以诉讼方式追究董事、监事、高级管理人员的侵权责任,③ 但是却没有赋予债权人相应的救济权利。诉讼救济对商业银行同等重要,因为银行作为债权人也可能间接遭受贷款企业的管理人、所有者侵权,如果没有法律救济,银行的权利就难以维护,而法律救济程序启动的首要前提是诉权的存在。

4. 新兴技术在信贷风险监控方面的局限性

我国东部发达城市的商业银行率先尝试将"大数据"运用于信贷风险防控,实施贷前、贷中和贷后实时监控,保障信贷业务科学

---

① 许金兰、刘娟、淡志强:《模糊集合论在信贷融资风险评价中的应用》,《中国注册会计师》2018年第4期。
② 《公司法》(2023年修订)第二百二十二条、第二百二十四条。
③ 《公司法》(2023年修订)第一百八十九条。

可持续发展。"大数据"防控信贷风险是"大数据"系统整合企业基本信息、财务状况、风险特征等内部信息数据，再融合工商、司法等外部数据，客观、直观地呈现客户风险状况，便于银行工作人员掌握客户未来的发展趋势和预判风险。[①]"大数据"监控系统没有得到普及的原因有：（1）信息数据来源渠道分散。要全面地评估、掌握客户的风险状况，需要多方面、多渠道的信息数据作为支撑。一方面由于政府部门信息公开内容有限，有用的信息难以获取；另一方面如果由企业提供全部信息，也容易诱发道德风险。（2）监控系统研发运营成本较高。不仅研发、搭建监控系统需要投入大量的人力与财力，而且系统建成后还需要进行管理、维护和改进才能保持系统正常运营的价值，日常开销仍然是最大问题。（3）监控系统售价高。对于没有能力研发"大数据"监控信贷风险系统的银行需要向研发中心购买，这也是一笔不小的费用。

四 "获得信贷"指标的法律治理优化需求

（一）优化法治营商环境助力中小企业发展

近年来，随着国家对营商环境建设的重视，营商环境已成为全国各个城市发展的重大战略选择和增强地区经济优势的主要措施。[②]2013年《关于全面深化改革若干重大问题的决定》提出"建设法治化营商环境"的要求。2017年习近平总书记在中央财经领导小组第十六次会议上提到要营造稳定公平透明、可预期的营商环境。2019年11月，习近平总书记在第二届中国国际进口博览会上发表演讲时明确指示要继续优化营商环境。[③]迄今为止，习近平总书记多次在会

---

① 程刚、王刚：《商业银行信贷风险防控措施对央行金融风险监测的启示》，《金融科技时代》2019年第12期。
② 朱羿锟、高轩、陈胜蓝等：《中国主要城市2017－2018年度营商环境报告——基于制度落实角度》，暨南大学出版社，2019，第4页。
③ 《习近平外交演讲集》第二卷，中央文献出版社，2022，第228页。

议中提到营商环境建设的重要性,国务院积极抓紧出台"硬举措",用以鼓励金融机构对民营中小企业加大信贷支持。

"优化营商环境"的倡议助力中小企业解决融资难题,国家颁布了一系列配套法规,支持和促进中小企业健康发展。2020年1月1日起施行的《优化营商环境条例》①,作为我国首部优化营商环境主题的行政法规,标志着我国营商环境制度建设进入法制化的新阶段。《优化营商环境条例》出台的核心意义在于从国家层面确立了优化营商环境的基础性行政法规,必将促进我国营商环境再上新台阶。② 我国中小企业融资的困境,在"营商环境"倡议的影响下必将迎刃而解。

(二) 基于"债权人权力"理论完善抵押破产等相关法律制度

《129个国家的私人信贷》是世界银行《营商环境报告》中"获得信贷"指标的方法论依据,《129个国家的私人信贷》中以"债权人权力"理论和"信息决定性"理论作为理论支撑,本文也以这两个理论作为在营商环境视角下增强企业获得信贷融资能力的理论支撑。

"债权人权力"理论,即债权人群体的权力对信贷市场的影响。如果债权人(银行)能顺利收回贷款本息、通过抵押物获得救济,甚至得到借款企业的控制权时,债权人会增强放贷意愿。

1. 债权人权力配置缺失

债权人控制权是债权人对企业(债务人)所拥有的资源管理和控制的权利。控制权涵盖范围不限于字面的债权人控制管理的利益,还包括与债权人权益相关联的间接利益。股东是企业的所有者,享有企业的控制权,反观债权人却没有这种权利,只有企业破产时的优先权。债权人与股东同样为公司提供了资本、承担风险,在大多数情况下,债权人对公司的控制权明显弱于股东。

---

① 《优化营商环境条例》,2019年10月23日国务院发布。
② 万静:《解读〈优化营商环境条例〉》,《法人》2019年第11期。

(1) 债权人知情权保障存在空缺。《公司法》规定如果股东的知情权遭损害可以通过诉讼来救济。① 我国《公司法》中规定债权人知情权限于公司合并、分立以及减少注册资本，对涉及公司或企业的生产经营状况、财务状况等方面的信息，法律没有规定债权人有知情权。② 及时披露企业信息，债权人能全方位掌控投资风险，债权人只有享有了充分的知情权，才能准确作出投资决策。

(2) 董事高管对债权人信义义务及其民事责任的缺失。权利方与义务方是相对立的两个主体，一方的权利是他方的义务。公司董事高管承担义务是债权人享有权利的体现，而董事高管承担民事责任则是其违反信义义务应当要承担的法律后果。董事高管民事责任的承担具有惩罚性和补偿性，可以保障债权人被侵害的权利得到救济和恢复。但是我国《公司法》仅仅规定了董事高管对股东应当尽到信义义务（也就是忠诚勤勉义务）及民事责任，③ 并未规定董事高管对债权人承担信义义务及其民事责任，我国相关法律在董事高管对债权人应尽义务方面存在空缺。

(3) 债权人权利诉权缺失。我国《公司法》缺少了债权人诉权的设置，《公司法》规定股东通过股东代表诉讼追究董事、监事、高级管理人员的侵权责任，但是却没有赋予债权人相应的救济权利。诉讼救济对债权人同等重要，因为债权人也同股东一样可能遭受董事高管的侵权。债权人和股东都是投资者，他们的主观诉求都是必须有法律救济，如果没有法律救济，他们的权益就难以得到保障和维护，而法律救济程序启动的首要前提则是诉权的存在。

2. 债权人权力配置的修正

(1) 完善债权人的知情权。第一，细化现有信息披露法律法规。应细化并落实《证券法》④《非上市公众公司监督管理办法》⑤《上

---

① 《公司法》（2023 年修订）第一百八十九条。
② 《公司法》（2023 年修订）第二百二十二条、第二百二十四条。
③ 《公司法》（2023 年修订）第一百八十条。
④ 《证券法》（2019 年修订）。
⑤ 《非上市公众公司监督管理办法》（中国证券监督管理委员会令第 162 号），2019 年 12 月 20 日证监会发布。

第十二章　优化债权保护推动的中小企业信贷融资规则进化

市公司信息披露管理办法》①中信息披露的主体范围、违反信息披露义务具体要承担的责任,以保障债权人充分的知情权。第二,借鉴国外立法上关于信息披露的先进性规则。目前全球范围内上百个国家采纳了《国际财务报告准则》②的报告体系,该报告体系的优点在于让企业的经营状况、财务报告更加公开透明,通过信息披露让债权人、投资人作出正确选择,最大限度地维护债权人和投资人的利益。此外,《韩国公司法》直接规定了债权人详细的知情权,如股东和债权人在营业时间内随时可以阅览财务报表及其明细项目③。

（2）明确企业董事高管对债权人的信义义务。第一,明确董事高管对债权人所负的信义义务（也就是忠诚勤勉义务）贯穿于债权存续期间,而不以公司存在破产的可能性为前提。此处"信义义务",包括董事高管向债权人披露企业财务状况和经营状况等具有关联性的信息的义务,监督公司清偿债务、履行判决的义务以及最大限度运营公司获利的义务。第二,明确董事高管违反信义义务承担民事责任,至于由董事高管个人独立承担责任还是董事同公司企业承担连带责任,在后期修法时可以再进行推敲论证。第三,确定董事高管的抗辩权。既然规定了董事高管违反信义义务要承担民事责任,那么根据当事人双方平等原则,也应当在法律上赋予董事高管抗辩的权利。

（3）赋予债权人诉权。《公司法》应当给予债权人诉权,类似于我国的股东代表诉讼制度。④简单分析,就是当董事高管侵犯了债权人权益时,债权人直接起诉董事高管;当董事高管损害公司权益而间接导致债权人权益受损时,债权人能请求监事或监事会起诉,紧急情况下直接以自己的名义起诉。国外立法值得我国借鉴的有《加拿大公司法》,其规定了当公司财务情况恶化时,债权人能以公

---

① 《上市公司信息披露管理办法》（中国证券监督管理委员会令第40号）,2007年1月30日证监会发布。
② 《国际财务报告准则》（2011年修订）（IFRS）。
③ 赵树文:《论公司控制权配置的结构性修正——以股东与债权人的"异质性"理念向"同质性"理念的演进为路径》,《河北经贸大学学报》2013年第2期。
④ 《公司法》（2023年修订）第一百八十九条。

司的名义提起派生诉讼，或提起救济诉讼。①

（三）基于"信息决定性"理论优化信贷市场信息共享机制

"信息决定性"理论是指信息充分程度是影响银行放贷的最主要因素。借款人提供的信息数据越全面，贷款人越能充分地掌握信息，更能客观地评价企业，贷款人放贷概率也会增加。

1. 中小企业信贷信息闭塞解决

我国现有的信贷信息资料库有中国人民银行的信贷资料库、各个商业银行依据自己的客户群体而建立的信贷资料库。我国中小企业信贷信息资料体系不畅通的问题存在已久，企业、银行与担保机构之间信息传递存在障碍。中国人民银行的信贷资料系统已经成立多年，但是中国人民银行和其他金融机构在运作中信息传递共享的效果不负众望。原因在于：一方面各金融机构考虑到信贷资料库的安全性、保密性，同时也在商业竞争中保留核心竞争力；另一方面中国人民银行没有扮演好信贷信息共享的领导者、组织者的角色。

2. 香港成功经验的借鉴及启示

企业良好的信贷记录没有成为商业银行审批贷款的前提条件，商业银行主要还是依赖企业提供有价值的担保物，这也加大了中小企业的融资难度。香港金融管理局②（以下简称金管局）为了解决贷款审核标准单一化的问题，解决非上市中小企业的融资困境，提出建立"商业信贷资料服务机构"（以下简称CCRA）。③ CCRA分别收集整理企业的信贷需求、商业银行提供的贷款产品，然后在系统平台上统一向企业反馈各个银行提供的信贷产品。这种运行方式能有效解决各个金融机构客户数据库信息容量小的问题，以及金融机

---

① 《加拿大公司法》第239条、第240条规定。
② 香港金融管理局是香港特区政府的独立部门，负责香港的金融政策及银行管理，职能类似于内地的央行。
③ 韩斯睿：《非上市企业信贷诚信建设的"香港经验"——以商业信贷资料服务机构为例》，《人民法治》2016年第9期。

第十二章 优化债权保护推动的中小企业信贷融资规则进化

构之间缺乏信息共享机制所导致的问题。

在 CCRA 建立之前（企业与商业银行贷款信息交流模式见图 12-4），企业向不同的银行申请贷款需要分别提交材料。但是 CCRA 建立之后（企业与商业银行贷款信息交流模式见图 12-5），企业只需要向 CCRA 提交所有资料，CCRA 作为信息源头向所有银行展示企业的贷款需求，然后企业通过平台便会接收到不同银行反馈的贷款产品。

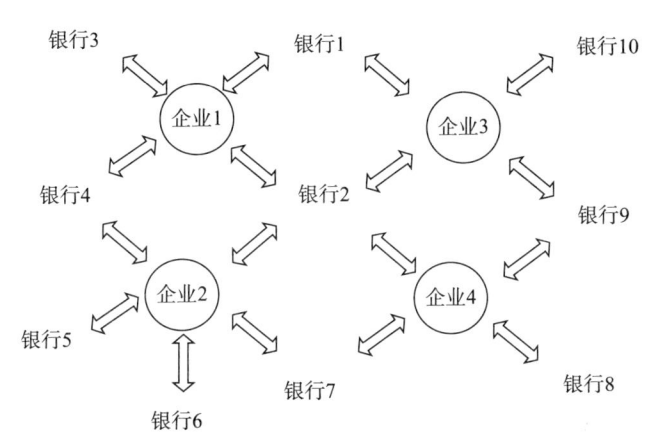

图 12-4 商业信贷资料服务机构（CCRA）成立前企业与银行信息交流模式

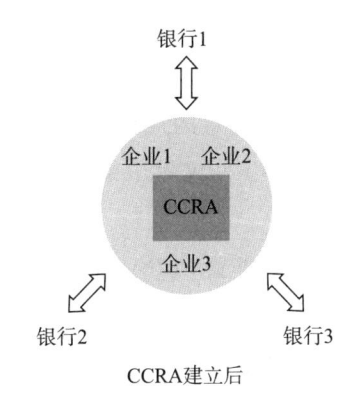

图 12-5 商业信贷资料服务机构（CCRA）成立后企业与银行信息交流模式

香港 CCRA 设立之初面临着信息资料服务机构的性质、银行机构参与的性质、收集的企业信贷信息的规模等问题，这些问题都是在机构设立之初要解决的主要问题,考量香港CCRA设立的成功经验,对完善我国内地信贷信息资料系统、建设社会诚信体系有重要的借鉴意义。

(1) "信息资料服务机构的性质"有两种不同的方案,一是由政府主导的形式,二是由市场主导的公司制形式。第一种方案是金管局下设附属机构CCRA,由政府运营CCRA。方案二则是由银行业界根据市场选择自主设立CCRA,表现形式为银行业协会下设附属机构CCRA。金管局向金融业界以及社会公众征询意见后决定采用方案二。因为考虑到由银行业自己成立信贷资料服务机构,依据市场的竞争机制可以过滤掉质量不高的信贷资料服务商,选出高质量的服务机构。相反,如果由政府主导信贷资料服务机构,无法避免由于政府运营服务机构而增加政府成本开支的问题。总之,两种不同性质的信息资料服务机构(政府主导型、市场主导型)本身不存在优劣之分,两者各有千秋,只要是适合我国营商环境要求的中小企业信贷信息服务机构就是最佳选择。

(2) "银行业界应当是强制参与还是自愿参与"的问题上,金管局认为首选强制银行参与。CCRA成立之前各金融机构和企业之间信息共享存在障碍,是因为银行等金融机构担心企业信贷信息、商业机密泄露,通过法律法规强制银行参与信贷信息共享是解决该问题的核心。

(3) 在"收集企业信贷信息的规模"方面,考虑到香港CCRA成立初期运行的可行性,CCRA仅对于中小型非上市企业提供信贷资料服务。

基于上述我国香港地区成立CCRA的经验分析,无疑对内地解决金融机构自有信息库容量小、企业与金融机构之间缺乏信息共享机制所导致的问题,具有现实的参考意义。内地可以考量由中国人民银行采取强制手段将各金融机构的客户信贷资料系统,同自己的信息资料系统重新进行整合,形成全国统一的信贷资料系统。根据我国国情由中国人民银行运营信贷信息资料系统更为妥当,因为由中国人民银行直接管理和监督全国统一的信贷资料系统,企业信贷信息的安全性、保密性能得到最大保障,并且国家机构具备足够的信息管理能力、信息保密能力和公信力让金融业界和企业信服。相反,如果由市场自主设立统一的信贷资料机构提供日常的信贷信息服务,首先信贷资料服务机构的公信力不如国家机构,其次信贷资料服务机构是否会产生市场垄断行为还有待考量,最后信贷资料服务机构的服务质量也缺乏评判标准。

(四)优化我国中小企业信贷融资营商环境的构想

世界银行《营商环境报告》作为目前评估营商环境最具影响力的报告,为改善我国的营商环境提供了一个客观科学的评判依据,对分析我国现有机制、构建我国营商法律环境具有重要的现实意义。我国营商环境要转变思维,将评估重心由吸引外资转移到影响我国企业经营活动的方方面面,要解决中小企业融资难题,必须优化营商环境。针对本论题,要依据我国目前优化营商环境的总体要求和工作规划,不断完善和优化我国中小企业的信贷融资环境,增强中小企业"获得信贷"的能力。

"信息决定性"理论和"债权人权力"理论作为《营商环境报告》中"获得信贷"指标的两大理论依据,共同为企业增强信贷融资能力提供了理论支撑,两者并不完全对立,而是相辅相成。一方面,商业银行掌握企业的相关信息越全面,越能客观、合理地评估企业,那么企业获得贷款的概率会增大。针对"信息充分程度"(也就是"信息决定性"理论),一套符合我国需求的信贷信息共享机制就呼之欲出了,借鉴我国香港地区的成功经验,由中国人民银行重新整合各金融机构掌握的中小企业贷款信息数据,创建涵盖所有金融机构的信贷信息共享平台是目前较为可行的办法。另一方面,商业银行作为贷款企业的债权人,如果能够方便地收回贷款或者通过抵押品获得救济,甚至得到贷款企业的控制权时,银行也会增强放贷意愿。那么,针对增强"债权人权力",可以通过保障商业银行的知情权、确定商业银行的诉权、将企业管理人或控制人的信义义务延伸至商业银行等措施,以此来保障商业银行的权益。

五　因应债权人权力理论的中小企业
　　信贷规则路径

2019年李克强总理在与专家学者座谈会上提出继续创新和完善宏观调控，推动经济高质量发展。宏观调控不仅是社会主义市场经济的宏观要求，在社会主义市场经济中占有极其重要的地位，也是解决中小企业融资问题的风向标。国家通过出台一系列政策优化营商环境、激发市场活力，着力帮助中小企业解决难题，2020年1月施行的《优化营商环境条例》是把几年来在优化营商环境方面成功的经验上升到法规的高度。从中央到地方一系列为中小企业"减负"措施逐步落地，涉及法律制度、贷款优惠、财政补贴、税费减免等多个方面，这是帮助提升中小企业营商环境活力的有效举措，为解决中小企业信贷融资困境提供了强大动力。

（一）建立健全多元化信用担保体系

信用担保和财产担保是齐头并进的两驾马车，寻求两者的平衡点可以相互弥补不足和缺陷，共同解决中小企业融资问题。

1. 确立信用担保机构的法律地位

财产是信用的基础，而信用的维持、财产的担保都必须有相配套的法律支持。信用担保行业具有专业性、复杂性，信用担保活动涉及多方经济主体，这就需要高位阶的法律明确各方主体的法律地位、职责、权利义务。需要在法律中明确规定信用担保机构的准入和退出制度、机构的运作程序、业务内容、风控要求等相关细则。考虑到一部法律由制定到审议再到颁布需要经历较长时间，并且每个地区的经济发展水平、环境因素也存在差异，可以先行制定适用于当地信用担保机构的地方性法规，等到各方条件都成熟时再由法律取代地方性法规。

2. 建立统一的全网覆盖的动产担保登记公示系统

我国《物权法》颁布后，众多东南亚国家开始学习我国的立法

第十二章　优化债权保护推动的中小企业信贷融资规则进化

经验，目前他们对动产担保的立法具有明显优越性。越南和印度尼西亚分别在 2012 年和 2013 年先后建立起全国统一的动产担保登记系统，老挝学习借鉴了我国《担保法》在 2012 年颁布《担保交易法》，翌年建立起了全国统一的电子动产担保登记系统。从 2012 年起，中国人民银行不断推进"动产融资统一登记系统"建设，先后开发了所有权保留等 10 多项登记业务，标志着全国统一的动产担保登记系统的框架已经基本成形。① 但是，基本成形的全国统一的动产担保登记系统仍然有很大的改进空间。目前我国机动车、船舶、航空器等动产担保物权登记职责分散于不同的政府部门中，登记部门不具有统一性。（1）建议采纳世界银行《营商环境报告》中的建议，通过立法推动建立全国统一的、全网覆盖的担保权利登记机构和平台，提高担保登记的公开性和透明度，至于由国务院还是哪个部门统一进行登记，可以在后期进行机构职能调整。（2）立法中也要明确允许债权人或者其他利益相关人在线查询相关的担保信息。（3）将"互联网＋"与"政务服务"相结合，也是近年来新兴技术运用于行政工作、民生领域的主流趋势，势必为转变政府职能、优化我国中小企业营商环境和提升我国综合竞争力提供强大的推动力。

3. 引入市场化运作机制　完善资金补充制度

市场化运作有助于提高财政投入的效率，扩大中小企业的受益面。② 为了拓宽融资渠道，（1）政府可以通过向信用担保机构注入资金，扩充担保资金池，来支持信用担保机构；（2）吸引社会资金、民间资本合理进入信用担保行业，通过信用担保机构相互兼并或是发展股份制担保机构，构建注册资金雄厚的中大型信用担保机构。信用担保机构兼并、增资带来的益处有：第一，优化机构内部的运营结构和业务服务，提升信用担保机构"硬实力"；第二，往机构里注入新鲜的"人才血液"，有效地提高员工工作积极性，增加机构收益，提升信用担保机构"软实力"。总之，坚持"资本多元化、管

---

① 张韶华：《动产担保、营商环境与信贷市场》，《北方金融》2019 年第 1 期。
② 陶凌云：《我国信用担保机构典型运作模式的比较及启示》，《征信》2014 年第 7 期。

理法人化、运作市场化"的管理模式，全方位扩充信用担保资金来源，完善信用担保机构内部管理制度，采用优胜劣汰的市场化运作机制，建立综合实力达标的信用担保机构。

4. 加强行业监管 增加违约成本

信用担保行业监管部门要加强行业监督，不仅信用担保机构的业务运营、内部管理制度需要监管部门关注，而且对于信用担保机构转移资金、进行高风险投资、介入证券市场等违规行为，更要重点监控。第一，建议商业银行与信用担保公司可以在合同中约定适当增加违约金，增加违约方的违约成本。第二，对故意隐瞒信息、未尽信义义务（也就是忠诚勤勉义务）的信用担保机构要加大惩处力度。例如发现信用担保机构故意隐瞒应披露的信息、未尽信义义务而导致银行发生信贷风险等行为，可以将信用担保机构和其负责人列入金融行业的重点关注名单，当该信用担保机构再次与商业银行合作时，可以增加其签约成本、费用。

5. 落实税利优惠政策 优化担保环境

（1）实行税收优惠政策。信用担保行业具有高风险的特性，不宜征收过高的税率。为此，建议政府在税收上给予一定的优惠政策（税率可以经有关部门评估后决定）。对符合规定条件的信用担保机构减征增值税；对运作良好、信用等级较高的信用担保机构，减征税收的年限可以适当延长。

（2）降低担保费用。企业在信贷活动中，除了要向商业银行缴纳一定费用外，还需向担保机构支付的主要费用包括：担保手续费[1]、代偿违约金[2]、逾期担保手续费[3]、代偿利息[4]。当前中小企业面临经营资金短缺的问题，加上信用担保公司收费名目过多，更加重了中小企业的负担。在保证信用担保机构有序运营的同时，兼

---

[1] 担保活动企业必交费用。
[2] 如果企业没有按时归还贷款本金，担保机构代偿后，企业要向担保机构交违约金。
[3] 如果企业没有按时归还贷款本金，担保机构代偿后，企业应向担保机构支付滞纳金。
[4] 如果企业没有按时偿还贷款本金，担保机构代偿后，企业还要向担保机构支付代偿款的利息。

顾中小企业的自身情况，担保手续费和代偿违约金应该保留，但是建议信用担保机构收取代偿违约金后，逾期担保手续费和代偿利息择一收取（利率可按同期银行贷款的基准利率计算）。这样既能督促中小企业尽快履行还本付息的义务，又能维持信用担保活动的运营秩序。

（二）加快社会信用体系建设

1. 统一信用立法

我国信用制度还没有专门的立法，现阶段社会信用制度主要依据有行政法规如《征信业管理条例》[①]，还有中国人民银行、银行保险监督委员会公布的部门规章、其他规范性文件如《征信机构管理办法》[②]《企业征信机构备案管理办法》[③] 等，但是在规范社会信用上缺少国家层面的上位法依据。此外，在民法领域个人信息作为隐私权受到保护，在经济法领域市场参与者的信息却没有被法律明文规定。建议补充修正《证券法》《公司法》《商业银行法》等法律的相关法条：第一，法律统一规定社会信用的规则界限，确定社会信用制度，并细化"守信激励""失信惩戒""失信修复"等行为认定的标准和施行程序；第二，明确规定经济活动参与者的信息保护，需要确定金融机构对经济活动参与者的信息保护的责任与义务，以及经济活动参与者可享有的权利。

2. 规范失信惩戒及信用修复制度

（1）规范失信惩戒权。第一，明确规定企业或个人享有异议权。当企业或个人的信用信息被登记错误时，企业或个人可以向信用信息提供机构、保管机构提出登记错误的抗辩。第二，明确信用惩戒的追责机制。坚持"谁提供、谁受理、谁负责"的原则，银行、信用担保机构、行政部门都可能成为企业或个人信用信息的提供者和管理者，应当作为第一顺位的信用修复机构，对于信用信息登记错误行为，相

[①] 《征信业管理条例》，2013 年 1 月 21 日国务院发布。
[②] 《征信机构管理办法》，2013 年 11 月 15 日中国人民银行发布。
[③] 《企业征信机构备案管理办法》，2016 年中国人民银行发布。

应的机构有义务进行核实，对错误记载要及时作出撤销或更正。

（2）规范信用修复制度。失信群体对已发生的不良信用记录进行修复，达到降低或终止对失信者的惩罚目的，① 即当失信人受到惩戒后迷途知返，应当给予其改过自新的机会。2019年《关于加快推进社会信用体系建设构建以信用为基础的新型监管机制的指导意见》②（以下简称《意见》）中提到失信主体在限期内可通过信用承诺、完成整改培训、参加公益活动等方式修复信用。第一，信用修复机制必须有法可依。《意见》的位阶较低，可以将《意见》的意志上升到法律层面，形成制度化、程序化的信用修复机制。③ 第二，司法、工商等部门联合惩戒有助于加快失信者的信用修复。创建由行政部门、金融机构、企业共同参与的信用信息交流圈是非常有必要的，为此应当加快建立社会信用信息平台，打破信息孤岛，这也符合失信者惩戒制度设立的初衷，即形成对失信者的内部、外部压力和驱动力，推进我国社会信用体系建设。

3. 搭建信息数据共享平台

我国香港地区通过设立信贷资料服务机构，来解决各金融机构自有信息库容量小、企业与金融机构之间缺乏信息共享机制所导致的问题，无疑对内地搭建信息共享平台具有参考意义。

（1）在中国人民银行已经建立的企业征信系统的优势基础之上，建议中国人民银行广泛收集、重新整合各金融机构所掌握的中小企业的贷款信息数据，将各金融机构的客户信贷资料系统同自己的信息资料系统重新进行整合，创建涵盖所有金融机构的信贷信息共享平台，并且对所有金融机构开放信息系统，充分实现中小企业信用信息数据的共享。企业的融资需求能够快速地传达到各个商业银行，同时企业第一时间能够收到所有银行所提供的产品反馈，然后匹配到最合适的服务。

---

① 沈岿：《社会信用体系建设的法治之道》，《中国法学》2019年第5期。
② 《关于加快推进社会信用体系建设构建以信用为基础的新型监管机制的指导意见》，国务院2019年7月16日发布。
③ 李林芳、徐亚文：《社会信用体系法治化原理探析》，《学习与实践》2019年第11期。

第十二章 优化债权保护推动的中小企业信贷融资规则进化

（2）打破信息壁垒，实现全社会信贷信息数据共享和方便快捷的"一站式"查询服务。① 但是，由此也增大了信贷信息泄露的风险，除了访问监控、数据加密、设置防火墙等常规操作外，还可以参照美国的经验，采用外部的信息安全系统专业评估机构对平台进行监督。②

（三）优化商业银行信贷管理体制

信贷风险控制是银行风险管理的核心。缓解中小企业融资困难，提高银行体系对企业的信贷支持力度具有非常重要的意义。③

1. 完善商业银行作为债权人的权益

（1）保障商业银行的知情权。应当细化并落实《证券法》④《非上市公司监督管理办法》⑤《上市公司信息披露管理办法》⑥ 等法律法规中关于信息披露的主体范围、披露主体违反义务具体要承担的责任、监管部门的职责划分，以保障商业银行作为债权人的充分的知情权。

（2）给予商业银行诉权。应当在《公司法》或相关司法解释中给予商业银行（债权人）诉权，类似于我国的股东代表诉讼。当合伙企业、个人独资企业、公司的管理人或控制人侵犯到商业银行的权益时，商业银行可以直接起诉；当合伙企业、个人独资企业、公司的管理人或控制人损害了企业利益而间接导致银行利益受损时，紧急情况下商业银行可以自己的名义起诉。域外成功经验值得我国借鉴的有《加拿大公司法》，其规定当公司财务情况恶化时，债权人能以公司的名义提起派生诉讼，或提起压迫救济诉讼。⑦

---

① 徐志明、熊光明：《对完善我国信用修复制度的思考》，《征信》2019 年第 3 期。
② 张帆、唐清利：《社会征信体系构建中的信息公开、权义平衡与立法重构——以个人隐私权保护为中心》，《湖南社会科学》2014 年第 6 期。
③ 佟明亮：《法制环境、金融市场化程度与民营企业贷款——来自 2012 年世界银行中国营商环境企业调查的证据》，《技术经济与管理研究》2015 年第 10 期。
④ 《证券法》（2019 年修订）。
⑤ 《非上市公众公司监督管理办法》，证监会 2019 年 12 月 20 日发布。
⑥ 《上市公司信息披露管理办法》，证监会 2007 年 1 月 30 日发布。
⑦ 《加拿大公司法》第二百三十九条、第二百四十条规定："债权人可以公司的名义提起派生诉讼。"第二百四十条规定："债权人有权提起压迫救济诉讼。"

2. 规范"大数据"等新兴技术在信贷风险监控中的应用

"大数据"监控银行信贷流程，给信贷业务带来便利的同时，也对银行运营提出了更高的要求。

（1）商业银行既要配备相应的操作规范、规章制度，又要净化网络应用环境、健全网络保护措施，还要强化相关人员的职业操守。[①]

（2）培养研发、运营和维护"大数据"系统的专业人才队伍。"大数据"信贷监控系统的研发、运营和维护的各环节都需要专业队伍，既要培养信息科技人才又要培养熟悉银行业务的工作人员。我国东部发达城市的商业银行对"大数据"监控信贷风险有经验，其他地区的商业银行可加强与其沟通，学习经验。

（3）充分利用"数字金融"。"数字金融"是传统金融服务与互联网技术相结合的产物，也是现代金融产品发展主流趋势。一方面政府要鼓励金融机构加大对"大数据"、云计算等新兴技术的资金投入；另一方面金融机构也要重视"数字金融"的风险监控和风险救济，建立完善的风险提示和披露机制。[②]

3. 建立风险分担和损失补偿机制

（1）按照"利益共享、风险共担"原则构建"贷款＋担保＋保险"相结合的融资模式，建立专属于商业银行、信用担保机构、保险公司的风险共担机制和损失补偿机制。当中小企业无法向商业银行提供有效的抵押物时，由信用担保机构提供担保；当企业、信用担保机构无法足额偿还资金时，剩下未还的部分由保险金补足。采取这种模式不仅可以降低商业银行无法收回本息的风险，而且合理分担了担保机构的压力，有效提高了中小企业信贷融资的成功概率。

（2）改变传统的信用担保机构"全额担保"的模式。商业银行和信用担保机构依据各自风险控制能力约定合理的风险承担比例，

---

① 程刚、王刚：《商业银行信贷风险防控措施对央行金融风险监测的启示》，《金融科技时代》2019 年第 12 期。

② 喻平、豆俊霞：《数字普惠金融发展缓解了中小企业融资约束吗》，《财会月刊》2020 年第 3 期。

平衡信用担保机构同商业银行的地位,适当减轻信用担保机构压力。我国可以借鉴日本的成功经验,日本的信用担保机构对象主要是以服务业为主的中小企业,通常信用担保机构只对贷款额的50%至80%进行担保,剩余部分由银行承担。

4. 创建商业银行和信用担保机构合作新机制

建立商业银行和信用担保机构的新型合作机制,突破传统的"由企业分别向商业银行和信用担保机构邀约合作"的模式,转变为"商业银行主动邀约合作"模式。在这种新型模式下,第一,中小企业向商业银行提出贷款申请,经商业银行评估审查后,与符合信贷要求的中小企业签订贷款合同后发放款项;第二,经商业银行评估审查后认为有发展前景的中小企业,仅仅个别指标不合格的中小企业,由商业银行向信用担保机构发出合作申请;第三,信用担保机构对申请进行审查评估后,满足信用担保机构要求的,中小企业、商业银行和担保机构三方达成合意并订立协议。这种模式改变了企业、商业银行、信用担保机构在贷款活动中扮演的传统角色,商业银行成为信用担保业务的申请主体,也是贷款活动的组织者,在经济下行时期更符合商业银行为扩大经营业务规模而做出的制度创新。在这一过程中,商业银行是为了自己的利益而主动向担保机构寻求合作,因而其合作意愿被内在化了。[①]

(四)体系化思维的规则因应

1. 健全与中小企业信贷融资密切相关的法律制度

(1)由于《中小企业促进法》和《商业银行法》中关于商业银行信贷业务的条款大部分只做了原则性规定,法条中规定多为号召性的内容,缺乏详细的实施细则。因此,具体细化《中小企业促进法》《商业银行法》等法律中相应的保障内容、救济措施是目前的重要任务。此外,还应当尽快完善配套的法规规章,如制定或细化针对中小企业的信贷补贴细则、财政补贴办法、税收优

---

① 杨松、张建:《我国"政银担合作"模式的逻辑基础及制度完善》,《辽宁大学学报》2018年第5期。

惠办法等。

（2）在物权方面，应当积极借鉴国际动产担保交易制度的发展趋势，对我国现行动产担保相关法律规定进行梳理整合。第一，建议"①建立统一的、全网覆盖的动产担保登记系统和平台，由统一的登记机构实施登记管理，未经登记，不得对抗善意第三人。②允许债权人或者其他利益相关人在线查询相关的担保信息。"第二，依据世界银行《营商环境报告》中"获得信贷"指标的实践经验，在可合理识别的前提下，建议在担保物权登记时允许做概括性描述（即允许当事人在担保协议中以合理的、可识别的方式描述被抵押担保的财产），登记机构仅进行形式审查。国际实践更加符合现代经济主体的需求。

（3）在破产制度方面，建议积极借鉴世界银行《营商环境报告》的建议，通过修改现行法律确保企业（债务人）破产时财产价值最大化，为破产程序进一步有序高效运转提供制度支撑，提高《破产法》实施的效率效益。

2. 建立清晰的产权边界

为了充分保护债权人的财产及相关权益，应当在法律中确定清晰的产权边界，同时充分保障市场主体的意思自治和契约自由。①

（1）确定清晰的权利边界，包括财产和各类权利的法律边界，对主体的权利、义务、责任的内涵和外延应作明确界定，防止权利的边界模糊或者相互矛盾冲突。例如集体土地或宅基地涉及的集体土地转变所有权属性的问题，就需要在《民法典》《担保法》等相关法律或司法解释中加以明确。

（2）充分尊重当事人的意思自治。产权保护的目的在于充分保障权利人对其拥有的财产和各类权利进行自主处置的权利，必须充分尊重当事人在私法领域的契约自由，除非有明确的法律禁止性规定或者合同约定。

---

① 《法治化营商环境的理想图景与实现路径——以世界银行营商环境评价中的法律要素为样本》，上海市法学会网站，2019年4月26日，https://www.sls.org.cn/levelThreePage.html? id=10687。

3. 明确企业偿债责任的认定

明确合伙企业偿债主体。第三章所述合伙人超越受托权限或违反《合伙企业法》对合伙人执行合伙企业事务的限制，以合伙企业的名义向银行贷款，到期时无法偿还的，根据交易第三人是否善意来确定合伙人责任承担主体问题。那么需要在《合伙企业法》中分别明确第三人为善意和非善意的情况下责任承担主体，避免在适用上出现分歧。明确规定如果第三人为善意的，那么应当由全体合伙人承担债务；如果第三人为非善意的，那么其行为的后果应由合伙人个人承担。

4. 明确企业所有者或管理者的信义义务

在《公司法》或相关司法解释中规定企业的所有者或管理者应当对债权人（银行）承担信义义务，以及违反信义义务时要承担民事法律责任，将责任范围细化到"包括故意、疏忽大意给企业造成损失的，应当承担赔偿责任"。至于由企业所有者或管理者个人独立承担责任，还是与企业一起承担连带责任，以及承担何种形式的连带责任，在后期修法时可以借鉴国外的成功经验，结合我国相关法律规定再进行推敲论证。

（五）司法能动机制的配套

1. 健全裁判执行机制

中小企业的发展离不开司法部门的支持及法规政策的落实，稳定的法治化营商环境是企业发展的最大保障。执行是司法程序中的最后一个环节，它关系着法律的公正与当事人权益的维护。在法制化的营商环境中，中小企业不仅渴望在诉讼中得到公平对待和公正裁判，而且更加迫切地希望判决被及时执行。

（1）应当尽早推出强制执行法。中国立法机关已将"民事强制执行法"列入二类立法项目，强制执行立法拟采用"独立法典模式"。我国执行工作长期处于缺乏有效制度的状态，借助立法的契机，应尽早推出"民事强制执行法"，进一步规范民事执行程序。社会问题不仅是审判关注的重点，在执行中更需要寻求"社会问题"

和"解决执行难"的平衡点,引导社会各界力量支持判决执行工作,进一步打造法院主导、社会各界力量支持的营商司法环境。

(2)应充分利用"大数据"系统,通过信息化、网络化的空间实现"立案—审理—执行"一体化运作,提高司法效率,节约司法成本,缓解法院与被执行人正面接触所带来的情绪对抗。[①]

司法判决得到执行不仅是群众诉求得到公正实现的表现,更是法制化营商环境的必然要求。提升债权人保护法律条款执行效率,保障债权人(商业银行)在司法的最终环节也能得到权益的最大化维护,消除商业银行对中小企业贷款的顾虑,提高金融体系对中小企业的信贷支持力度。

2. 法院助力营商监管

法院在推进以执法规范为重点的建设法治化营商环境中扮演着重要角色。要充分发挥法院公正独立审判职能的作用,依法监督行政机关的执法活动,规范行政机关工作人员的行为,促进各级行政机关改进执法方式、规范执法行为,打造良好的法治化营商环境。此外,法院还需要加强与行政机关、社会公众之间信息交流互动,建立健全信息共享机制,及时向有关部门反馈审判中发现的涉及行政执法的问题,向社会大众传达其关注的热点、焦点问题,促进营商环境不断完善。

[①] 王学辉、邓稀文:《"执行难"背后的信用激励机制:从制度到文化》,《四川师范大学学报》2020年第1期。

参考文献

一　中文著作

邓峰：《普通公司法》，中国人民大学出版社，2009。

费孝通：《乡土中国·生育制度》，北京大学出版社，1998。

甘培忠主编《优化营商环境背景下的公司法修订》，人民法院出版社，2022。

金观涛、刘青峰：《兴盛与危机：论中国社会超稳定结构》，法律出版社，2017。

李建伟：《公司法学》（第五版），中国人民大学出版社，2022。

林少伟：《董事义务研究》，法律出版社，2023。

刘俊海主编《公司法上效力性强制性规定识别案件裁判规则》，法律出版社，2021。

龙卫球：《民法基础与超越》，北京大学出版社，2010。

卢代富、盛学军主编《〈中华人民共和国公司法〉重点规则修改建议及立法理由》，法律出版社，2023。

罗培新：《世界银行营商环境评估》，译林出版社，2020。

人民法院出版社法规编辑中心编《公司法司法解释及司法观点全编》，人民法院出版社，2019。

施天涛：《公司法论》（第四版），法律出版社，2018。

史际春：《经济与法探究：从部门法到法治一般》，光明日报出版社，2023。

王建文：《商法总论研究》，中国人民大学出版社，2021。

王军:《中国公司法》(第二版),高等教育出版社,2017。

张守文:《经济法学》(第五版),中国人民大学出版社,2022。

中国经济体制改革研究会编《见证重大改革决策——改革亲历者口述历史》,社会科学文献出版社,2018。

二 中文论文

邓峰:《董事会制度的起源、演进与中国的学习》,《中国社会科学》2011年第1期。

邓峰:《公司合规的源流及中国的制度局限》,《比较法研究》2020年第1期。

邓峰:《公司利益缺失下的利益冲突规则——基于法律文本和实践的反思》,《法学家》2009年第4期。

邓峰:《中国公司治理的路径依赖》,《中外法学》2008年第1期。

邓峰:《资本约束制度的进化和机制设计》,《中国法学》2009年第1期。

范健、蒋大兴:《公司经理权法律问题比较研究——兼及我国公司立法之检讨》,《南京大学学报》(哲学·人文科学·社会科学)1998年第3期。

方流芳:《中西公司法律地位历史考察》,《中国社会科学》1992年第4期。

蒋大兴:《论公司出资义务之"加速到期"——认可"非破产加速"之功能价值》,《社会科学》2019年第2期。

李建伟:《司法解散公司事由的实证研究》,《法学研究》2017年第4期。

刘俊海:《公司自治与司法干预的平衡艺术:〈公司法解释四〉的创新、缺憾与再解释》,《法学杂志》2017年第12期。

刘俊海:《推动公司法现代化,优化营商环境》,《法律适用》2020年第1期。

刘凯湘:《股东资格认定规则的反思与重构》,《国家检察官学院学报》2019年第1期。

刘凯湘：《以工商登记作为判断股东资格的法定依据》，《法律适用》2018年第22期。

卢代富：《经济法中的国家干预解读》，《现代法学》2019年第4期。

罗培新、张逸凡：《世行营商环境评估之"保护中小投资者"指标解析及我国修法建议》，《华东政法大学学报》2020年第2期。

罗培新：《世界银行"获得信贷"指标的法理分析及我国修法建议》，《环球法律评论》2019年第2期。

罗培新：《世行营商环境评估之"保护少数投资者"指标解析——兼论我国公司法的修订》，《清华法学》2019年第1期。

施天涛、杜晶：《我国公司法上关联交易的皈依及其法律规制》，《中国法学》2007年第6期。

石少侠：《对〈公司法〉司法解释（四）若干规定的理解与评析》，《当代法学》2017年第6期。

王建文：《我国商法引入经营者概念的理论构造》，《法学家》2014年第3期。

谢鸿飞：《论民法典法人性质的定位：法律历史社会学与法教义学分析》，《中外法学》2015年第6期。

叶林、吴烨：《金融市场的"穿透式"监管论纲》，《法学》2017年第12期。

朱慈蕴：《公司法人格否认法理与公司的社会责任》，《法学研究》1998年第5期。

邹海林：《关于公司法修改的几点思考》，《法律适用》2020年第1期。

三 译著文献

〔奥〕凯尔森：《纯粹法理论》，张书友译，中国法制出版社，2008。

〔德〕奥托·基尔克：《私法的社会任务——基尔克法学文选》，刘志阳、张小丹译，中国法制出版社，2017。

〔德〕迪特尔·梅迪库斯：《德国民法总论》，邵建东译，法律出版社，2009。

〔德〕贡塔·托伊布纳:《企业社团主义:新工业政策与法人的"本质"》,仲崇玉译,《南京大学法律评论》2006年春季号。

〔德〕马克斯·韦伯:《经济与社会》,林荣远译,商务印书馆,2004。

〔法〕米歇尔·福柯:《疯癫与文明》,刘北成、杨远婴译,生活·读书·新知三联书店,2003。

〔美〕罗伯特·阿克塞尔罗德:《合作的进化》,吴坚忠译,上海人民出版社,2017。

〔美〕小艾尔弗雷德·D. 钱德勒:《看得见的手——美国企业的管理革命》,重武译,商务印书馆,1987。

〔美〕佐哈·戈申、莎伦·汉内斯:《公司法的死亡》,林少伟、许瀛彪译,《证券法苑》第二十六卷(2019),法律出版社,2019。

〔美〕克拉克曼、〔英〕戴维斯等:《公司法剖析:比较与功能的视角》,刘俊海、徐海燕等译,北京大学出版社,2007。

〔美〕罗伯特·C. 克拉克:《公司法则》,胡平等译,工商出版社,1999。

〔美〕马克·罗伊:《公司治理的政治维度:政治环境与公司影响》,陈宇峰、张蕾、陈国营、陈业玮译,中国人民大学出版社,2008。

〔美〕斯蒂芬·M. 班布里奇,《金融危机后的公司治理》,罗培新、李诗鸿、卢颖译,上海人民出版社,2021。

〔秘鲁〕德·索托:《资本的秘密》,王晓冬译,江苏人民出版社,2001。

〔意〕F. 卡尔卡诺:《商法史》,贾婉婷译,商务印书馆,2017。

〔英〕哈特:《法律的概念》,张文显译,中国大百科全书出版社,1996。

四 英文文献

Aoki, Masahiko, "Endogenizing Institutions and Institutional Changes," *Journal of Institutional Economics* 3 (2007).

Boisot, Max and John Child, "From Fiefs to Clans and Network Capitalism: Explaining China's Emerging Economic Order," *Administrative*

Science Quarterly 41 (1996).

Brumbaugh, Aaron, "The Business Judgement Rule and the Diversified Investor: Encouraging Risk in Financial Institutions," *UC Davis Business Law Journal* 17 (2016 – 2017).

Bussel, Daniel J., "Corporate Governance, Bankruptcy Waivers and Consolidation in Bankruptcy," *Emory Bankruptcy Developments Journal* 36 (2019).

Chance, Alek, *American Perspectives on the Belt and Road Initiative*, Institute for China-America Studies, 2017.

Easterbrook, Frank H. and Daniel R. Fischel, "Limited Liability and the Corporation," *University of Chicago Law Review* 52 (1985).

Grajzl, Peter, Peter Murrell, "Allocating Lawmaking Powers: Self-regulation vs Government Regulation," *Journal of Comparative Economics* 35 (2007).

Hansmann, Henry and Reinier Kraakman, "The End of History for Corporate Law," *Georgetown Law Journal* 89 (2001).

Hart, Oliver D., "Incomplete Contracts and the Theory of the Firm," *Journal of Law, Economics, and Organization* 4 (1988).

Jensen, Michael C., "The Modern Industrial Revolution, Exit, and the Failure of Internal Control Systems," *Journal of Finance* 48 (1993).

Langevoort, Donald C., "The Organizational Psychology of Hyper-Competition: Corporate Irresponsibility and the Lessons of Enron Irresponsibility and the Lessons of Enron," *The George Washington Law Review* 70 (2002).

Morley, John D., "The Common Law Corporation: The Power of the Trust in Anglo-American Business History," *Columbia Law Review* 116 (2016).

Parkinson, J. E., *Corporate Power and Responsibility: Issues in the Theory of Company Law*, Oxford UK: Clarendon Press, 1993.

Pera, Rebecca, Nicoletta Occhiocupo, and Jackie Clarke, "Motives and

Resources for Value Co-creation in a Multi-stakeholder Ecosystem: A Managerial Perspective," *Journal of Business Research* 10 (2016).

Ribstein, Larry E., "Limited Liability and Theories of the Corporation," *Maryland Law Review* 50 (1991).

Robel, Lauren K., "Private Justice and the Federal Bench," *Indiana Law Journal* 68 (1993).

Stout, Lynn A., "The Mythical Benefits of Shareholder Control," *Virginia Law Review* 93 (2007).

后 记

本书是笔者 20 余年来从事公司法研究和教学的阶段性认识，感谢导师中国人民大学法学院史际春教授的指导，感谢王利明教授、吴宏伟教授、张新宝教授、姚辉教授、董安生教授、王欣新教授、叶林教授、刘俊海教授、王轶教授等母校老师的培养。感谢中国法学会商法学研究会赵万一教授、周友苏教授、周林彬教授、刘凯湘教授和李建伟教授的教诲。感谢中国法学会商业法学研究会甘培忠教授的指导。尤其感谢北京大学法学院邓峰教授对我的批评与启发。我反思了自己之前研究的不足，努力寻找研究的规范、创新与突破。也感谢云南大学法学院、经济学院和云南省法学会的各位领导和同事，得益于他们的帮助，本书得以正式出版。

中国公司法在相当长的时间内强调和锁定公司法人特征，具有较强的"实在论"公司特征，为了适应后工业时代、技术革命、"互联网＋"、营商环境和全球化资源整合，也试图向英美"拟制论"公司转向，但是我们缺乏公司法进化的体系化思考，使得我们的公司法文本、公司章程、债权人投资、政府监管政策和司法裁判相对有些杂乱和不确定。以日本公司法进化的轨迹而言，"实在论"公司较为适应战时管制经济法和产业政策法暨经济法对市场主体的需要，然而随着经济全球化进程，特别是国际金融资本市场的跨国流动，日本公司法不断弱化"交叉持股限制"等"实在论"特征，转向更为强调保护债权人和保护社会合作的"拟制论"公司法。中国公司法进化面临的国内外环境的复杂程度要远超日本，一方面中国公司要面临和维系全球性的产品输出和输入；另一方面中国公司吸纳全球游动资本的同时，将会向"一带一路"共建国家和地区特别是商业法治欠发达地区输入更多资本。很难想象过度强调股东控制或过度单一模式的公司能够解决如此复杂和多元的国内外商业环境，更加难以想象的是一个过度强调资本控制和法人独立属性的公司，能够实现更为广泛的社会合作。国有企业在国民经济中占主导地位，基于国有企业特殊性，将国有独资（及国有控股）公司纳入公司法规制很有必要，也符合公司法自1993年以来修法的总体思路，仍有很多理论问题亟待研究。

20余年来，我所指导的本科生和研究生也大多喜欢公司法的学习，喜欢公司法的思考和研究。适逢我国《公司法》再次迎来修订而备受社会各界关注之际，围绕有限责任和优化营商环境，力玉、胜柯、怡欣、佳佳和漾曼等诸君参与我的研究计划和调研工作，他们展现了良好的科研能力、积极的学习态度和饱满的研究热情，相信他们能够将自己所学贡献于工作，贡献于我们国家的法治进程。在与他们的讨论和交流中，我也体会到了什么是教学相长，当然囿于水平和能力，本书难免存在错漏，恳请读者不吝批评指正，以期未来的研究得到启发和进步。

赵忠龙
2024年3月于呈贡云山

图书在版编目（CIP）数据

公司的有限责任及其衍生规则进化/赵忠龙著.--
北京：社会科学文献出版社，2024.5
ISBN 978-7-5228-2394-2

Ⅰ.①公… Ⅱ.①赵… Ⅲ.①股份有限公司-股东-
公司法-研究-中国 Ⅳ.①D922.291.914

中国国家版本馆CIP数据核字（2023）第165263号

公司的有限责任及其衍生规则进化

著　　者 / 赵忠龙

出 版 人 / 冀祥德
责任编辑 / 袁卫华
文稿编辑 / 刘　丹
责任印制 / 王京美

出　　版 / 社会科学文献出版社
　　　　　　地址：北京市北三环中路甲29号院华龙大厦　邮编：100029
　　　　　　网址：www.ssap.com.cn
发　　行 / 社会科学文献出版社（010）59367028
印　　装 / 三河市尚艺印装有限公司
规　　格 / 开本：787mm×1092mm 1/16
　　　　　　印张：15.25　字数：219千字
版　　次 / 2024年5月第1版　2024年5月第1次印刷
书　　号 / ISBN 978-7-5228-2394-2
定　　价 / 128.00元

读者服务电话：4008918866

版权所有 翻印必究